ଅନ୍ତର ର ଗୋପନ କଥା

ଓଡ଼ିଆ ଅନୁବାଦ –

ଅବୁଲ୍ ବର୍କାତ୍ ବେଗ୍

Delhi - 110089, (India)

First Edition : 2021

ISBN : 978-93-90889-76-1
Prakhar Goonj Publication
H-3/2, Sector - 18, Rohini, Delhi - 110089
Phone : 7982710571, 7838505899, 011-27851059

Cost : 195/-

Layout : Prakhar Goonj Publication

ଅନ୍ତର ର ଗୋପନ କଥା

ଓଡ଼ିଆ ଅନୁବାଦ –
ଅବୁଲ୍ ବର୍କାତ୍ ବେଗ୍

Dil Ka Raj
By : Translated by Abul Barkat Begi

Published by

PRAKHAR GOONJ PUBLICATION
Delhi - 110089
E-mail : prakhargoonj@gmail.com
sinha.neelu123@gmail.com
011-27851059, 7982710571, 7838505899

Web : prakhargoonjpublications.com

ଲେଖକଙ୍କ ବିଷୟରେ ପଦେ...

୧୮୮୩ ମସିହାରେ ଲେବାନନରେ ଜନ୍ମିତ ଖଲିଲ୍ ଜିବ୍ରାନ୍ ତାଙ୍କ ଜୀବନର ଅଧିକାଂଶ ସମୟ ଆମେରିକାରେ ଅତିବାହିତ କରିଥିଲେ। ପ୍ରତୀକାତ୍ମକ ରୂପୀ ଚିତ୍ରକାର ରୂପେ ସଫଳତା ପ୍ରାପ୍ତି ସହିତ ସେ ଆଧ୍ୟାତ୍ମିକ ତଥା ଅନ୍ତର୍ଦର୍ଶନ ରୂପୀ ଲେଖକ ଭାବରେ ଆନ୍ତର୍ଜାତୀୟ ସ୍ତରରେ ସୁଖ୍ୟାତି ଅର୍ଜନ କରିଥିଲେ। ପ୍ରତୀକ ରୂପୀ ଲେଖା ପ୍ରୋଫେଟ୍ (ମହା ପୁରୁଷ)ରେ ଜିବ୍ରାନଙ୍କର ଜୀବନ ଦର୍ଶନର ସାରାଂଶ ପ୍ରତିଫଳିତ ହୋଇଅଛି। ଏତଦ୍ ବ୍ୟତୀତ ତାଙ୍କର ପ୍ରତ୍ୟେକ ଲେଖାରେ ସାମନ୍ତବାଦୀ ଅତ୍ୟାଚାର, ପୁରୁଷମାନଙ୍କର ଅତିରିକ୍ତ ଦେଶପ୍ରୀତି ଏବଂ ଧର୍ମ ସମ୍ବନ୍ଧୀୟ ପ୍ରତାରଣାକୁ ଦୃଢ଼ ଭାବରେ ବିରୋଧ କରିଥିଲେ।

ପରମ୍ପରାଗତ କବିତା ଶୈଳୀକୁ ସେ ସର୍ବୋତ ରୂପେ ପ୍ରତ୍ୟାଖାନ କରିଥିଲେ। ତାଙ୍କର ଲେଖାର ଭଂଗୀରେ ପ୍ରତଫଳିତ ବଳିଷ୍ଠ ନିର୍ଭୀକତା ପାଠକମାନଙ୍କୁ ଆକର୍ଷିତ କରିବା ସହିତ ସେମାନଙ୍କ ମନରେ ଜୀବନ ଦର୍ଶନ ବିଷୟରେ ଗଭୀର ରେଖାପାତ କରିବାରେ ସଫଳ ହୋଇପାରିଛି। ତାଙ୍କର ଲେଖା ଗୁଡ଼ିକ ଶକ୍ତିଶାଳୀ ତଥା ପ୍ରଭାବଶାଳୀ ହେବା ସହିତ କୋମଳ ତଥା ସୂକ୍ଷ୍ମାନୁଭବୀ। ମନରେ ଭୟ ସୃଷ୍ଟି କରିବା ସହିତ ଦେଇଥାଏ ଅପାର ଆନନ୍ଦ। ସରଳତା ତଥା ନିରାଡ଼ମ୍ବରତା ମାଧ୍ୟମରେ ପ୍ରକାଣ୍ଡତା ଓ ଚମତ୍କାରୀତାକୁ ପାଠକମାନଙ୍କ ମନରେ ସୃଷ୍ଟି କରି ଜୀବନର ସତ୍ୟ ବିଷୟରେ ଗଭୀର ଚିନ୍ତା କରିବାକୁ ବାଧ୍ୟ କରିଥାଏ।

ଜିବ୍ରାନଙ୍କ ଉଭୟ ଗଦ୍ୟ ସାହିତ୍ୟ ତଥା କବିତା ଅତୁଳନୀୟ। କବିତାରେ ଗଦ୍ୟର ଶୈଳୀ ଏବଂ ଗଦ୍ୟରେ ସଂଗୀତର ମାଧୁର୍ଯ୍ୟ ତାଙ୍କର ବିଶେଷତ୍ୱ। ତାଙ୍କ ମତରେ ସରଳତା ମାଧ୍ୟମରେ ଯେ କୌଣସି ରୂପରେଖ ବା ଆକୃତିରେ ସୌନ୍ଦର୍ଯ୍ୟର ଅନୁସନ୍ଧାନ କରାଯାଇ ପାରିବ। ତାଙ୍କର ଏହି ମତ ସତ୍ତ୍ୱେ ମାନବିକ ଅଧିକାର କ୍ଷୁଣ୍ଣ କରୁଥିବା ଅତ୍ୟାଚାରୀ ଚର୍ଚ୍ଚ ତଥା ସରକାରୀ କର୍ତ୍ତୃପକ୍ଷମାନଙ୍କୁ ଭର୍ତ୍ସନା କରିବାକୁ ସେ ପଛେଇ ନ ଥିଲେ। ଚର୍ଚ୍ଚ ପ୍ରତି ତାଙ୍କର ପ୍ରତିକୂଳ ମନ୍ତବ୍ୟ ପାଇଁ ତାଙ୍କୁ ନିର୍ବାସନ ଦଣ୍ଡ ଦିଆ ଯାଇଥିଲା।

ବିଶ୍ୱ ବିଖ୍ୟାତ୍ ସଂଗୀତଜ୍ଞ ବିଥୋଭେନଙ୍କ ସଂଗୀତ ରଚନା ବିଷୟରେ କୁହାଯାଇଛି ହୃଦୟ ମଧ୍ୟରୁ ଏହା ଆସିଛି ଏବଂ ହୃଦୟ ମଧ୍ୟକୁ ଭେଦ କରିଯିବ। ଠିକ୍ ସେହିପରି ଲେବାନନ୍ ର ଏହି ବିଦ୍ୱାନ ବ୍ୟକ୍ତି ତାଙ୍କର ଗଭୀର ଆନ୍ତରିକତା ଦ୍ୱାରା ଆମର ଅନ୍ତର ମଧ୍ୟରେ ଥିବା ଆଧ୍ୟାତ୍ମିକତା ତଥା ଭାବପ୍ରବଣତାର ଗୋପନ ପ୍ରକୋଷ୍ଠ ମଧ୍ୟକୁ ପ୍ରବେଶ କରିବାକୁ ସକ୍ଷମ ହୋଇ ପାରିଛନ୍ତି। ମାତ୍ର ୪୮ ବର୍ଷ ବୟସରେ ନିଜେ ଏକ ମହାପୁରୁଷ ରୂପେ ପରିଗଣିତ ହୋଇ ୧୯୩୧ ମସିହାରେ ସେ ଇହଲୀଳା ସମ୍ବରଣ କରିଥିଲେ। ଖଲିଲ୍ ଜିବ୍ରାନ ଥିଲେ ବିଶ୍ୱର ଆଗଧାଡ଼ିର ଜଣେ ସାରସ୍ୱତ ସାଧକ ଏବଂ ଅପରିସୀମ ବ୍ୟକ୍ତିତ୍ୱର ଅଧିକାରୀ।

ଅନୁବାଦଙ୍କ ସଂପର୍କରେ ଦୁଇପଦ...

ଅନୁବାଦକ ଅବୁଲ ବରକତ ବେଗ ମୋର ଜଣେ ଅତ୍ୟନ୍ତ ବ୍ୟକ୍ତିଗତ ଘନିଷ୍ଠ ବନ୍ଧୁ। ଏକଦା ଆମେ ଥିଲୁଁ ସୁବର୍ଣ୍ଣପୁର ଗଡ଼ଜାତର ଦୁଇଜଣ ସାଂସ୍କୃତିକ ଚେତନଶୀଳ ବ୍ୟକ୍ତିତ୍ୱ। କଥାରେ ଅଛି ଯୋଡ଼ାକୁ ଘୋଡ଼ା ସରି ନୁହେଁ। ୧୯୬୮ ରେ ଆମ ଦୁଇଜଣଙ୍କ ମିଳିତ ଉଦ୍ୟମରେ ପ୍ରତିଷ୍ଠିତ ହୋଇଥିଲା ସୋନପୁର ସାଂସ୍କୃତିକ ସଂସଦ ଯାହା ଦିନେ ସାଂସ୍କୃତିକ କାର୍ଯ୍ୟକ୍ରମ ପାଇଁ ସାରା ଓଡ଼ିଶାରେ ଚହଲ ପକାଇ ଦେଇଥିଲା। ଶ୍ରୀମତୀ ନନ୍ଦିନୀ ଶତପଥୀ, କାହ୍ନୁ ଚରଣ ମହାନ୍ତି, ବିଚିତ୍ରାନନ୍ଦ କର, ମନୋଦ ଦାସଙ୍କ ଭଳି ଲବ୍ଧ ପ୍ରତିଷ୍ଠ ସାହିତ୍ୟିକମାନେ ଆସି ଉକ୍ତ ଅନୁଷ୍ଠାନର ମହତ୍ତ୍ୱ ଶତଗୁଣ ବଢ଼ାଇ ଦେଇଥିଲେ। ଆମ ଦୁଇଜଣଙ୍କ ମିଳିତ ନେତୃତ୍ୱରେ ଜିଲ୍ଲାପାଳ ସରୋଜ ଝାଙ୍କ କାର୍ଯ୍ୟକାଳରେ ପ୍ରଥମେ ନବଗଠିତ ସୁବର୍ଣ୍ଣପୁର ଜିଲ୍ଲାରେ ୧୯୯୫ ରେ ଶୁଭାରମ୍ଭ ହୋଇଥିଲା ସୁବର୍ଣ୍ଣ ଲୋକମହୋତ୍ସବ। ବରକତ ସପରିବାର ଆମ ଘରର ସବୁ ମେଳାମଉଚ୍ଛବରେ ଯୋଗ ଦିଅନ୍ତି ଏବଂ ନୂଆଁଖାଇ ପର୍ବରେ ବରକତ ବାବୁଙ୍କ ପରିବାର ଆମର ସବୁଦିନିଆ ଅତିଥି। ଏମିତି ଉତ୍ସବ ନାହିଁ ଯେବେ ତାଙ୍କ ଘରେ ଆମେ ଅତିଥି ନ ହୋଇଛୁ। ଅନେକ ଅଜଣା ଲୋକ ଜାଣି ପାରନ୍ତି ନାହିଁ କିଏ ହିନ୍ଦୁ ଆଉ କିଏ ମୁସଲମାନ। ବରକତ ନିୟମିତ ଯୋଗ କରନ୍ତି ଏବଂ ମୁଁ ଅନେକଥର ତାଙ୍କ ପ୍ରାର୍ଥନାରେ ଯୋଗଦିଏ। ବରକତ ଭଲ ମାଉଥ ଅର୍ଗାନ ବଜାନ୍ତି ଓ ମାଉଥ ଅର୍ଗାନରେ ତାଙ୍କ ପ୍ରଥମ ଗୀତ ବାଜି ଉଠେ ଜୟ ଜଗଦୀଶ ହରେ...। ମୁଁ କହେ ବରକତ! ତୁମେ ଅଧିକ ହିନ୍ଦୁ ଓ କମ୍ ମୁସଲମାନ! ମୋ କଥାରେ ସେ ହସିଦିଅନ୍ତି।

ଅନୁବାଦକ ବରକତ ବାବୁଙ୍କ ଅନ୍ତରରେ ଏକ ସାରସ୍ୱତ ପ୍ରତିଭା ଛାତ୍ର ଜୀବନରୁ ଉଙ୍କି ମାରୁଥିଲା। ଆମ ସାଙ୍ଗସାଥୀ ମେଳରେ ପ୍ରଚଣ୍ଡ ସୃଜନଶୀଳ ଧୀ-ଶକ୍ତି ସକାଶେ ସେ ବାରି ହୋଇ ପଡୁଥିଲେ। ସାଂସାରିକ ଜଂଜାଳର ତାଡ଼ନାରେ ସେ ସୃଜନୀଶକ୍ତି ଅଙ୍କୁରି ପାରିଲା ନାହିଁ ଯାହା ଏବେ ଏହି ଅନୁବାଦ ମାଧ୍ୟମରେ ପ୍ରସ୍ଫୁଟିତ ହେବାକୁ ଯାଉଛି। ଖଲିଲ୍ ଜିବ୍ରାନ ଭଳି ସ୍ରଷ୍ଟାଙ୍କ ସାହିତ୍ୟକୁ ଅନୁବାଦର ରୂପ ଦେବା ସହଜସାଧ୍ୟ ନୁହେଁ। ତାହା କେବଳ ବରକତ ଭଳି ଜଣେ ମନନଶୀଳ ଆତ୍ମା ପକ୍ଷରେ ସମ୍ଭବ। ସାହିତ୍ୟ ସର୍ଜନା କ୍ଷେତ୍ରରେ ଖୁବ୍ ବିଳମ୍ବରେ ମୁଁ ନିଜେ ହାତ ଦେଲି। ଅଧ୍ୟାତ୍ମ ଓ ସଂସ୍କୃତି ମୋ ସାରସ୍ୱତ ସର୍ଜନାର ବିଷୟବସ୍ତୁ। ଖଲିଲ୍ ଜିବ୍ରାନ ମୋ ଆତ୍ମାର ଖୁବ୍ ନିକଟବର୍ତ୍ତୀ। ଗ୍ରୀକ୍ ଦାର୍ଶନିକ ପିଥାଗୋରସ ସମକୋଣୀ ସମବାହୁ ତ୍ରିଭୁଜକୁ ପୂଜା କରୁଥିଲେ କାରଣ ଏହି ସମକୋଣୀ ସମବାହୁ ତ୍ରିଭୁଜ ହିଁ ଏ ବିଶ୍ୱବ୍ରହ୍ମାଣ୍ଡକୁ ସମ୍ଭାଳି ଧରି ରଖିଛି। ସମକୋଣୀ ସମବାହୁ ତ୍ରିଭୁଜର ବୈଜ୍ଞାନିକ ଶକ୍ତି ଅପରିସୀମ। ମନେ ହେଉଛି ସେଭଳି ଏକ ଶକ୍ତି ସୃଷ୍ଟି ହୋଇଛି ଲେଖକ ଖଲିଲ୍ ଜିବ୍ରାନ, ଅନୁବାଦକ ଅବୁଲ ବରକତ ଓ ପାଠକ ଭାବରେ ମୋ ମଧ୍ୟରେ। ମୋର ପୁସ୍ତକ

ପ୍ରଜ୍ଞାଲୋକ, ଯୋଗାନୁସରଣ, କୋସଲି ଗୀତା ସାର, ବିଶ୍ୱ ଭାଷା ସଂସ୍କୃତିରୁ କୋସଲବାସୀଙ୍କ ଦାନ ଆଦି ପୁସ୍ତକ ଲେଖକ ଖଲିଲ୍ ଜିବ୍ରାନଙ୍କ ଅନ୍ତରର ଗଭୀରତମ ପ୍ରଦେଶରେ ଭାବୋଚ୍ଛ୍ୱାସର ଚରମ ପ୍ରତିଫଳନ ମାତ୍ର। ସେହି ଦୃଷ୍ଟିରୁ ମୁଁ ଲେଖକ ଖଲିଲ୍ ଜିବ୍ରାନଙ୍କୁ ଖୁବ୍ ଭଲ ପାଏ। ତାଙ୍କଠୁ ବେଶୀ ଭଲ ପାଏ ତାଙ୍କର ଅନୁପମ ସର୍ଜନାକୁ। ମୋର ଜଣେ ଅନୁପମ ବନ୍ଧୁ ସେଭଳି ଜଣେ ଚମତ୍କାର ଲେଖକଙ୍କ ସାହିତ୍ୟିକ କୃତିକୁ ନିଜ ଭାବ ଭାଷା ଦେଇ ଅନୁବାଦ କରିଛନ୍ତି ତାହା ଜାଣି ଗର୍ବରେ ଛାତି ମୋର କୁଣ୍ଢେମୋଟ ହୋଇଯାଉଛି। ନିଜ ଜୀବନର ସାୟାହ୍ନରେ ସମସ୍ତ ସାଂସାରିକ ଜଂଜାଳରୁ ଅବସର ନେବାପରେ ପଇଁଷଠି ବର୍ଷ ବୟସରେ ଘରୋଇ ଭାବରେ ଇଂରାଜୀ ଭାଷାରେ ସ୍ନାତକୋତ୍ତର ଡିଗ୍ରୀ ହାସଲ କରିଥିବା ମୋର ପରମ ବନ୍ଧୁ ଅନୁବାଦକ ବରକତ ଯେ ନିଶ୍ଚିତ ଭାବରେ ତାଙ୍କ ଜୀବନ ବ୍ୟାପୀ ସାଧନାର ସବୁତକ ସାର ରସ ଏହି ଅନୁବାଦ ପୁସ୍ତକରେ ନିଗାଡ଼ି ଦେଇଛନ୍ତି ଏଥିରେ ତିଳେମାତ୍ର ସନ୍ଦେହ ନାହିଁ।

ମୁଁ ସ୍ପଷ୍ଟ ଦେଖି ପାରୁଛି ତାଙ୍କର ବିଭିନ୍ନ ଚାକିରୀକାଳ କେବେଠୁ ସରିଗଲାଣି। ଶେଷରେ ହୀରାକୁଦ ଏଚ.ଆଇ.ଡବ୍ଲୁରେ ଆକାଉଣ୍ଟାଣ୍ଟ ଭାବରେ। ଏବେ ସେ ନୀଳ ଆକାଶର ଗୋଟାଏ ମୁକ୍ତ ବିହଙ୍ଗ, ଭାବନା ଓ ଭାଷାର ବାଡ଼ବତା ଡେଇଁ ଡେଇଁ ଅଜଣା ରାଇଜକୁ ଉଡ଼ିଯିବାକୁ ସତତ ପ୍ରସ୍ତୁତ। ତାଙ୍କର ସେ ଲମ୍ବା ଉଡ଼ାନ ଫଳବତୀ ହେଉ, ସୁଖମୟ ହେଉ। ପାଠକେ ସେ ନଭଶ୍ଚୁମ୍ବୀ ଉଡ଼ାନର ରସସ୍ୱାଦନ କରନ୍ତୁ। ଏତିକି କାମନା ଓ ପ୍ରାର୍ଥନା!

ଗୋରେଖନାଥ ସାହୁ

ବରିଷ୍ଠ ଆଇନଜୀବୀ, ଲେଖକ, ସାମ୍ବାଦିକ ଓ ସ୍ତମ୍ଭକାର

ମହାସଚୀବ କୋସଲ ସାହିତ୍ୟ ସଂସ୍କୃତି ଏକାଡ଼େମୀ

ପୂର୍ବତନ ସଭ୍ୟ, ଓଡ଼ିଶା ସାହିତ୍ୟ ଏକାଡ଼େମୀ

କ୍ରମିକ ନଂବର

1. ହେ ମୋର ଦେଶବାସୀ

ହେ ମୋର ଦେଶବାସୀ
କଣ ଆଶା କର ତୁମେ ମାନେ ମୋ ଠାରୁ?
ଆଶା କର କି, ଅର୍ଥହୀନ ଶବ୍ଦ ଦ୍ୱାରା ସଜ୍ଜିତ ଏକ ମନୋରମ ପ୍ରାସାଦ ନିର୍ମାଣ କରିଦେବି ତୁମମାନଙ୍କ ପାଇଁ, ଅବା ସୁରମ୍ୟ ସ୍ୱପ୍ନରେ ଆଚ୍ଛାଦିତ ଏକ ଭବ୍ୟ ମନ୍ଦିର?
ଆଶା କର କି, ଅତ୍ୟାଚାରୀ ଓ ମିଥ୍ୟାବାଦୀ ମାନେ, ମିଥ୍ୟାର ଇଟା ଖଣ୍ଡରେ ନିର୍ମାଣ କରିଥିବା ବିରାଟ ଅଟ୍ଟାଳିକା ଗୁଡ଼ିକୁ ଧ୍ୱଂସ କରିଦେବି ତୁମ ସମ୍ମୁଖରେ?
କୁହ, କଣ ଚାହଁ ତୁମ୍ଭେ ମାନେ?
ଆଶା କର କି, ଖଳ ପ୍ରକୃତିକ ତଥା ପ୍ରତାରକମାନେ, ଗର୍ବ, ଈର୍ଷା ଓ ଲୋଭର ବୀଜରେ ରୋପଣ କରିଥିବା ବିଷ ବୃକ୍ଷକୁ ଉତ୍ପାଟନ କରିଦେବି ଏହି କ୍ଷଣରେ?
କୁହ, ମୋର ଦେଶବାସୀ, କୁହ ତୁମ୍ଭର ଇଚ୍ଛା।
କଣ ଚାହଁ ତୁମ୍ଭେମାନେ ମୋ ଠାରୁ?
କଣ ମୁଁ କରିବାର ଚାହଁ ତୁମ୍ଭେମାନେ?
ମାର୍ଜ୍ଜାରଟି ପରି ମ୍ୟାଉଁ ମ୍ୟାଉଁ କରନ୍ତି ତୁମକୁ ସନ୍ତୁଷ୍ଟ କରିବା ପାଇଁ, ଅବା ସିଂହଟି ପରି ଗର୍ଜନ କରନ୍ତି ନିଜକୁ ସନ୍ତୁଷ୍ଟ କରିବା ପାଇଁ?
ସଂଗୀତର ତାଳ ଦେଇ ଗୀତ ମୁଁ ଗାଇଲି ତୁମ ପାଇଁ, ମାତ୍ର ତୁମେ ନାଚିଲ ନାହିଁ ସେତେବେଳେ।
ବିଳାପ କରିଲି ମୁଁ, ତୁମ ସମ୍ମୁଖରେ,ମାତ୍ର ହାୟ! ତୁମେମାନେ ନାଚିଲ ନାହିଁ ମୋ ପାଇଁ।
କଣ, ମୁଁ ଏକା ସଂଗରେ ଗାଇବି ଓ ବିଳାପ ମଧ୍ୟ କରିବି?
ତୁମ୍ଭର ଆତ୍ମା ଅତ୍ୟନ୍ତ କ୍ଷୁଧିତ ଏବଂ ଅସହ୍ୟ ଯନ୍ତ୍ରଣାରେ ଉତ୍ପୀଡ଼ିତ।
କେବେ ଚିନ୍ତା କରିଛ ତୁମ୍ଭେମାନେ, ଉପତ୍ୟକାର ଶିଳାଖଣ୍ଡ ଠାରୁ ମଧ୍ୟ ଅଧିକ ପରିମାଣରେ ସହଜ ପ୍ରାପ୍ୟ ଜ୍ଞାନରୂପକ ଫଳ ବିଷୟରେ?
ତୁମ୍ଭର ବାସସ୍ଥଳୀରେ ଜୀବନ ଧାରା ର ନିର୍ମଳ ଜଳ ସଦା ପ୍ରବାହିତ।
ତଥାପି ତୁମ୍ଭର ଆତ୍ମା ସଦା ତୃଷାର୍ତ୍ତ।
ପାନ କରୁ ନାଁହ କାହିଁକି ସେହି ଜଳ?
ପରିବର୍ତ୍ତନ ପ୍ରକୃତିର ନିୟମ।
ଉତ୍ଥାନ ପରେ ପତନ, ଶୁକ୍ଳ ପରେ କୃଷ୍ଣ ପକ୍ଷ।
ଗ୍ରୀଷ୍ମ ପରେ ବସନ୍ତ, ଦୁଃଖ ପରେ ସୁଖ।
ଏହି ସବୁ ପରିବର୍ତ୍ତନ, ଅଜନ୍ମିତ ଭଗବାନ୍ ପରି ପୃଥିବୀ ଓ ସୂର୍ଯ୍ୟ ମଧ୍ୟରେ ଆତଯାତ ହେଉ ଥାଆନ୍ତି।
ମାତ୍ର ସତ୍ୟ, ସର୍ବଦା ଧ୍ରୁବ ଏବଂ ଅପରିବର୍ତ୍ତିତ ।
ପୃଥିବୀର ଆରମ୍ଭରୁ ଏ ଯାବତ୍ ରୂପ ତାହାର ରହିଛି ପୂର୍ବବତ୍।

ତଥାପି ତାହାର ରୂପକୁ ବିକୃତ କରିବାରେ ଚେଷ୍ଟିତ ତୁମ୍ଭେ।

ମାତ୍ର କାହିଁକି?

ରାତ୍ରୀର ନୀରବତାରେ ଚନ୍ଦ୍ରର ମନୋରମ ସୌନ୍ଦର୍ଯ୍ୟ ଦେଖାଇବା ପାଇଁ ଡାକିଥିଲି ମୁଁ ତୁମ୍ଭମାନଙ୍କୁ।

ମାତ୍ର କଣ କରିଲ ତୁମ୍ଭେ?

ନିଦ୍ରାରୁ ଉଠି, ତତ୍ କ୍ଷଣାତ୍ ନିଜ ତରବାରୀରେ ହାତ ରଖି ଚିତ୍କାର କରି ଉଠିଲ, କାହିଁ ଶତ୍ରୁ, ପ୍ରଥମେ ତାକୁ ହତ୍ୟା କରିବା।

ପ୍ରଭାତରେ ଶତ୍ରୁ ଆସିଲା, ପୁନର୍ବାର ଡାକଲି ତୁମକୁ।

ମାତ୍ର, ଏଥର ଉଠିଲ ନାହିଁ ତୁମ୍ଭେ, କାରଣ ଭୟ ଓ ଆଶଂକା ର ଫାସରେ ବାନ୍ଧି ହୋଇ ଅଲୌକିକ ସ୍ୱପ୍ନ ରାଇଜରେ ହଜି ଯାଇଥିଲ ତୁମ୍ଭେ।

ଯେତେବେଳେ ମୁଁ ତୁମକୁ କହିଲି, ଆସ, ଉଚ୍ଚ ପର୍ବତ ଶିଖରକୁ ଆରୋହଣ କରି ସଂସାରର ଆନନ୍ଦମୟ ସୌନ୍ଦର୍ଯ୍ୟ ଦେଖିବା,

ତୁମ୍ଭେ ଉତ୍ତର ଦେଲ,ଏହି ଉପତ୍ୟକାର ଗଭୀରତାରେ ଆମ୍ଭର ପୂର୍ବପୁରୁଷମାନେ ବାସ କରୁଥିଲେ ଏବଂ ଏହାରି ଛାୟାରେ ସେମାନେ ମୃତ୍ୟୁକୁ ଆଲିଂଗନ କରି ଏହି ଗୁମ୍ଫାର କବରରେ ସେମାନେ ଶୁପ୍ତ।

ଏହ ସଂସାରର ଯେଉଁ ଅକୃତଜ୍ଞ ଲୋକମାନେ, ସେମାନଂକର ସମ୍ମାନ କରି ନ ଥିଲେ ତାଙ୍କ ପାଇଁ କିପରି ଛାଡ଼ିଯିବା ଏ ସ୍ଥାନ।

ମୁଁ ପୁନର୍ବାର ଅନୁରୋଧ କରି କହିଲି, ସାଗର ପାଇଁ ନିଜର ସବୁକିଛି ଉତ୍ସର୍ଗ କରିଥିବା ସେହି ଉପତ୍ୟକାକୁ ଚାଲ ଯିବା।

କାପୁରୁଷ ଭାବରେ ତୁମ୍ଭେ ଉତ୍ତର ଦେଲ, ନା, ପାତାଳପୁରର କୋଳାହଳ ଆମକୁ ଭୟଭୀତ କରାଇବ ଏବଂ ତାହାର ଗଭୀରତା ଆମ୍ଭର ଶରୀରକୁ ମୃତବତ୍ କରି ପକାଇବ!।

ହେ ମୋର ଦେଶବାସୀ!

ଏକଦା ମୁଁ ତୁମକୁ ଖୁବ ଭଲ ପାଉଥିଲି, ମାତ୍ର ମୋ ପାଇଁ ତାହା ହୋଇଥିଲା ଅତ୍ୟନ୍ତ ଯନ୍ତ୍ରଣାଦାୟକ।

ଏଣୁ ଆଜି ମୁଁ ତୁମକୁ ଖୁବ୍ ଘୃଣା କରେ।

ଏବଂ ତୁମେ ଭଲ ଭାବରେ ଜାଣ, ଶୁଷ୍କ ଶାଖା ଏବଂ ଦୋଦୁଲ୍ୟମାନ ଗ୍ରହକୁ ଭସାଇ ନେଉଥିବା ବନ୍ୟା ପରି ଘୃଣା ମଧ୍ୟ ଅତ୍ୟନ୍ତ ପ୍ରଳୟଂକାରୀ।

ହେ, ମୋର ଦେଶବାସୀ, ଦୟା ଆସେ ତୁମ ପତି, ତୁମର ବର୍ତ୍ତମାନର ଦୁର୍ବଳ ଅବସ୍ଥା ଦେଖି।

ମାତ୍ର, ହାୟ, ମୋର ସେହି ଦୟା ତୁମ୍ଭର ଅଭ୍ୟାସଗତ କାପୁରୁଷତାକୁ ଆହୁରି ଉତ୍ସାହିତ କରେ।

ଏଣୁ ତୁମର ଅକ୍ଷମତାକୁ ଗ୍ରହଣ କରିପାରେ ନାହିଁ ମୋର ଆତ୍ମା।

ଶତ୍ରୁ ପାଖରେ ତୁମ୍ଭର ଆତ୍ମସମର୍ପଣ ଦେଖି ମୁଁ ଅତ୍ୟନ୍ତ ମର୍ମାହତ ହୋଇଯାଏ ଏବଂ ସ୍ୱଚ୍ଛ ସ୍ଫଟିକ ରୂପରେ ଚକ୍ଷୁରୁ ମୋର ବୋହି ଯାଏ ଅଜସ୍ର ଅଶ୍ରୁର ସ୍ରୋତ।

ମାତ୍ର ମୋର ଅଶ୍ରୁ, ତୁମର ଦୁର୍ବଳତାକୁ ଆଶ୍ଖାଳନ କରିପାରେ ନାହିଁ, ଯଦିଓ ତାହା ମୋର ଚକ୍ଷୁର ପରଦା ଖୋଲିଦିଏ।

ମୋର ଅଶ୍ରୁ ତୁମ୍ଭର ହୃଦୟକୁ ସ୍ପର୍ଶ କରି ନ ପାରିଲେ ମଧ୍ୟ ମୋର ଅନ୍ତରାତ୍ମାକୁ ଶୋଧିତ କରିଦିଏ।

ତୁମ୍ଭର ଦୁଃଖ ଯାତନା ଦେଖିଁ ମୁଁ ଅଟ୍ଟହାସ୍ୟ କରେ।

ଏବଂ ତୁମ୍ଭେ ଭଲ ଭାବରେ ଜାଣ ଯେ, ଝଡ଼ ଝଞ୍ଜା ପୂର୍ବରୁ ଆସୁଥିବା ବଜ୍ର ନିନାଦ ପରି ସେହି ଅଟ୍ଟହାସ୍ୟ।

ଏବେ କୁହ ମୋର ଦେଶବାସୀ, କଣ ଚାହଁ ତୁମ୍ଭେ ମୋ ଠାରୁ।

ଚାହଁ କି, ସ୍ଥିର ଜଳର ଆସ୍ତରଣରେ ତୁମ୍ଭର ପ୍ରକୃତ ରୂପର ଭୁତକୁ ଦେଖାଇ ଦେବି ତୁମ୍ଭକୁ?

ତେବେ ଆସ, ଏବଂ ଦେଖ, କେତେ କଦର୍ଯ୍ୟ ଏବଂ କଦାକାର ତୁମ୍ଭେ?

ଦେଖୁ ପାରୁଛ କି?

ଭଲଭାବେ ଧ୍ୟାନ ଦେଇ ଦେଖ, ତୁମ୍ଭର ଶୁଭ୍ର କେଶ ରାଶିକୁ ଏବଂ ତୁମ୍ଭର ଅନ୍ତର୍ଆତ୍ମାର ସେହି ଅନାହୂତ ଭୟକୁ।

ତୁମ୍ଭର ଅଜ୍ଞାତରେ, ସେହି ଭୟ, ତୁମ୍ଭର ଚକ୍ଷୁ ଦ୍ୱୟକୁ ଭରି ଦେଇଛି ବିତାଡ଼ନାର ଏକ ମଶୁଣ ଲେପରେ ଏବଂ ଏକ ପରିତ୍ୟକ୍ତ ଗହ୍ୱର ପରି ସଂକୁଚିତ କରି ଦେଇଛି ତୁମ୍ଭର ଚେହେରାକୁ।

ତୁମ୍ଭର କାପୁରୁଷତା, ଉପତ୍ୟକାର ଅନ୍ଧାର ଗର୍ତ୍ତ ପରି କରି ଦେଇଛି ତୁମ୍ଭର ଗଣ୍ଡଦେଶକୁ, ତଥା ସୁନିଶ୍ଚିତ ମୃତ୍ୟୁ, ତୁମ୍ଭର ଓଷ୍ଠକୁ ଚୁମ୍ବନ କରି, ଗ୍ରୀଷ୍ମ ଋତୁର ପତ୍ର ପରି ହଳଦିଆ କରି ଦେଇଛି ତାହାକୁ।

ହେ ମୋର ଦେଶବାସୀ! କଣ ଖୋଜୁଛ ତୁମେ?

ଜୀବନ ଠାରୁ କଣ ମାଗୁଛ ତୁମେ?

ସେ ତ ତ୍ୟାଜ୍ୟପୁତ୍ର କରି ଦେଇଛି ତୁମକୁ।

ତୁମ୍ଭେ ଜାଣ କି?

ତୁମ୍ଭର ଅସହାୟ ଆତ୍ମା, ଭଣ୍ଡ ପୁଝାରୀ ଏବଂ ପ୍ରତାରକ ମାନଂକ ହାତରେ ଶୀତଳପ୍ରାୟ ହୋଇ ଯାଇଛି, ଏବଂ ସ୍ୱେଚ୍ଛାଚାରୀ ଶାସକ ତଥା ରକ୍ତ ଲୋଲୁପୁ ଅତ୍ୟାଚାରୀ ମାନଂକ ଦମନ ଲୀଳାରେ ତୁମ୍ଭର କ୍ଷୀଣ ଶରୀର କମ୍ପିତ।

ଏବଂ ବିଜୟୋନ୍ମୁଖୀ ଶତ୍ରୁ ସେନାଂକର ବୀର ପଦ ଦର୍ପରେ କମ୍ପିତ ଦେଶ ତୁମ୍ଭର।

ଏଣୁ ସୂର୍ଯ୍ୟ ସମ୍ମୁଖରେ ଠିଆ ହୋଇ ନିଜକୁ ନିଜେ ଗର୍ବ ଅନୁଭବ କରିଲେ, କଣ ବା ପାଇ ପାରିବ ତୁମ୍ଭେ?

ଯୁଦ୍ଧକୁ ନେଇ ଥିବା ତୁମର ଅସ୍ତ୍ର ସସ୍ତ୍ର ଅକାମୀ ହୋଇ ଯାଇଛ, ତୁମ୍ଭର ଅଜାଣତରେ କଳଂକି ଲାଗି ଯାଇଛି ତୁମର ତରବାରୀରେ।

ବର୍ଚ୍ଛା ତୁମ୍ଭର ଭଗ୍ନପ୍ରାୟ, ଢାଲ ତୁମ୍ଭର ବିଖଣ୍ଡିତ।

ତେବେ, କାହିଁକି ଠିଆ ହୋଇ ରହିଛ ରଣ କ୍ଷେତ୍ରରେ?

ଛଳନା ତଥା କପଟତା ଉପରେ ଆଧାରିତ ତୁମ୍ଭର ଧର୍ମ।
ମିଥ୍ୟାର ଆଧାରରେ ସମ୍ବଳିତ ତୁମ୍ଭର ଜୀବନ।
ଏଣୁ ତୁମର ପରିସମାପ୍ତି ହେବ, ମାତ୍ର ବିରାଟ ଶୂନ୍ୟତାରେ।
ତେବେ, କାହିଁକି ବଂଚି ରହିଛ ତୁମ୍ଭେ।
ତୁମେ କଣ ଜାଣ ନାହିଁ ଯେ ତୁମପରି ହତଭାଗ୍ୟ ମାନଂକ ପାଇଁ ମୃତ୍ୟୁ ହିଁ ଏକମାତ୍ର ଆଶ୍ୱାସନା।
ତୁମ ପରି ଅଜ୍ଞାନୀ ମାନେ ଜାଣନ୍ତି ନାହିଁ ଏକ ଅତ୍ୟନ୍ତ ଧ୍ରୁବ ସତ୍ୟ ଯେ ଜୀବନ ଏକ ମହାନ୍ ସଂକଳ୍ପ।
ଜୀବନରେ ଯୌବନ ଆସେ ନାହିଁ କେବେ।
ବରଂ, ଜୀବନର ପରିପକ୍ୱତାରେ ଆସେ ଅଧ୍ୟବସାୟ, ଆସେ ବର୍ଦ୍ଧିତ ଜ୍ଞାନ ଏବଂ ଏହା ହିଁ ବାର୍ଦ୍ଧକ୍ୟତାକୁ ବହନ କରିବାରେ ସାହାଯ୍ୟ କରେ।
ମାତ୍ର, ହତଭାଗ୍ୟ ଦେଶବାସୀ ମୋର, ତୁମେ ତ ଜନ୍ମ ହୋଇଛ ଦୁର୍ବଳ ଓ ବୃଦ୍ଧ ହୋଇ।
ତୁମ୍ଭର ଚର୍ମ ସ୍ଖଳିତ, ମସ୍ତକ ଅବନତ।
ଏଣୁ କାଦୁଅରେ ଠିଆ ହୋଇ ଏକ ଅନ୍ୟ ପ୍ରତି ପଥର ନିକ୍ଷେପ କରୁଥିବା ଦୁଷ୍ଟ ଶିଶୁ ପରି ବ୍ୟବହାର କର ତୁମେ।
ହେ, ମୋର ଦେଶବାସୀ!
ଜାଣିଛ କି ତୁମେ, ଆଲୋକ ରଶ୍ମୀ ରୂପକ ଜ୍ଞାନ, ଜୀବନକୁ ଉଷ୍ମତା ପ୍ରଦାନ କରେ, ଏବଂ ଯେଉଁମାନେ ତାହାକୁ ଖୋଜନ୍ତି ସେହି ମାନେ ହିଁ ତାକୁ ହାସଲ କରି ପାରନ୍ତି।
ମାତ୍ର, ତୁମ୍ଭେ ଅନୁସନ୍ଧାନ କର ଅନ୍ଧକାରରେ।
ଏବଂ ପାଷାଣ ବକ୍ଷରୁ ଜଳର ସ୍ରୋତ ଆଶା କରି ଆଲୋକ ଠାରୁ ତୁମେ ଦୂରେଇ ଯାଅ।
କେବେ ଚିନ୍ତା କରିଛ ନିଜ ରାଷ୍ଟ୍ର ବିଷୟରେ।
ଆଜି, ତୁମ ରାଷ୍ଟ୍ରର ଦୁର୍ଦ୍ଦଶା ପାଇଁ ଦାୟୀ କିଏ?
କେବଳ ତୁମ୍ଭେ ହିଁ ଦାୟୀ, ତୁମ୍ଭେ ଅପରାଧୀ।
ତୁମ୍ଭର ଅପରାଧକୁ ମୁଁ କଦାଚିତ୍ କ୍ଷମା କରିପାରିବି ନାହିଁ, କାରଣ ତୁମେ ନିଜେ ଜାଣ ନାହିଁ, ତୁମେ କଣ କରୁଛ।
ତୁମ୍ଭକୁ କହିବା ବାହୁଲ୍ୟ ମାତ୍ର ଯେ ମାନବିକତା ଏକ ନଦୀ ସଦୃଶ୍ୟ, ନିଜ ଲୟରେ ଗୀତ ଗାଇ ଚାଲିଥାଏ ଏବଂ ସମୁଦ୍ରର ଆତ୍ମା ପାଇଁ, ପର୍ବତର ଗୋପନ ବାର୍ତ୍ତା ନେଇଯାଏ।
ମାତ୍ର, ହେ ମୋର ଦେଶବାସୀ, ତୁମକୁ ତୁଳନା କରେ ମୁଁ ଅସଂଖ୍ୟ କୀଟପତଂଗ ତଥା ସରିସୃପରେ ପରିପୂର୍ଣ୍ଣ ପରିତ୍ୟକ୍ତ ପୁଷ୍କରିଣୀ ସହିତ।
ଜାଣିଛ କି ତୁମ୍ଭେ, ଆତ୍ମା ଏକ ପବିତ୍ର ନୀଳ ଆଲୋକ ଧାରା ଏବଂ ଏହି ଆତ୍ମା ଶୁଷ୍କ ବୃକ୍ଷ ରାଶିକୁ ପ୍ରଜ୍ୱଳିତ କରେ ଏବଂ ବାତ୍ୟା ସହିତ ବୃଦ୍ଧି ପାଇ ଦେବତା ମାନଂକର ରୂପକୁ ଉଜ୍ଜ୍ୱଳିତ କରିଥାଏ।

ମାତ୍ର , ମୋର ଦେଶବାସୀ, ଚିତାଭସ୍ମ ସଦୃଶ୍ୟ, ତୁମ୍ଭର ଆତ୍ମାକୁ ପବନ ଉଡ଼ାଇ ନେଇ ବରଫ ଉପରେ ଖେଳାଇ ଦିଏ ଏବଂ ପରେ ପବନ ତାହାକୁ ସବୁଦିନ ପାଇଁ ଉପତ୍ୟକା ମଧ୍ୟକୁ ନିକ୍ଷେପ କରେ।

ମୋର ପ୍ରିୟ ଦେଶବାସୀ ଗଣ!

ମୃତ୍ୟୁକୁ ଭୟ କର ନାହିଁ, କାରଣ ତୁମ୍ଭର କ୍ଷୁଦ୍ର ମାନସିକତା ପାଖକୁ ଯିବା ପାଇଁ ମୃତ୍ୟୁର ମହାନତା ଘୃଣା ଏବଂ ଅନିଚ୍ଛା ପ୍ରକାଶ କରିବ।

ଏବଂ ଛୁରିକାଘାତ ପାଇଁ ମଧ୍ୟ ଭୟଭୀତ ହୁଅ ନାହିଁ, କାରଣ ଛୁରିକା ମଧ୍ୟ ତୁମ୍ଭର ଫମ୍ପା, ଶୁଷ୍କ ହୃଦୟକୁ ପ୍ରବେଶ କରିବା ପାଇଁ ଇଚ୍ଛା ପ୍ରକାଶ କରିବ ନାହିଁ କେବେହେଲେ।

2. ଆମ୍ଭେ ଓ ତୁମ୍ଭେମାନେ

ଆମ୍ଭେମାନେ ଶୋକର ସନ୍ତାନ, ଏବଂ ଆନନ୍ଦର ସନ୍ତାନ ତୁମ୍ଭେମାନେ।

ଈଶ୍ୱରଂକର ଛାୟା ରୂପକ ସେହି ଶୋକର ସନ୍ତାନ ଆମ୍ଭେମାନେ ଏବଂ ସେହି ଐଶ୍ୱରୀକ ଛାୟା, ପାପୀ, ଦୁଷ୍ଟପଟଂକ ରାଜ୍ୟକୁ ଯାଏ ନାହିଁ କଦାଚିତ୍।

ଆମ୍ଭର ଆତ୍ମା ସଦା ଶୋକାକ୍ଲିଷ୍ଟ,ଏବଂ ତୁମ୍ଭର ସଂକୀର୍ଣ୍ଣ ହୃଦୟରେ ବାସ କରିବାକୁ ସେହି ମହାନ୍ ଶୋକ କେବେହେଲେ ଇଚ୍ଛା କରେ ନାହିଁ।

ତୁମ୍ଭେ ଆନନ୍ଦାଭିଭୂତ ହୋଇ ହସ, ମାତ୍ର ଦୁଃଖାଭିଭୂତ ହୋଇ ଆମ୍ଭେମାନେ କାନ୍ଦୁ।

ତୁମ୍ଭେ ଆମକୁ ବୁଝିବାରେ ଅସମର୍ଥ, ମାତ୍ର ଆମେ, ତୁମ୍ଭ ପ୍ରତି ଆମ୍ଭର ଅନ୍ତରର ସହାନୁଭୁତି ଜ୍ଞାପନ କରୁଁ।

ଜୀବନ ନଦୀର ସ୍ରୋତରେ, ଅଣନିଃଶ୍ୱାସୀ ହୋଇ ଦୌଡ଼ିବାରେ ତୁମେ ସର୍ବଦା ବ୍ୟସ୍ତ।

ଲକ୍ଷ୍ୟ ନ ଥାଏ ତୁମ୍ଭର ଆମ ପ୍ରତି, ମାତ୍ର ଆମ୍ଭେମାନେ ନଦୀ ତୀରରେ ବସି, ତୁମ୍ଭର ପ୍ରତ୍ୟେକଟି କାର୍ଯ୍ୟ ପ୍ରତି ଲକ୍ଷ୍ୟ ରଖୁଁ, ଏବଂ ତୁମ୍ଭର ଅପରିଚିତ ପାଦ ଶବ୍ଦକୁ ଶୁଣିପାରୁଁ।

ଆମ୍ଭର କ୍ରନ୍ଦନ ଶୁଣିବାରେ ତୁମ୍ଭେ ଅସମର୍ଥ, କାରଣ ସତ୍ୟ ପ୍ରତି ତୁମ୍ଭର ଅନାଦର ପାଇଁ ତୁମ୍ଭର କର୍ଣ୍ଣ ଯୁଗଳ ଅବରୁଦ୍ଧ, ସଦା ସର୍ବଦା।

ମାତ୍ର ତୁମ୍ଭର ଗୀତର ପ୍ରତ୍ୟେକଟି ତାଳ ଓ ଲୟ ଶୁଣିବାରେ ଆମ୍ଭେମାନେ ସମ୍ପୂର୍ଣ୍ଣ ସମର୍ଥ, କାରଣ ରାତ୍ରୀର ନିସ୍ତବ୍ଧତାରେ ମଧ୍ୟ ଆମ୍ଭର ଅନ୍ତରାତ୍ମା ସର୍ବଦା ଉନ୍ମୁକ୍ତ ଥାଏ ସମସ୍ତଂକୁ ସ୍ୱାଗତ କରିବା ପାଇଁ।

କେବଳ ମାତ୍ର ଏକ ଆଲୋକ ବିନ୍ଦୁ ତଳେ ତୁମ୍ଭେ ଦଣ୍ଡାୟମାନ ଅନ୍ଧାରରେ, ତଥାପି ତୁମ୍ଭକୁ ଦେଖିବାରେ ଆମ୍ଭେ ସମ୍ପୂର୍ଣ୍ଣ ସମର୍ଥ।

ଆମ୍ଭର ଯାତାୟତ ଉଜ୍ଜ୍ୱଳ ଅନ୍ଧକାରରେ, ଏଣୁ ତୁମ୍ଭେ ଦେଖିପାରୁ ନାହଁ ଆମ୍ଭକୁ।

ତୁମ୍ଭେ ସର୍ବଦା ଉପଭୋଗ ଲାଳସାରେ ପ୍ରେରିତ ଏବଂ ଗର୍ବ ଓ ଅହଂକାରରେ ଆସକ୍ତ ଥାଇ ନିଜର ଜୀବନକୁ ଏକ ବିରାଟ ଶୂନ୍ୟତା ହସ୍ତରେ ଅର୍ପଣ କରିଦେଇଛ।

କାରଣ ପ୍ରକୃତରେ ତୁମ୍ଭେ ସନ୍ତାନ ଶୋକର।

ଆଇନାଟିଏ ମଧ୍ୟ ନ ଥିବା ଅନ୍ଧକାର କାଳକୋଠରୀ ତୁମ୍ଭର ବାସସ୍ଥଳୀ।

ଏଣୁ ତୁମ୍ଭର ଆତ୍ମାର ପ୍ରତିବିମ୍ବ ଦେଖିବାକୁ ତୁମ୍ଭେ ସଂପୂର୍ଣ୍ଣ ଅସମର୍ଥ।

ଆମ୍ଭର ଦୁଃଖ ଜଢ଼ିତ ଦୀର୍ଘ ଶ୍ୱାସ, ଫୁଲ ମାନଂକରେ ମଧୂର ସୁଗନ୍ଧ ତଥା ଝରଣାରେ କୁଳୁକୁଳୁ ନାଦ ସୃଷ୍ଟି କରାଏ।

ମାତ୍ର, ତୁମ୍ଭେ ଯେତେବେଳେ ଆମକୁ ପରିହାସ କର ସେହି ଶବ୍ଦ, ଖପୁରୀ ଭାଂଗିବାର ଖଡ୍‌ଖାଡ୍ ଶବ୍ଦରେ, ବେଢ଼ିର ଝଣ୍ ଝାଣ୍ ଶବ୍ଦରେ ତଥା ପାତାଳର କରୁଣ ବିଳାପରେ ମିଶିଯାଏ।

ରାତ୍ରୀର ଚକ୍ଷୁରୁ ପଡୁଥିବା ଶିଶିର ବିନ୍ଦୁ ଉଷାର ବକ୍ଷରେ ପଡ଼ି ତାହାକୁ ଜୀବନ୍ତ ତଥା ସକ୍ରୀୟ କରିଲା ପରି ଆମ୍ଭର କ୍ରନ୍ଦନରତ ଅଶ୍ରୁ, ଜୀବନର ହୃଦୟରେ ପଡ଼ି ତାହାକୁ ଜୀବନ୍ତ କରାଏ।

ମାତ୍ର କ୍ଷତ ଉପରେ ସର୍ପର ବିଷ ଝରିଲା ପରି, ତୁମ୍ଭର କର୍କଶ ଅଟ୍ଟହାସ୍ୟ ଆହୁରି ଯନ୍ତ୍ରଣାଦାୟକ ହୋଇଥାଏ।

ଅଭିଶପ୍ତ ଭ୍ରମଣକାରୀ ମାନଂକର ଦୁଃଖରେ ଆମେ ଆମ୍ଭର ସହାନୁଭୂତି ପ୍ରକାଶ କରୁଁ।

ମାତ୍ର ତାଂକର ଦୁଃଖରେ ତୁମେ ହୁଅ ଆନନ୍ଦିତ।

ଏପରିକି ଅନାଥ ଶିଶୁ ମାନଂକର ଅସହାୟତା ପ୍ରତି ମଧ୍ୟ ତୁମେ କର ଆକ୍ଷେପ ତଥା ପରିହାସ।

ଆମର କ୍ରନ୍ଦନ ଉଦ୍ଦ୍ୟେଶିତ ଦଳିତ, ଦୁର୍ବଳ ତଥା ଦୁଃଖିତଂକ ଆର୍ତ୍ତନାଦ ପ୍ରତି।

ମାତ୍ର ତୁମ୍ଭର ସୁରା ବୋତଲର ଠଣ୍ ଠାଣ୍ ଶବ୍ଦ ହିଁ ତୁମ୍ଭର ହସିବାର ଏକମାତ୍ର କାରଣ।

ପରମାତ୍ମାଂକ ଠାରୁ ଆତ୍ମା ଆମର ବିଚ୍ଛିନ୍ନ ହୋଇଥିବାରୁ ଆମେ କାନ୍ଦୁ।

ମାତ୍ର ତୁମର ଭଲମନ୍ଦ ପାଇଁ ତିଳେହେଲେ ଚିନ୍ତିତ ନ ଥିବା ମାୟା ସଂସାରରେ ତୁମ୍ଭର ଶରୀର ସର୍ବଦା ନିମଜ୍ଜିତ ଥିବାରୁ ତୁମ୍ଭେ ସର୍ବଦା ହସିବାରେ ବ୍ୟସ୍ତ।

ଆମେ ସନ୍ତାନ ଦୁଃଖର ଏବଂ ତୁମ୍ଭେ ସନ୍ତାନ ସୁଖର।

ଠିକ୍ ଅଛି, ଆସ, ଓଜନ କରି ଦେଖିବା, କେଉଁଟା ବେଶୀ ଭାରୀ, ଆମର ଦୁଃଖଜନିତ ଫଳାଫଳ, ଅବା ଆନନ୍ଦରେ ଉନ୍ମତ୍ତ ହୋଇ କରୁଥିବା ତୁମ ଦୁଷ୍କର୍ମର ପରିଣତି?

ତୁମ ପାଇଁ ଆମେ ସୁନ୍ଦର ରାଜପ୍ରାସାଦ ନିର୍ମାଣ କରୁଁ ମାତ୍ର, ତୁମ୍ଭେ, ଆମ ପାଇଁ ପ୍ରସ୍ତୁତ କର ଆମର ମୃତ୍ୟୁର ଶଯ୍ୟା।

ମାନବିକତା, ରାଜପ୍ରାସାଦର ସୌନ୍ଦର୍ଯ୍ୟ ତଥା କବରର ଅନ୍ଧକାର ମଧ୍ୟରେ ଏକ ଜଗୁଆଳି ରୂପରେ ଠିଆ ହୋଇଥାଏ।

ସୁନ୍ଦର କୋମଳ ଗୋଲାପ ଗୁଡ଼ିକରେ ଆମେ ସଜ୍ଜିତ କରୁଁ ତୁମର ଚଲାପଥ।

ମାତ୍ର ଆମର ଚଲାପଥକୁ ତୁମ୍ଭେ କଣ୍ଟକରେ ଆଚ୍ଛାଦିତ କର।

ସତ୍ୟତା, ଗୋଲାପର ସୌନ୍ଦର୍ଯ୍ୟ ତଥା କଣ୍ଟକର ଅସହ୍ୟ ଯନ୍ତ୍ରଣା ମଧ୍ୟରେ ଗଭୀର ନିଦ୍ରାଗତ ଥାଏ।

ପୃଥିବୀର ଆରମ୍ଭରୁ, ତୁମ୍ଭର ନିକୃଷ୍ଟ ଦୁର୍ବଳତାର ପ୍ରୟୋଗରେ ଆମ୍ଭର କୋମଳ ଶକ୍ତି ବିରୁଦ୍ଧରେ ତୁମ୍ଭେ ସଦା ଯୁଦ୍ଧରତ।

ଏବଂ ଆମ ଉପରେ ପାଉଥିବା, କ୍ଷଣିକ ବିଜୟରେ ଉଲ୍ଲସିତ ହୋଇ ପାଣିର ବେଂଗ ପରି କର୍କଶ କଣ୍ଠରେ ରାବ କର।

ମାତ୍ର ତୁମ୍ଭକୁ ଆମେ ଯୁଗଟେ ପାଇଁ ଜୟ କରି ମଧ୍ୟ ଏକ ବିରାଟ ମହାନ୍ ବ୍ୟକ୍ତି ପରି ନୀରବ, ନିସ୍ତବ୍ଧ ରହିଥାଉଁ।

ନିର୍ଜୀବ ଶବ ସଦୃଶ୍ୟ ବ୍ୟକ୍ତି ମାନଂକ ସ୍ମୃତିରେ ତୁମ୍ଭେମାନେ ବାସ କର ଏବଂ ନିଜର ସ୍ମୃତି ଗର୍ଭରେ କବର ଦେବା ପାଇଁ ତୁମ୍ଭର ନାହାନ୍ତି କେହି ବନ୍ଧୁ।

ଦୁଃଖ, ଜ୍ଞାନ ଏବଂ ସତ୍ୟତାର ସ୍ରଷ୍ଟି କରାଏ ।

ମାତ୍ର ତୁମ୍ଭେ ଯେଉଁ ସୁଖ ପାଇଁ ଗର୍ବ କର, ଐଶ୍ୱରୀକ ନିୟମାନୁଯାୟୀ, ତାହା, ସ୍ୱର୍ଗର ପବନ ସମ୍ମୁଖରେ ସମ୍ପୂର୍ଣ୍ଣ ରୂପେ ଧ୍ୱଂସ ପାଇ ବିକ୍ଷିପ୍ତ ହେବା ଉଚିତ।
କାରଣ ପ୍ରକୃତ ଅର୍ଥରେ ଏହା ଧୂମ୍ରର ଏକ ଦୋଦୁଲ୍ୟମାନ ସ୍ତମ୍ଭ ମାତ୍ର।

3. କବି

ମୋର ଏକାନ୍ତର ଚତୁର୍ଦ୍ଦିଗରେ ବିସ୍ତାରିତ ଅସୀମ ନିର୍ଜନତା, ଏବଂ ମୋର ସଂଗହୀନତା ମୋ ପାଇଁ ଅତ୍ୟନ୍ତ ଅସହ୍ୟ।

ମାତ୍ର ସେହି ନିର୍ଜନତା, ମୋର ଏକାଗ୍ରତାକୁ ସୁଦୃଢ଼ କରି ଏକାନ୍ତର ନୀରବତାକୁ ଭେଦକରେ।

ମୋର ଚିନ୍ତା, ଅପାର ଶକ୍ତି ଆରହଣ କରି ଚାଲିଯାଏ ଏକ ଅପରିଚିତ ରାଜ୍ୟକୁ।

ସେହି ରାଜ୍ୟର ବିଚ୍ଛୁରିତ ଉଜ୍ଜ୍ୱଳ କିରଣ ମୋର ଚକ୍ଷୁ ପାଇଁ ଏକ ଅପରିଚିତ ଅଲୌକିକ ଭୂଖଣ୍ଡର ଦର୍ଶନ କରାଏ।

ମୁଁ ହେଉଛି ଏକ କବି।

ଏଣୁ ମୋର ସମ୍ପର୍କୀୟ ମାନଂକ ମଧ୍ୟରେ ମଧ୍ୟ ମୁଁ ସମ୍ପୂର୍ଣ୍ଣ ରୂପେ ଅପରିଚିତ।

ମୋର ଚଲା ପଥରେ ଯଦି ହଠାତ୍ କାହାକୁ ଦେଖେ', ଆଶ୍ଚର୍ଯ୍ୟ ହୋଇ ନିଜକୁ ପ୍ରଶ୍ନ ପଚାରେ;

କିଏ ସେହି ଅଜଣା ବ୍ୟକ୍ତି? କିପରି ଜାଣେ ମୁଁ ତାହାକୁ?

ସେ ଏଠାକୁ କାହିଁକି ଆସିଛନ୍ତି? ତାଂକ ସହିତ ମୋର କଣ ସମ୍ପର୍କ?

ଯେହେତୁ ମୁଁ ଏକ କବି, ମୋ ନିଜ ସହିତ ମଧ୍ୟ ମୁଁ ଅପରିଚିତ।

ଏପରିକି ମୋର ଜିହ୍ୱା କିଛି କହିଲେ, କର୍ଣ୍ଣ ଯୁଗଳ ତାହାର ଅପରିଚିତ ଶବ୍ଦରେ ଆଶ୍ଚର୍ଯ୍ୟ ହୋଇ ଯାଆନ୍ତି।

ନିଜର ଅନ୍ତର୍ସ୍ଥିତି ଦେଖିବାର ଚେଷ୍ଟାରେ ଆଶ୍ଚର୍ଯ୍ୟ ହୁଏ ନିଜର ଭୟ, ନିଜର ଅସ୍ତିତ୍ୱ, ନିଜର ହାସ୍ୟ ଏବଂ କ୍ରନ୍ଦନକୁ ଦେଖି।

ବିରାଟ ନୀରବତା ଦ୍ୱାରା ଆଚ୍ଛାଦିତ ଥାଇ ମଧ୍ୟ ମୁଁ ବାହ୍ୟ ସଂସାର ପ୍ରତି ଅଜ୍ଞ ଥାଏ।|

ମୋର ନିଜ ଶରୀରକୁ ମଧ୍ୟ ମୋର ଚେତନା ଏବଂ ଭାବନା, ଚିହ୍ନି ପାରନ୍ତି ନାହିଁ।

ଆଇନା ସମ୍ମୁଖରେ ଠିଆ ହେଲେ, ଆତ୍ମା ମୋର ନିଜ ଚେହେରାର ଏକ ଅଦୃଶ୍ୟ ରୂପ ଦେଖିଥାଏ।

ଏବଂ ମୋର ଆତ୍ମା ଯାହା ଦେଖେ ମୋର ଅନ୍ତର୍ଆତ୍ମା ପାଇଁ ତାହା ସମ୍ପୂର୍ଣ୍ଣ ଅଦୃଶ୍ୟ।

ତଥାପି ମୋର ଚେତନା ଅବିରାମ ଗତିରେ ଆଗେଇ ଚାଲିଥାଏ, ଏବଂ ଯାଇ ଉପନୀତ ହୁଏ ଏକ ବ୍ୟସ୍ତ ସହରରେ।

ଠିକ୍ ସେହି ସମୟରେ ଆତ୍ମା ମୋର ଚକିତ ହୁଏ, ଶିଶୁ ମାନଂକର ବିଦ୍ରୁପରେ।

ସେମାନେ କଥା ହେଉ ଥାଆନ୍ତି, ହେଇଟି ଦେଖ, ଅନ୍ଧ ବ୍ୟକ୍ତିଟିଏ ଯାଉଛି, ତାକୁ ବାଡ଼ି ଖଣ୍ଡିଏ ଦିଅ।

ନିଜକୁ ଅପଦସ୍ଥ ମନେ କରି ପଳାୟନ କରେ ସେ ସ୍ଥାନରୁ।

ମାତ୍ର ଏ କଣ, କାହାର, କୋମଳ ସହାନୁଭୂତିପୂର୍ଣ୍ଣ ଏ ଭାଷା।

ଆରେ! ଦଳେ ଚପଳମତି ବାଳିକା ତ।

ସେମାନେ ମୋତେ ଘେରି ଯାଇ କହୁଛନ୍ତି।

ଦେଖ, ଏ ଲୋକଟିକୁ କିପରି ବଧିର, ପାଷାଣ ପରି; ଚାଲ ମଧୁର ପ୍ରେମର ସଂଗୀତ ଓଜାଡ଼ି ଦେବା ତାହାର କାନରେ।

କୌଣସି ପ୍ରକାରେ ନିଜକୁ ରକ୍ଷା କରି ପଳାୟନ କରେ ସେଠାରୁ।

ମାତ୍ର ଏଥର ମୋର ବାଟ ଓଗାଳନ୍ତି ଦଳେ ବୟସ୍କ ବ୍ୟକ୍ତି।

ତାଂକର କଟୁ୍ୟକ୍ତି ଆହୁରି ଅସହ୍ୟ।

ଆରେ! ସେଇଟା ତ ପାଗଳଟାଏ। ଅସୁର ଓ ପ୍ରେତ ମାନଂକର ରାଜ୍ୟରେ ମସ୍ତିଷ୍କର ଭାରସମ୍ୟା ହରାଇ ବସିଛି; ବୋଧ ହୁଏ କବିଟାଏ!

ଏ ସଂସାର ପ୍ରତି ମୁଁ ସମ୍ପୂର୍ଣ୍ଣ ଅପରିଚିତ।

ରହିବା ପାଇଁ ଖଣ୍ଡିଏ ସ୍ଥାନର ଅଣ୍ୱେଷଣରେ ସାରା ବିଶ୍ୱ ବ୍ରହ୍ମାଣ୍ଡ ବୁଲି ଆସିଲି, ମାତ୍ର ଅସହାୟ ମୁଣ୍ଡ ଗୁଞ୍ଜି ରହିବା ପାଇଁ କାଣିଚାଏ ଜାଗା ପାଇ ପାରିଲି ନାହିଁ କେଉଁଠାରେ, ଅବା ମୋର ଭାଷା ବୁଝିବା ପରି ଲୋକଟିଏ ଦେଖି ପାରିଲି ନାହିଁ କେଉଁଠି।

ପ୍ରଭାତର ଆଗମନରେ ଆଖି ଖୋଲି ଦେଖିଲି ଏକ ଅନ୍ଧାରୁଆ ଗୁମ୍ଫା ମଧ୍ୟରେ ବନ୍ଦୀ ମୁଁ?

ସେହି ଗୁମ୍ଫାର ଛାତରେ ଅସଂଖ୍ୟ କୀଟ ପତଂଗ ଝୁଲୁଛନ୍ତି ଏବଂ ଚଟାଣରେ ସଲବଲ ହେଉଛନ୍ତି ଅସଂଖ୍ୟ ବିଷଧର ସର୍ପ।

ଅନ୍ଧାରର ତାଡ଼ନାରେ ବ୍ୟତିବ୍ୟସ୍ତ ହୋଇ ଆଲୋକର ସନ୍ଧାନରେ ମୁଁ ଆଗେଇ ଯାଏ।

ମୋର ଶରୀରର ଛାଇ ମୋତେ ଅନୁସରଣ କରେ, ମାତ୍ର ମୋର ଆତ୍ମାର ଛାଇ, ମୋତେ ପଛରେ ପକାଇ ଆଗେଇ ଯାଏ, ଏବଂ ଏକ ସମ୍ପୂର୍ଣ୍ଣ ଅଜ୍ଞାନ ସ୍ଥାନକୁ ମୋତେ ନେଇଯାଏ।

ସେଠାରେ, ମୋର ଜ୍ଞାନ ବହିର୍ଭୂତ ଏକ ଅଦ୍ଭୁତ ବସ୍ତୁର ଅନ୍ୱେଷଣ ମୁଁ କରେ, ଏବଂ ପରିଶେଷରେ ଗୁଡ଼ାଏ ନିରର୍ଥକ ପଦାର୍ଥକୁ ଧରି ପକାଏ ମୁଁ।

ସନ୍ଧ୍ୟାର ଆଗମନରେ, ପୁନର୍ବାର ଫେରିଯାଏ କୋମଳ ପରରେ ନିର୍ମିତ ମାତ୍ର କଣ୍ଟକରେ ଆଚ୍ଛାଦିତ, ମୋର ଶଯ୍ୟାକୁ।

ନିଦ୍ରାଗତ ଅବସ୍ଥାରେ ଏକ ଦୃଢ଼ ଇଚ୍ଛା ତଥା ଯନ୍ତ୍ରଣାଦାୟକ ମାତ୍ର ଆନନ୍ଦଦାୟକ ଆକାଂକ୍ଷା ମନରେ ମୋର ଅଙ୍କୁରିତ ହୁଏ।

ମଧ୍ୟରାତ୍ରୀରେ, ମୋର ଗୁମ୍ଫାର ଫାଂକରେ, ଅତୀତର ପ୍ରେତ ତଥା ବିସ୍ମୃତ ସଭ୍ୟତାର ଆତ୍ମା, ଅପ୍ରସ୍ତୁତ ଭାବରେ ଉପନୀତ ହୁଅନ୍ତି ମୋ ସମ୍ମୁଖରେ।

ମୁଁ ସେମାନଂକୁ ଭଲ ଭାବରେ ଦେଖିପାରେ ତଥା ସେମାନଂକ ସହିତ ବାର୍ତ୍ତାଳାପ ମଧ୍ୟ କରେ, ଏବଂ ସେମାନେ ମୋର ପ୍ରତ୍ୟେକଟି ପ୍ରଶ୍ନର ଯଥାଯଥ ଉତ୍ତର ମଧ୍ୟ ଦିଅନ୍ତି।

ସେମାନଂକୁ ମୋର ବଶବର୍ତ୍ତୀ କରିବାକୁ ମୁଁ ଚେଷ୍ଟା କରେ, ମାତ୍ର ଅତି ଚତୁରତାର ସହିତ ମୋର ଅଂଗୁଳିର ଫାଂକ ଦେଇ ଅଦୃଶ୍ୟ ହୋଇ ଯାଆନ୍ତି ସେମାନେ।

ତଥାପି ମୋର ଚିନ୍ତା ତାହାର ଚଲାପଥରେ ଆଗେଇ ଚାଲିଥାଏ ଏବଂ ମୋତେ ଦେଖାଏ, ଉପତ୍ୟକାର ଗଭୀରତା ମଧ୍ୟରୁ ବାହାରି, ପର୍ବତର ଶିଖର ଆଡ଼କୁ ଦ୍ରୁତ ଗତିରେ ବହି ଚାଲିଥିବା ଝରଣା ଗୁଡ଼ିକୁ।

କିଛି କ୍ଷଣ ପରେ ମୁଁ ଦେଖିପାରେ, ଫୁଲ ଓ ପୁଷ୍ପରେ ପରିପୁଷ୍ଟ ନଗ୍ନ ବକ୍ଷ ଗୁଡ଼ିକୁ।

ହଠାତ୍, ତାଂକର ପତ୍ର ଗୁଡ଼ିକ ଝରି ପଡ଼ନ୍ତି ଏକ ସମୟରେ।

ଡାଳ ଗୁଡ଼ିକ ଭୂମି ଉପରେ ପଡ଼ି ପର ମୁହୂର୍ତ୍ତରେ ବିଷଧର ସର୍ପକୁ ରୂପାୟିତ ହୋଇ ଯାଆନ୍ତି।

ପରେ ପରେ, ଦୃଷ୍ଟି ଗୋଚର ହୁଅନ୍ତି ମଧୁର ଗୀତର ଗାନରେ ନିମଗ୍ନ ଉଡ୍ଡୀୟମାନ ବୀହଂଗମାଳା।

ମାତ୍ର ଏ କଣ, କିଛିକ୍ଷଣ ପରେ ସେମାନେ ପକ୍ଷ ଉନ୍ମୁକ୍ତ କରି ରୂପାୟିତ ହୋଇ ଯାଆନ୍ତି ଅନାବୃତ୍ତ ମାତ୍ର ଦୀର୍ଘ କେଶମାଳାରେ ଆଚ୍ଛାଦିତ ସୁନ୍ଦରୀ ତରୁଣୀକୁ।

ସହାସ୍ୟ ବଦନରେ ତାଂକର ସୁଗନ୍ଧିତ ହାତ ବଢ଼ାନ୍ତି ମୋ ଆଡ଼କୁ।

ମାତ୍ର ହାୟ! ପର ମୁହୂର୍ତ୍ତରେ ଅଦୃଶ୍ୟ ହୋଇ ଛାଡ଼ି ଯାଆନ୍ତି, କେବଳ ତାଂକର ପରିହାସର ପ୍ରତିଧ୍ୱନି ତଥା ମୋ ପ୍ରତି ସେମାନଙ୍କର ତାଚ୍ଛଲ୍ୟପୂର୍ଣ୍ଣ ହସ।

ଅପରିଚିତ ମୁଁ ଏ ସଂସାରରେ, କାରଣ ମୁଁ ଜଣେ କବି।

ଜୀବନ ଯାହା ଗଦ୍ୟରେ ବ୍ୟାଖ୍ୟା କରେ, ତାହାକୁ ହିଁ ମୁଁ ରଚନା କରେ ପଦ୍ୟରେ, ଏବଂ ଜୀବନ ଯାହାକୁ ପଦ୍ୟରେ ପ୍ରକାଶ କରେ ତାହାକୁ ରଚନା କରେ ଗଦ୍ୟରେ।

ଐଶ୍ୱରୀକ ଶକ୍ତି ତଥା ଅଲୌକିକ ଆଲୋକର ରଶ୍ମୀ ବିରାଜମାନ ଥିବା ମୋର ନିଜର ସେହି ସୁନ୍ଦର ଦେଶକୁ ମୃତ୍ୟୁର ଶୁଭ୍ର ଡେଣା, ମୋତେ ଫେରାଇ ନ ନେବା ପର୍ଯ୍ୟନ୍ତ ମୁଁ ଏଠାରେ ଅପରିଚିତ ହୋଇ ରହିଥିବି।

ଏହି ସଂକୀର୍ଣ୍ଣ ଅନ୍ଧାର ସଂସାରରୁ ତଥା ସମୟର ସ୍ନେହପୂର୍ଣ୍ଣ ମାୟାଜାଲରୁ ସେହି ଅପରିଚିତ ମାନେ ଉଦ୍ଧାର ନ ପାଇବା ପର୍ଯ୍ୟନ୍ତ, ମୁଁ ଅପେକ୍ଷା କରି ରହିଥିବି ଏହିଠାରେ!

କାରଣ ମୁଁ ଜଣେ କବି!

4. ମୋର ଜନ୍ମ ଦିନ

ବର୍ଷର ଠିକ୍ ଏହି ଦିନ, ମୋର ମା ମୋତେ ଆଣିଥିଲେ ଏହି ସଂସାରକୁ।
ସେହି ସ୍ମରଣୀୟ ଦିବସରେ ଶୋକ, ଅଶ୍ରୁ ଓ ସଂଘର୍ଷର ଚକରେ ପେଷି ହେବାପାଇଁ, ଏକ ବିରାଟ ନୀରବତା, ମୋତେ ଛାଡ଼ି ଦେଇଥିଲା ଅସ୍ତିତ୍ୱର କ୍ରୁର ହସ୍ତରେ।
ମୋର ବୟସ ଯେତେ ବର୍ଷ, ସେତିକି ଥର ମୁଁ ଜ୍ୱଳନ୍ତ ସୂର୍ଯ୍ୟର ଚାରିପାଖେ ବୁଲି ଆସିଛି, ଏବଂ ତାହା ଠାରୁ ଅଧିକ ଥର ଚନ୍ଦ୍ର, ମୋର କ୍ଷୁଦ୍ରତା ଚାରିପାଖେ ବୁଲି ଚାଲି ଯାଇଛି।
ତଥାପି ଆଲୋକର ଗୋପନୀୟତା ମୁଁ ଜାଣି ପାରିଲି ନାହିଁ, ବୁଝି ପାରିଲି ନାହିଁ ଅନ୍ଧକାରର ରହସ୍ୟ।
ମୋର ବୟସ ଯେତେ ବର୍ଷ, ସେତିକି ଥର, ପୃଥିବୀ, ଚନ୍ଦ୍ର ଓ ଗ୍ରହ ମାନଂକର ସର୍ବବ୍ୟାପୀ ଅନନ୍ତ ମଧ୍ୟରେ ମୁଁ ଭ୍ରମଣ କରି ଆସିଛି।
ତଥାପି, ଶାଶ୍ୱତ ନିୟମ ବିଷୟରେ ଜାଣିବା ପାଇଁ ମୋର ଆତ୍ମା ସଦା ଉତ୍କଣ୍ଠିତ।
ସ୍ୱର୍ଗୀୟ ରୀତି ଓ ପଦ୍ଧତି ଉପରେ ନିର୍ଭର କରେ ମନୁଷ୍ୟ ଜୀବନର ଅସ୍ତିତ୍ୱ।
ମାତ୍ର ଆକାଶର ପ୍ରଚଣ୍ଡ ଶକ୍ତି ବିଷୟରେ ସେ କିଛି ଜାଣିପାରେ ନାହିଁ।
ଏଣୁ ସ୍ୱର୍ଗୀୟ ସଂଗୀତର ପ୍ରଶଂସା ଗାନ କରେ ଆତ୍ମା।
ମୋର ଜନ୍ମର ପରବର୍ତ୍ତୀ ମୁହୂର୍ତ୍ତରୁ, ବିଶ୍ୱ ପୁସ୍ତିକାର ଜୀବନ ପୃଷ୍ଠାରେ ମୋର ବ୍ୟକ୍ତିଗତ ଅସ୍ତିତ୍ୱକୁ ଲିପିବଦ୍ଧ କରି ରଖିଛି, ସେହି ଅନନ୍ତ ସମୟ ଏବଂ ମୁଁ ସେଠାରେ ଶୋଭା ପାଇ ଆସୁଛି, କେତୋଟି ଅବୋଧ ଶବ୍ଦର ପ୍ରତୀକ ରୂପରେ।
ତାହାର ଅର୍ଥ ବର୍ତ୍ତମାନ କିଛି ନ ଥିଲେ ମଧ୍ୟ ସେତେବେଳେ ଅନେକ କିଛି ଥିଲା।
ପ୍ରତ୍ୟେକ ବର୍ଷର ଏହି ଦିନ, ମୋର ଆତ୍ମାର ଗତି ପଥକୁ ଅବରୋଧ କରି ମୋତେ, ମୋର ଧ୍ୟାନ ଓ ସ୍ମରଣ, ରାତ୍ରୀର ପ୍ରେତାତ୍ମା ମାନଂକୁ ଦେଖାଇ ଦିଅନ୍ତି।
ଏବଂ, ଦିଗ୍ ବଳୟରୁ ମେଘମାଳା, ପବନ ଦ୍ୱାରା ଅଦୃଶ୍ୟ ହେଲାପରି, ତଥା ଦୂର ଉପତ୍ୟକାର ବକ୍ଷରେ ସଂକୀର୍ଣ୍ଣ ଝରଣା ଅଦୃଶ୍ୟ ହେଲାପରି ସେହି ପ୍ରେତାତ୍ମା ମାନେ ମୋର କୁଡ଼ିଆର ଅନ୍ଧାର କୋଣରେ ଅଦୃଶ୍ୟ ହୋଇ ଯାଆନ୍ତି।
ପ୍ରତ୍ୟେକ ବର୍ଷର ଏହି ଦିବସରେ ମୋର ଆତ୍ମାକୁ ସଜ୍ଜିତ କରିଥିବା ଅଲୌକିକ ଶକ୍ତି ଗୁଡ଼ିକ ଅନନ୍ତ କାଳ ମଧ୍ୟରୁ ବାହାରି ଆସି ସେମାନଂକର ଦୁଃଖପୂର୍ଣ୍ଣ ସ୍ମୃତିର କରୁଣ ଗାଥା ମୋତେ ଶୁଣାନ୍ତି ଏବଂ ଖାଦ୍ୟ ଅନ୍ୱେଷି ପକ୍ଷୀ, ପରିତ୍ୟକ୍ତ ଶସ୍ୟ ଖଳାରେ ଖାଦ୍ୟ ନ ଦେଖି, ଅନ୍ୟ ଖାଦ୍ୟସ୍ଥଳୀକୁ ଉଡ଼ି ଯିବା ପରି, ସେହି ପ୍ରେତାତ୍ମା ମାନେ ତତ୍କ୍ଷଣାତ୍ ଅଦୃଶ୍ୟ ହୋଇ ଯାଆନ୍ତି।
ପ୍ରତ୍ୟେକ ବର୍ଷର ଏହି ଦିବସରେ ମୁଁ ମୋର ଅତୀତକୁ ଲକ୍ଷ୍ୟ କରି ଦେଖେ ଏବଂ ତାହାର ଅଯୌତିକ ଉଦ୍ଦେଶ୍ୟ ମୋର ମନକୁ ଅତ୍ୟନ୍ତ ବିଚଳିତ କରେ।
କେବଳ ମୃତ ପ୍ରାୟ ରୂପ ବ୍ୟତୀତ ଆଉ କିଛି ଦୃଷ୍ଟ ହେଉ ନ ଥିବା ଆଇନା ସହିତ ତୁଳନା କରେ ମୁଁ ସେ ଗୁଡ଼ିକୁ।

ତଥାପି ମୁଁ ହତାଶ୍ ନ ହୋଇ ପୁନର୍ବାର ଦେଖିବାକୁ ଚେଷ୍ଟା କରେ।
ମାତ୍ର ଏଥର ନିଜର ଅସ୍ତିତ୍ୱକୁ ଦେଖିପାରେ, ମୋର ଶୋକାଭିଭୁତ ମୁଁ କୁ।
ଏବଂ ମୁଁ ଶୋକ କୁ ପଚାରେ, ଅନେକ ପ୍ରଶ୍ନବାଚୀ ବିଷୟରେ।
ମାତ୍ର ଦେଖେ, ଶୋକ, ସଂପୂର୍ଣ୍ଣ ମୁକ, ଉତ୍ତର ନାହିଁ ତ ପାଖରେ।
ମୁଁ ଭାବେ, ଶୋକ ଯଦି କହି ପାରନ୍ତା, ତେବେ, ତାହାର କୋମଳ ଭାଷା ସୁଖର ଗୀତରୁ ମଧ୍ୟ ମଧୁର ହୋଇ ପାରନ୍ତା।
ବାଲ୍ୟ କାଳରୁ ମୁଁ ଯାହାକୁ ଭଲ ପାଇ ଆସିଛି, ଏ ଯାବତ୍, ମୁଁ ସେମାନଂକୁ ଭଲ ପାଏ ପୂର୍ବବତ୍ ଏବଂ ହୁଏତ ଆହୁରି ଅଧିକ ଭଲ ପାଇବି।
ମୁଁ ଜାଣେ, ଭଲ ପାଇବାର କ୍ଷମତା, ମନୁଷ୍ୟ ପାଇଂ ଏକ ସର୍ବୋତ୍କୃଷ୍ଟ ବରଦାନ।
କାରଣ ଏହି କ୍ଷମତା, କେହି ଛଡ଼ାଇ ନେଇ ପାରିବେ ନାହିଁ, ସେମାନଂକ ଠାରୁ।
ମୃତ୍ୟୁ ପ୍ରତି ମୁଁ ସର୍ବଦା ଆସକ୍ତ,ଏବଂ ସେହି ଆସକ୍ତି ମୁଁ ଏ ଯାବତ୍ ପରିହାର କରିପାରି ନାହିଁ।
ତଥାପି, ଘଟଣା କ୍ରମରେ, ଜୀବନ ପ୍ରତି ମୁଁ ହୋଇ ଯାଇଛି ଆସକ୍ତ, କାରଣ, ଉଭୟ ଜୀବନ ଓ ମୃତ୍ୟୁର ମାଧୁର୍ଯ୍ୟ, ଆକର୍ଷଣ, ଓ ମୋହ ପ୍ରତ୍ୟେକର ମୂଲ୍ୟ, ମୋ ପାଖରେ ସମାନ।
ଏବଂ ଉଭୟ ଜୀବନ ଓ ମୃତ୍ୟୁ ମିଳିତ ଭାବରେ, ମୋର ଅନ୍ତରରେ ଅଭିଳାଷା ଓ ପ୍ରେମ ଜାଗୃତ କରାନ୍ତି, ଏବଂ ଆନନ୍ଦ ଓ ଯନ୍ତ୍ରଣାରେ ସମାନ ଭାବରେ ଭାଗ ନିଅନ୍ତି।
ଜନ୍ମରୁ ମୁଁ ସ୍ୱାଧାନତା ପ୍ରେମୀ, ଏବଂ କ୍ରମର୍ଦ୍ଧମାନ ଜ୍ଞାନ ସହିତ ଏହି ଆସକ୍ତି ଆହୁରି ବୃଦ୍ଧି ପାଏ।
ଏଣୁ, ଦାସତ୍ୱ, ଦମନ ଓ ଅତ୍ୟାଚାର ସମ୍ମୁଖରେ ଲୋକ ମାନଂକର ଆତ୍ମ ସମର୍ପଣ ଦେଖିଲେ ଅବା କ୍ରୀତଦାସ ମାନଂକର ତୃଷାର୍ତ୍ତ ଜିହ୍ୱାର ଲେପନରେ ମସୃଣ ହୋଇଥିବା ସେହି ମୂର୍ତ୍ତୀ ପ୍ରତି ସେମାନଂକର ଆନୁଗତ୍ୟ ଲକ୍ଷ୍ୟ କରିଲେ, ହୃଦୟ ମୋର ବିଚଳିତ ହୋଇଉଠେ।
ସ୍ୱାଧୀନତା ପ୍ରତି ମୋର ଅନୁରାଗ ସହିତ ସମାନ ଭାବରେ ମୁଁ ଭଲ ପାଏ କ୍ରୀତଦାସ ମାନଂକୁ କାରଣ, ଭୟଂକର ଜନ୍ତୁର ମୁନିଆ ନଖ ଗୁଡ଼ିକୁ ସେମାନେ ନିଜ ଜ୍ଞାତସାରରେ ଚୁମ୍ବନ କରିଥିଲେ।
ତଥାପି, ବିଷାକ୍ତ ସର୍ପର ବିଷକୁ ସେମାନେ ଅନୁଭବ ନ କରି ସ୍ୱ ହସ୍ତରେ ନିଜର କବର ଖୋଳିଥିଲେ।
ସ୍ୱାଧୀନତା ପାଇଁ ମୋର ପ୍ରେମ ଅସୀମ, କାରଣ ଏହାକୁ ମୁଁ ସଂଗ ହୀନତା ଓ ଏକାନ୍ତର ଅସହ୍ୟ ତାଡ଼ନାରେ ଉଦବେଳିତ ଏବଂ ପ୍ରେତାତ୍ମା ଭାବରେ ଅପରିଚିତ ସ୍ଥାନରେ ଭ୍ରମଣ କରୁଥିବା ଏକ ସୁନ୍ଦରୀ ତରୁଣୀ ସହିତ ତୁଳନା କରେ ଯେ ପଥପାର୍ଶ୍ୱରେ ଦଣ୍ଡାୟମାନ ଥାଇ, ପଥଚାରୀ ମାନଂକୁ ଆହ୍ୱାନ କରୁଥିଲେ ମଧ୍ୟ କେହି ତା ପ୍ରତି ଧ୍ୟାନ ଦିଅନ୍ତି ନାହିଁ ଏବଂ ସେ ସର୍ବଦା ଅବହେଳିତ ହୋଇ ରହିଥାଏ।
ଅନ୍ୟ ଲୋକ ମାନଂକ ପରି ମୋର ଜୀବନ କାଳରେ ସୁଖ-ସ୍ୱାଚ୍ଛନ୍ଦ୍ୟକୁ ମୁଁ ଖୁବ୍ ଭଲ ପାଇଛି।

ତେବେ, ସୁଖର ନିବିଡ଼ ସଂସ୍ପର୍ଶରେ ଥାଇ ସୁଦ୍ଧା ସୁଖକୁ କେବେହେଲେ ଦେଖି ପାରିଲି ନାହିଁ; ମନୁଷ୍ୟର ସବୁଦିନିଆ ଚଲାପଥରେ, ଅବା ରାଜପ୍ରାସାଦ ସମ୍ମୁଖରେ ଥିବା ବାଲୁକା ରାଶି ଉପରେ, ଅଥବା, ତାହାର ଭାଷା ଶୁଣି ପାରିଲି ନାହିଁ ମନୁଷ୍ୟ ମନ୍ଦିରର ଝରକା ମଧ୍ୟରୁ।

ମୋର ଏକାନ୍ତ ମୁହୂର୍ତ୍ତରେ ମୁଁ ଅନ୍ୱେଷଣ କରେ ସୁଖକୁ, ଏବଂ ଯେତେବେଳେ ତାହାର ନିକଟବର୍ତ୍ତୀ ହୁଏ, ସେତେବେଳେ ମୋ ର ଅନ୍ତର୍ନିହିତ ହୃଦୟକୁ, ଆତ୍ମା ମୋର କହୁଥିବାର ଶୁଣିପାରେ;

ଆରେ! ତୁମେ ଯେଉଁ ସୁଖକୁ ଖୋଜୁଛ, ସେ ତ ସମସ୍ତଂକ ହୃଦୟରେ ଲାଳିତ ପାଳିତ ହେଉଥିବା ଏକ ସୁନ୍ଦରୀ ତରୁଣୀ ସଦୃଶ୍ୟ ଏବଂ ସେ ତାହାର ଜନ୍ମସ୍ଥାନ ଛାଡ଼ି ଅନ୍ୟ ସ୍ଥାନକୁ କଦାଚିତ୍ ଯାଏ ନାହିଁ।

କ୍ଷଣିକ ପାଇଁ ହୃଦୟର ଏହି ତଥ୍ୟରେ ବିଶ୍ୱାସ କରିବାକୁ ବାଧ୍ୟ ହୁଏ।

ସୁଖକୁ ଦେଖିବା ପାଇଁ ଆଖି ଖୋଲି ତାହାର ବାସସ୍ଥଳୀରୁ କେବଳ ମାତ୍ର ତାହାର ଆଇନା, ଏବଂ ବ୍ୟବହୃତ ତଥା ପରିତ୍ୟକ୍ତ ବସ୍ତୁ ଗୁଡ଼ିକ ଆବିଷ୍କାର କରେ, ମୋର ଆକାଂକ୍ଷିତ ସୁଖର ଲେସମାତ୍ର ଚିହ୍ନ ନ ଥାଏ ସେଠାରେ।

ମନୁଷ୍ୟ ଜାତିକୁ ଭଲ ପାଏ ଏବଂ ତିନି ପ୍ରକାରର ମନୁଷ୍ୟ କୁ ମୁଁ ସମାନ ଭାବରେ ଭଲ ପାଏ।

ପ୍ରଥମ, ଯେ କରିଥିବା କାର୍ଯ୍ୟ ଦ୍ୱାରା ନିଜର ଜୀବନକୁ ଅପବିତ୍ର କରେ, ଦ୍ୱିତୀୟ, ଯେ ତାହାକୁ ଆଶୀର୍ବାଦ କରେ, ତୃତୀୟ, ଯେ ତାହା ପ୍ରତି ଧ୍ୟାନ ଦିଏ।

ପ୍ରଥମ ବ୍ୟକ୍ତିକୁ ଭଲ ପାଏ, ତାହାର ଅସ୍ୱାଚ୍ଛନ୍ଦତା ପାଇଁ, ଦ୍ୱିତୀୟକୁ ତାହାର ଉଦାରତା ପାଇଁ ଏବଂ ତୃତୀୟକୁ, ତାହାର ଶାନ୍ତ ଶିଷ୍ଟତା ପାଇଁ।

ପ୍ରେମ ନିମଜ୍ଜିତ ମୋର ଜୀବନ ଆଗେଇ ଚାଲିଥାଏ, ଶୂନ୍ୟତାକୁ।

ସେହିପରି, ଦିବା-ରାତ୍ରୀ ମୋର ଜୀବନ ଠାରୁ ବିଚ୍ୟୁତ ହୋଇ, ଧାବମାନ ହୁଅନ୍ତି ଆଗକୁ।

ଆଜି, ମୋର ଏହି ଜନ୍ମ ଦିବସରେ, ଗନ୍ତବ୍ୟ ସ୍ଥଳକୁ ପହଂଚି ନ ପାରି, ନିଜର ଅବସ୍ଥିତିକୁ ଖୋଜୁଥିବା ପଥକ୍ଲାନ୍ତ ପଥିକଟି ପରି, ହଠାତ୍ ଅଟକି ଯାଉଛି ମୋର ଜୀବନର ଚଲାପଥରେ।

ମାତ୍ର ଆଶ୍ଚର୍ଯ୍ୟ, ମୋର ଅତୀତର କିୟତାଂଶ ମଧ୍ୟ ଖୋଜି ପାଇପାରୁ ନାହଁ, ଯାହାକୁ ଦେଖି ହୁଏତ କହି ପାରନ୍ତି ହେଇଟି, ଏଇଟି ମୋର ନିଜର।

ମୋର ଜୀବନର ଫସଲ ଋତୁରେ ମୁଁ କିଛି ଆମଦାନୀ କରି ପାରିଲି ନାହିଁ, କାରଣ ମୋର ଫସଲ ଅମ୍ବାର, ଫସଲ ପୂର୍ଣ୍ଣ ହେଲେ ଗର୍ବିତ ହୁଏ ନାହିଁ, ବରଂ, ରେଖା ଓ ରଂଗର ସମଷ୍ଟିକୁ ବୁଝାଉଥିବା ଏବଂ ଚିତ୍ରାଂକନ ପାଇଁ ଉଦ୍ଦେଶିତ କାଗଜ ଖଣ୍ଡିକ ପାଇଁ ହୁଏ ଗର୍ବିତ।

ମାତ୍ର ଏହି କାଗଜ ଖଣ୍ଡ ପାଇଁ ଆଜି ମୋର ପ୍ରେମ ଆବେଗ, ମୋର ଚିନ୍ତାଧାରା ଏବଂ ମୋର ସ୍ୱପ୍ନ ରାଜ୍ୟକୁ ଆଚ୍ଛାଦିତ କରି ମୋର କବର ଦେବାକୁ ଆଜି ମୁଁ ସଫଳ ହୋଇପାରିଛି; ଠିକ୍ ଯେପରି ଜଣେ ସଫଳ ଚାଷୀ ପୃଥିବୀ ମାତାର ବକ୍ଷରେ ବୀଜ ଗୁଡ଼ିକୁ କବର ଦେଇଥାଏ।

ମାତ୍ର ସେହି ଚାଷୀ, ବୀଜ ବୁଣି ଅନେକ ଗୁଡ଼ିଏ ଆଶା ନେଇ ସନ୍ଧ୍ୟାରେ ଘରକୁ ଫେରିଆସେ, ଏବଂ ଉତ୍କଣ୍ଠାର ସହିତ ଅପେକ୍ଷା କରେ ଫସଲ ଆମଦାନୀ କରିବା ଦିନକୁ।

ମାତ୍ର ହାୟ! ନିରାଶାର ଜଳ ଛିଞ୍ଚି ବୀଜ ରୋପିଛି, ମୋର ଅନ୍ତର।
ଏଣୁ ଆଶା କରିବା ଏବଂ ଅପେକ୍ଷା କରିବା, ଉଭୟ ମୋ ପାଇଁ ବୃଥା ଅଟେ।
ସୂର୍ଯ୍ୟର ଭ୍ରମଣ ମୁଁ ଅନେକ ଥର କରିଛି ଏଣୁ, ଦୁଃଖ ଓ ଦୀର୍ଘ ଶ୍ୱାସର ଓଢ଼ଣା ପଛରୁ ମୋର ଅତୀତକୁ ଦେଖେ ମୁଁ , ଏବଂ ନୀରବ ଭବିଷ୍ୟତ, ଅତୀତର ଦୁଃଖମୟ ଦୀପ ମାଧ୍ୟମରେ ମୋତେ ଜ୍ଞାନ ପ୍ରଦାନ କରେ ତାହାର ନିଜ ସଂବନ୍ଧରେ।
ମୋର କ୍ଷୁଦ୍ର କୁଡ଼ିଆର ଝରକାରୁ ଲକ୍ଷ୍ୟ କରି ଦେଖେ ବିଶ୍ୱ ବ୍ରହ୍ମାଣ୍ଡକୁ।
ଏବଂ ମୋର ମାନସ ପଟରେ ଦେଖେ, ମୋର ନିଜର ଅନ୍ତରଂଗ ରୂପ ଗୁଡ଼ିକୁ ।
ତତ୍ ସହିତ ମହାଶୂନ୍ୟର ଅନନ୍ତ ସୀମାକୁ ଉଠୁଥିବା ସେମାନଂକର ଶବ୍ଦକୁ, ଏବଂ ଶିଳାଖଣ୍ଡ ମାନଂକରେ ଶୁଣେ ସେମାନଂକର ପଦ ଶବ୍ଦ।
ଏପରିକି, ତାଂକର ଆତ୍ମାର ଉଦିତ ଜ୍ଞାନ, ଆକାଂକ୍ଷାର କମ୍ପନ ଏବଂ ହୃଦୟର କମ୍ପନ ମଧ୍ୟ ମୁଁ ଅନୁଭବ କରିପାରେ।
ଶିଶୁ ମାନଂକର ହସ, କ୍ରୀଡ଼ା ଓ କ୍ରନ୍ଦନ ମୋର ଦୃଷ୍ଟିର ସୀମାକୁ ଆସିଯାଏ।
ପୁଣି ମୁଁ ଦେଖିପାରେ, ଯୁବକମାନେ ମସ୍ତକ ଉଚ୍ଚ କରି, ଯୌବନର ଆନନ୍ଦମୟ ଗୀତ ଗାଇ, ଆଗେଇ ଚାଲିଛନ୍ତି।
ମନେ ହୁଏ, ସୂର୍ଯ୍ୟାଲୋକର ମନୋରମ କିରଣରେ ସତେ ଅବା ସେମାନଂକର ଚକ୍ଷୁ ଉଜ୍ଜ୍ୱଳିତ।
ପୁଣି ଦେଖେଁ, ଯୁବତୀ ଗଣ, ସୌନ୍ଦର୍ଯ୍ୟରେ ପ୍ରସ୍ଫୁଟିତ ହୋଇ, କୋମଳ ଡାଳଟି ପରି ଦୋହଲି, ଦୋହଲି, ମଧୁର ପଦଚାଳନା କରୁଛନ୍ତି, ଏବଂ ତାଂକର ପ୍ରେମ ଚକ୍ଷୁର ଅନ୍ତୁଆଳରୁ ମନଲୋଭା ସ୍ମିତହାସ୍ୟ କରି ଯୁବକ ମାନଂକୁ ଦେଖୁଛନ୍ତି!
ଏଥର ମୁଁ ଦେଖେଁ ଜରାଗ୍ରସ୍ତ ମାନଂକୁ, ଧୀରେ ଧୀରେ ଚାଲି ଯାଉଛନ୍ତି, ଅଣ୍ଟା ତାଂକର ନଇଁ ପଡ଼ିଛି, ଆଶ୍ରା ତାଂକର ଚଲାବାଡ଼ି ଖଣ୍ଡିକ, ନତ ମସ୍ତକ କରି ଅନାଉଛନ୍ତି ପୃଥିବୀ ପୃଷ୍ଠକୁ, ସତେ ଅବା ଖୋଜୁଛନ୍ତି, ତାଂକର ହଜି ଯାଇଥିବା ଯୌବନର ଅମୂଲ୍ୟ ଧନକୁ।
ତଥାପି ଅବଲୋକନ ମୋର ଚାଲିଥାଏ।
ଏଥର ଦୃଷ୍ଟି ଚାଲିଯାଏ, ସହରର ପରିସୀମା ବାହାରକୁ, ଏବଂ ମୋର ଧ୍ୟାନ ଚାଲିଯାଏ, ପଡ଼ିଆ ଭୂମିର ଆକର୍ଷଣୀୟ ସୌନ୍ଦର୍ଯ୍ୟକୁ।
ଦେଖେଁ, ତାହାର, କହୁଥିବା ନୀରବତା, ଦେଖେଁ, ତାହାର ସୁଗନ୍ଧିତ ଫୁଲ ଓ ଝରଣାକୁ, ଦେଖେଁ, ସେଠାରେ ଗାଉଥିବା ପକ୍ଷୀ ଗୁଡ଼ିକୁ।
ସେତିକିରେ ଧ୍ୟାନ ମୋର ଅଟକି ଯାଏ ନାହିଁ।
ମୋର ଜିଜ୍ଞାସୁ ଚକ୍ଷୁ ପଡ଼ିଆ ଭୂମିକୁ ଅତିକ୍ରମ କରି ଚାଲିଯାଏ ସମୁଦ୍ର ବକ୍ଷକୁ।
ଦେଖେଁ, ସମୁଦ୍ରର ଜାଦୁଗରୀ ଚମତ୍କାରିତା, ଦେଖେଁ, ତାହାର ଗଭୀରତାର ଗୋପନୀୟତା
ଦେଖେଁ, ତାହାର ଫେଣିଳ ତରଂଗ, ଦେଖେଁ, ତାହାର ଗଭୀରତା ମଧ୍ୟରେ ଶାନ୍ତି।
ପୁଣି ସେହି ସମୁଦ୍ରକୁ ଅତିକ୍ରମ କରି, ଦେଖେଁ, ଅନନ୍ତ ନୀଳ ଆକାଶକୁ।

ଦେଖେଁ, ତାହାର ଚମକୁ ଥିବା ଖରାକୁ, ଦେଖେ, ସୂର୍ଯ୍ୟ, ଚନ୍ଦ୍ର ଓ ଗ୍ରହ ମାନଂକୁ।
ଦେଖେଁ, ଆକାଶର ଅପାର ଶକ୍ତିକୁ, ଦେଖେଁ, କ୍ଷିତି-ଅପ୍-ତ୍ୟେଜ-ମରୁତ୍-ବ୍ୟୋମକୁ।
ଦେଖେଁ ସେମାନଂକର ସମନ୍ୱତାକୁ, ଦେଖେଁ, ନିର୍ଭୁଲ ଭାବେ କାର୍ଯ୍ୟ କରୁଥିବା ପ୍ରକୃତିର ଅନ୍ୟ ସମସ୍ତଂକୁ।
ଏହି ସମସ୍ତ ଦୃଶ୍ୟ, ମାତ୍ର ଚାରି କାନ୍ଥ ମଧ୍ୟରେ ଥାଇ, ମୋର ଅନ୍ତର୍ଦୃଷ୍ଟି ସହାୟତାରେ ମୁଁ ଦେଖୁଥାଏଁ।
ଏବଂ ସେହି ଗଭୀର ଚିନ୍ତା ମଧ୍ୟରେ, ଏହି ଦିବସ ପୁର୍ବରୁ ଆସିଥିବା ମୋର ବୟସର ବର୍ଷ ଗୁଡ଼ିକୁ ଏବଂ ଶତାବ୍ଦୀ ପରେ ଆସିବାକୁ ଥିବା ବର୍ଷ ଗୁଡ଼ିକୁ ମୁଁ ସମ୍ପୂର୍ଣ୍ଣ ରୂପେ ଭୁଲି ଯାଏଁ।
ଜନ୍ମଦିନର ଏହି ଅବସରରେ ମୋର ସମସ୍ତ ଅସ୍ତିତ୍ୱ ଏବଂ ମୋର ସମସ୍ତ ପରିବେଶ, ମହା ଶୂନ୍ୟତାର ଶୂନ୍ୟତା ମଧ୍ୟରେ ଏକ ଦୁର୍ବଳ ଶିଶୁର କମ୍ପିତ ନିଃଶ୍ୱାସ ପରି ଜଣାପଡ଼େ।
ମାତ୍ର ମୁଁ ଠିକ୍ ଭାବେ ଜାଣେ, ଏହି କ୍ଷୀଣ ଅସ୍ତିତ୍ୱ ଆଉ କେହି ନୁହେଁ ବରଂ ମୁଁ ନିଜେ, ଏବଂ ଏହାର ଗତି ଓ ଚିତ୍କାର ମୁଁ ଅହରହ ଶୁଣିପାରେ।
ବର୍ତ୍ତମାନ, ମୋର ସେହି କ୍ଷୀଣ ଅସ୍ତିତ୍ୱ, ଯେ ମୋତେ ଆଜିର ଏହି ଦିନରେ ମୋ ମଧ୍ୟରେ ଜୀବନ ଆଣି ଥିଲା, ସେ ବର୍ତ୍ତମାନ, ତାହାର ବଳିଷ୍ଠ ଡେଣା ଟେକି, ତାହାର ବିରାଟ ହସ୍ତକୁ ବିସ୍ତାରିତ କରି ଦୋଦୁଲ୍ୟମାନ ଓ କମ୍ପିତ ଅବସ୍ଥାରେ ମହାକାଶକୁ ଉଡ଼ିବାରେ ବ୍ୟସ୍ତ।
ଏବଂ ଠିକ୍ ସେହି ସମୟରେ ହଠାତ୍, ମୋର ପବିତ୍ର ଅନ୍ତର୍ଆତ୍ମାର ପବିତ୍ରତାର ଗମ୍ଭୀର ଶବ୍ଦ ଭାସି ଆସି କହେ;
ଜୀବନ! ତୁମେ ଶାନ୍ତ ରୁହ, ଆତ୍ମ ଜ୍ଞାନ ତୁମ୍ଭର ଶାନ୍ତ ରହୁ,
ସତ୍ୟ! ତୁମେ ଶାନ୍ତ ରୁହ।
ପୁଣି ସେ ଉତ୍ସାହିତ ସ୍ୱରରେ କହେ,
ଶାନ୍ତ ରୁହ ଆଜିର ହେ ପବିତ୍ର ଦିବସ!
ଅନ୍ଧକାରକୁ ଗ୍ରାସ କର, ତୁମର ଉଜ୍ଜ୍ୱଳ ଆଲୋକ ରଶ୍ମୀ ଦ୍ୱାରା।
ହେ ରାତ୍ରୀ ଦେବୀ!
ଶାନ୍ତି ବିରାଜମାନ କରୁ ତୁମ ଠାରେ, ଏବଂ ତୁମ୍ଭର ଅନ୍ଧକାରରେ ମଧ୍ୟ ସ୍ୱର୍ଗର ଆଲୋକ ପ୍ରଜ୍ୱଳିତ ହେଉ।
ହେ ବର୍ଷର ଋତୁ ଗଣ! ଶୁଣ!
ତୁମ ଠାରେ ଶାନ୍ତି ବିରାଜମାନ ହେଉ।
ହେ ବସନ୍ତ!
ଶାନ୍ତି ବିରାଜମାନ କରୁ ତୁମ ଠାରେ କାରଣ, ପୃଥିବୀ ପାଇଁ ତାହାର ହୃତ ଯୌବନ ତୁମେ ହିଁ ଫେରାଇ ଆଅ।
ହେ ଗ୍ରୀଷ୍ମ!
ଶାନ୍ତି ରହୁ ସର୍ବଦା ତୁମ ପାଖରେ କାରଣ, ସୂର୍ଯ୍ୟର ଆଗମନର ସୂଚନା ତୁମେ ହିଁ ଦେଇଥାଅ।

ହେ ଶିଶିର!
ଶାନ୍ତି ଦ୍ୱାରା ତୁମେ ସର୍ବଦା ପ୍ଲାବିତ ହୁଅ କାରଣ, କଠିନ ପରିଶ୍ରମର ସୁଫଳ ତୁମେ ହିଁ ଦାନ କରିଥାଅ।
ହେ ହେମନ୍ତ!
ତୁମ୍ଭେ ମଧ୍ୟ ଶାନ୍ତ ରୁହ, କାରଣ, ପ୍ରକୃତିର ନିଦ୍ରା ଯିବାର କ୍ଷମତା, ତୁମେ ହିଁ ଫେରାଇ ଆଣିଥାଅ।|
ଶାନ୍ତ ରୁହ, ସମସ୍ତ ବର୍ଷ ଗୁଡ଼ିକ!
କାରଣ, ଅନ୍ୟ ବର୍ଷ ଗୁଡ଼ିକ ଯାହା ଲୁଲ୍କାୟିତ ରଖନ୍ତି, ତୁମେ ହିଁ ତାହା ସୂଚାଅ।
ହେ ଯୁଗ।
ତୁମେ ମଧ୍ୟ ଶାନ୍ତ ରୁହ, କାରଣ, ଅନ୍ୟ ସବୁ ଯୁଗ ଯେଉଁ କୀର୍ତ୍ତିମାଳାକୁ ଧ୍ୱଂସ କରିଛନ୍ତି ତୁମେ ହିଁ ତାହାକୁ ପୁନଃ ନିର୍ମାଣ କରିଥାଅ।
ହେ ସମୟ!
ତୁମେ ସର୍ବଦା ଶାନ୍ତ ରୁହ, କାରଣ, ମୃତ୍ୟୁର ପୂର୍ଣ୍ଣତା ଆଡ଼କୁ ତୁମେ ହିଁ ଆମ୍ଭ ମାନଂକୁ ନେଇଥାଅ।
ହେ ହୃଦୟ ମୋର!
ତୁମେ ଶାନ୍ତ ରୁହ, କାରଣ ତୁମେ ଅଶ୍ରୁରେ ବୁଡ଼ି ରହି ମଧ୍ୟ ଶାନ୍ତିରେ ସ୍ପନ୍ଦିତ ହେଉଥାଅ।
ଶାନ୍ତ ରୁହ ହେ ଓଷ୍ଠ,
କାରଣ ଜୀବନର ତିକ୍ତତା ଚାଖି ମଧ୍ୟ ହର୍ଷୋତ୍‌ଫୁଲ୍ଲିତ ଭାବେ ନମସ୍କାର ଜଣାଅ ସମସ୍ତଂକୁ।
ଶାନ୍ତି ରହୁ ତୁମଠି ହେ ଆତ୍ମା,
କାରଣ ସୂର୍ଯ୍ୟର ପର୍ଦା ଆଡୁଆଳରେ ଲୁକ୍କାୟୀତ ଥାଇ ମଧ୍ୟ ଜୀବନ ଓ ମୃତ୍ୟୁର ଉପଯୁକ୍ତ ମାର୍ଗ ଆମକୁ ତୁମେ ହିଁ ଦେଖାଇ ଥାଅ।

5. ରାତ୍ରୀ ଓ ପ୍ରଭାତ ମଧ୍ୟରେ

ହେ ମୋର ହୃଦୟ!

ନୀରବ ହୋଇ ରହି ଥାଅ ତୁମେ, କାରଣ, ଶୁଣି ପାରିବ ନାହିଁ ମହାକାଶ, ତୁମ୍ଭକୁ।

ଇଥର ଶୁଣି ପାରିବ ନାହିଁ ତୁମର ମଧୁର ଗୀତ ଓ ସ୍ତୁତି, କାରଣ ସେ ଆଚ୍ଛାଦିତ କ୍ରନ୍ଦନ, ବିଳାପ ଓ ଆର୍ତ୍ତନାଦ ଦ୍ୱାରା।

ନୀରବ ରୁହ ହେ ମୋର ଆତ୍ମା, କାରଣ, ତୁମର ଗୋପନୀୟତା ପ୍ରତି ଧ୍ୟାନ ଦେଇ ପାରିବ ନାହିଁ ରାତ୍ରିର ପ୍ରେତାତ୍ମା, ଅବା, ତୁମର ସ୍ୱପ୍ନ ସମ୍ମୁଖରେ ଅଟକି ଯିବ ନାହିଁ, ଅନ୍ଧକାରର ଶୋଭାଯାତ୍ରା।

ଉଷାର ଆଗମନ ପର୍ଯ୍ୟନ୍ତ ନୀରବ ରୁହ କାରଣ ପ୍ରଭାତର ଅପେକ୍ଷାରତ ବ୍ୟକ୍ତି ନିଶ୍ଚିତ ଦର୍ଶନ କରିବ ଉଷାର, ଏବଂ ଆଲୋକର ପ୍ରଶଂସକ ମାନଂକୁ ଆପଣାର କରି ନେବ ଆଲୋକ।

ନୀରବ ରୁହ ହେ ମୋର ହୃଦୟ, ଏବଂ ମନ ଦେଇ ଶୁଣ ମୋର ଆତ୍ମ କାହାଣୀ।

ବିଗତ ରାତ୍ରିରେ, ସ୍ୱପ୍ନରେ ଦେଖିଲି;

ସୌନ୍ଦାର୍ଯ୍ୟାଭିଭୂତ ଏକ ଅଲୌକିକ ପକ୍ଷୀ, ପରେ ଏକ ଭୟଂକର ଆଗ୍ନେୟଗିରି ଉପକଂଠରେ ବସି, ଗୀତ ଗାଇବା ଅବସରରେ ଦେଖିଲି, ତୁଷାର ବକ୍ଷରୁ ଉଂକି ମାରୁଥିବା ଏକ ସୁନ୍ଦର କଇଁ ଫୁଲ।

ପରେ ପରେ ଦେଖିଲି, କବର ଉପରେ ନୃତ୍ୟାରତ ଏକ ସୁନ୍ଦର ଉଲଗ୍ନ ପରୀ ଏବଂ ସହାସ୍ୟ ବଦନରେ, ଖପୁରି ସହିତ ଖେଳୁ ଥିବା ଏକ ଚପଳମତି ଶିଶୁକୁ।

ସ୍ୱପ୍ନରେ ଏ ସମସ୍ତ ଦୃଶ୍ୟ ଦେଖେଁ, ଏବଂ ଆଖି ଖୋଲିଲେ ଦେଖେଁ, ଅଗ୍ନି ଉଦ୍ ଗାରଣ କରିବାରେ ବ୍ୟସ୍ତ ରହିଛି, ଆଗ୍ନେୟଗିରି ଏ ଯାବତ୍, ମାତ୍ର, ସେହି ସୁନ୍ଦରୀ ପକ୍ଷୀଟି ଗାଉ ନାହିଁ ତାହାର ସେହି ମଧୂର ଗୀତ, ଅବା ଉଡୁ ନାହିଁ ଆଉ, ଉନ୍ମୁକ୍ତ ଆକାଶରେ।

ମୁଁ ଦେଖେଁ, ଆକାଶ, ତୁଷାର ଓ ଶସ୍ୟକ୍ଷେତ୍ର, ଏବଂ ଉପତ୍ୟକାରେ ସେହି କଇଁ ଫୁଲଟିକୁ, ମାତ୍ର ତୁଷାର ଦ୍ୱାରା ଆଚ୍ଛାଦିତ, ଅସଂଖ୍ୟ କବର ମାଳା ଦଣ୍ଡାୟମାନ ଏବଂ ଅସଂଖ୍ୟ ଖପୁରୀମାଳା ନୃତ୍ୟରତ ସେଠାରେ।

ମାତ୍ର କେହି ନାହାନ୍ତି ହସିବା ପାଇଁ।

ଜାଗ୍ରତ ଅବସ୍ଥାରେ ମୁଁ ଦେଖେଁ, କେବଳ ଦୁଃଖ ଓ ଦୁର୍ଦ୍ଦଶାର ଦୃଶ୍ୟ, କଣ ହେଲା ମୋର ସ୍ୱପ୍ନର ଗାନ ଓ ତାହାର ମାଧୁର୍ଯ୍ୟ, କେଉଁଠି ଗଲା ତାହାର ସୌନ୍ଦର୍ଯ୍ୟ, କିପରି ଅଦୃଶ୍ୟ ହୋଇଗଲା ସେହି ଅଲୌକିକ ଦୃଶ୍ୟ।

ଯେ ପର୍ଯ୍ୟନ୍ତ ଆଶା ଓ ଆକାଂକ୍ଷାର ପ୍ରେତାତ୍ମା ଗୁଡ଼ିକୁ ମୋର ନିଦ୍ରା ଫେରାଇ ନ ଆଣିଛି, କିପରି ଧୈର୍ଯ୍ୟ ରହିବ ମୋର ଆତ୍ମାର।

ହେ ମୋର ଆକୁଳ ହୃଦୟ!

ଧ୍ୟାନ ଦିଅ ମୋର କାହାଣୀ ପ୍ରତି।

ଅସୀମତାକୁ ସ୍ପର୍ଶ କରୁଥିବା ଶାଖାଯୁକ୍ତ ତଥା ପୃଥିବୀର ଗଭୀରତମ ଅଂଚଳକୁ ଧରି ରଖିଥିବା ଚେର୍ ଯୁକ୍ତ ଏକ ବୃଦ୍ଧ ବୃକ୍ଷ ପରି ଥିଲା ମୋର ଆତ୍ମା, ଗତକାଲି ଯାଏଁ।

ବସନ୍ତର ଆଗମନରେ ମୋର ଅତ୍ମାର ବୃକ୍ଷ ହେଲା ପ୍ରସ୍ଫୁଟିତ, ଏବଂ ଗ୍ରୀଷ୍ମର ଆଗମନରେ ପ୍ରଦାନ କରିଲା, ଅସଂଖ୍ୟ ସୁସ୍ୱାଦୁ ଫଳ।

ଶରତର ଆଗମନରେ, ଏକ ରୂପା ଥାଳିଆରେ ଫଳ ଗୁଡ଼ିକ ସଂଗ୍ରହ କରି ସେହି ଥାଳିଆ ଟିକୁ ରଖି ଦେଲି, ପଥିକ ମାନଂକର ଚଲାବାଟରେ।

ପ୍ରତ୍ୟେକ ପଥିକ ଗୋଟିଏ ଫଳ ଖାଇ ଆଗେଇ ଯାଆନ୍ତି, ନିଜ ଚଲା ପଥରେ।

ଏହିପରି ଭାବରେ ଶରତ ନିଏ ବିଦାୟ, ମୁଁ ଆସି ଦେଖେ, ଥାଳିଆରେ ରହିଛି ଅବଶିଷ୍ଟ ମାତ୍ର ଗୋଟିଏ ଫଳ।

ଉତ୍ସୁକ ହୋଇ ଖାଇ ଦେଖିଲି, ସେହି ଫଳଟି, ଦେଖିଲି ଫଳଟି ଅତ୍ୟନ୍ତ ତିକ୍ତ।

ଭାବିଲି, ଧିକ୍ ମୋର ଜୀବନ, କଣ କରି ଦେଲି ମୁଁ ଅଜାଣତରେ।

ଅଭିଶାପ ଭରି ଦେଲି ଲୋକମାନଂକ ମୁଖରେ, ଶରୀ ରେ ଭରି ଦେଲି, ରୋଗ ଏବଂ ଅସୁସ୍ଥତା।

ହେ ମୋର୍ ଆତ୍ମା! ପୃଥିବୀରୁ ଶୋଷି ନେଇ ଥିବା ମଧୁର ରସ ସବୁ, କଣ କରିଲୁ ତୁ।

ଏବଂ ଆକାଶରୁ ତୁ ଆହରଣ କରି ଥିବା ସୁଗନ୍ଧ ସବୁ କିପରି ଉଭେଇ ଗଲା।

କ୍ରୋଧରେ, ମୋର ବଳିଷ୍ଠ ବୃଦ୍ଧ ବୃକ୍ଷକୁ ଓପାଡ଼ି ପକାଇଲି ମୁଁ, ପୃଥିବୀର ଗଭୀରତାରୁ ଟାଣି ଆଣିଲି ତାହାର ପ୍ରତ୍ୟେକଟି ଚେର, ତାହାର ଅତୀତ ଠାରୁ ଉତ୍ପାଟନ କରି।

ନେଇ ଆସଲି, ତାହାର ହଜାରେ ବସନ୍ତ ତଥା ହଜାରେ ଶରତର ସ୍ମୃତି।

ସମୟର ମାତ୍ର ଏକ କ୍ଷେତ୍ର ଦୂରତାରେ ମୋର ଆତ୍ମାର ଏକ ନୂତନ ସ୍ଥାନରେ ରୋପଣ କରିଲି, ଏକ ନୂତନ ବୃକ୍ଷ, ଏବଂ ଦିବା-ରାତ୍ରୀ ଯତ୍ନ କରିଲି ତାହାର।

ବୃକ୍ଷଟିକୁ ମୋର ରକ୍ତ ଓ ଅଶ୍ରୁ ଦ୍ୱାରା ନିୟମିତ ବାବେ ସେଚିତ କରିଲି।

ନିଜକୁ ବୁଝାଇ କହିଲି, ରକ୍ତରେ ଅଛି ଅପୂର୍ବ ସ୍ୱାଦ, ଏବଂ ଅଶ୍ରୁରେ ଅଛି ମଧୁରତା।

ବସନ୍ତର ପୁନଃ ଆଗମନରେ ମୋର ଆତ୍ମାର ବୃକ୍ଷ ପୁନର୍ବାର ହେଲା ପ୍ରସ୍ଫୁଟିତ।

ଏବଂ ଗ୍ରୀଷ୍ମର ଆଗମନରେ ପୁନର୍ବାର ଫଳିଲା ଅସଂଖ୍ୟ ଫଳ।

ଏଥର, ଶରତର ଆଗମନରେ, ଏକ ଅପରୂପ ସୁବର୍ଣ୍ଣ ଥାଳିରେ ସେହି ଫଳ ଗୁଡ଼ିକୁ ସଂଗ୍ରହ କରିଲି, ଏବଂ ରଖି ଦେଲି ସାଧାରଣ ଚଲା ପଥରେ।

ମାତ୍ର ସମସ୍ତେ ଅଦେଖା କରି ଚାଲି ଗଲେ ଆଗକୁ।

କିଛି ଦିନ ପରେ ଭାବଲି, ଦେଖେଁ ତ ଏଥର, ଫଳଟିକୁ ନେଇ ଚାଖିଲି ଏବଂ ଚକିତ ହୋଇଗଲି ତାହାର ସ୍ୱାଦରେ।

ଫଳଟି, ମହୁ ଫେଣା ପରି ମଧୁର, ଏବଂ ହେନା ପରି ସୁବାସିତ।

ଗୋପନ କଥା ମୁଁ ବୁଝି ଗଲି।

ଆଶୀର୍ବାଦ କିମ୍ବା ହୃଦୟର ସତ୍ୟତା ଦରକାର ନାହିଁ ଲୋକମାନଂକର।

କାରଣ ଆଶୀର୍ବାଦ ହେଉଛି ଅଶ୍ରୁର କନ୍ୟା ଏବଂ ସତ୍ୟତା, ରକ୍ତର ସୁପୁତ୍ର ।

ତତ୍ ପରେ, ମୋର ଜୀବନ ପଥ ଠାରୁ ଅନେକ ଦୂରରେ ଥିବା, ମୋର ଆତ୍ମା ବୃକ୍ଷର ଶାନ୍ତ ଛାୟା ତଳେ ଆଶ୍ରୟ ନେବା ପାଇଁ, ସେହି କୋଳାହଳପୂର୍ଣ୍ଣ ନଗରୀ ପରିତ୍ୟାଗ କରିଲି।

ନୀରବ ରୁହ, ହେ ମୋର ବିଚଳିତ ହୃଦୟ।

ଉଷାର ଆଗମନ ଆସନ୍ନପ୍ରାୟ।

ଏଣୁ ନୀରବରେ ଶୁଣ, ମୋର ଆତ୍ମ କାହାଣୀ।

ଗତକାଲି ପର୍ଯ୍ୟନ୍ତ, ଏକ ଦେଶରୁ ଅନ୍ୟ ଦେଶକୁ ଯାଉଥିବା ପୋତ ସଦୃଶ୍ୟ ଥିଲା ମୋର ଭାବନାର ଶୈଳୀ।

ମୁଁ ଜାଣେ, ମୋର ଚିନ୍ତା-ପୋତଟିରେ ଇନ୍ଦ୍ରଧନୁର ସପ୍ତ ରଂଗ ବ୍ୟତୀତ ଆଉ କିଛି ନ ଥିଲା।

ଓ ସମୁଦ୍ର ବକ୍ଷରେ ଅନେକ ପଥ ଯାତ୍ରା କରି ଅତ୍ୟନ୍ତ କ୍ଳାନ୍ତ ହୋଇ, ନିଜକୁ କହିଲି, ବହୁତ ହୋଇ ଗଲା, ସମୁଦ ଯାତ୍ରା।

ଏଥର, ମୋର ଜନ୍ମ-ଦ୍ୱୀପର ପୋତାଶ୍ରୟକୁ ଫେରାଇ ନେଇ ଯିବି ମୋର ଶୂନ୍ୟ ପୋତଟିକୁ।

ଏପରି ଚିନ୍ତା କରି, ବିଭିନ୍ନ ରଂଗ ଦ୍ୱାରା, ମୋର ପୋତକୁ ରଂଗ କରି, ପ୍ରସ୍ତୁତ କରିଲି।

ଅସ୍ତଗାମୀ ସୂର୍ଯ୍ୟ ପରି ରଂଗ ଦେଲି, ଲାଲ, ବସନ୍ତର ହୃଦୟ ପରି ରଂଗ ଦେଲି, ହଳଦିଆ, ପଲାସ ଫୁଲର ରଂଗ ଦେଲି, ଲାଲ ଏବଂ ପୋତର ମାସ୍ତୁଲକୁ ଚିତ୍ରିତ କରିଲି, ବିଚିତ୍ର ଚିତ୍ର ଦ୍ୱାରା, କାରଣ ତାହା ଆକର୍ଷଣ କରି ପାରିବ ଅନ୍ୟ ମାନଂକର ଧ୍ୟାନ ଏବଂ ସେମାନଂକର ଚକ୍ଷୁ ଝଲସାଇ ଦେବ।

ଏପରି ପ୍ରସ୍ତୁତିର ଅନ୍ତରେ, ଏକ ନଶ୍ୱର ବସ୍ତୁ ପରି ଦୃଶ୍ୟମାନ ହେଲା ମୋର ଶୂନ୍ୟ ପୋତ ମନେ ହେଲା, ଯେପରି ସମୁଦ୍ର ଓ ଆକାଶର ଦୁଇ ଅସୀମତା ମଧ୍ୟ ରେ ଯାତ୍ରା କରିବା ପାଇଁ ଏହା ସମ୍ପୂର୍ଣ୍ଣ ପ୍ରସ୍ତୁତ।

ସମୁଦ୍ର ଯାତ୍ରାର ଶେଷରେ ଉପନୀତ ହେଲି, ମୋର ଜନ୍ମ ଦ୍ୱୀପର ପୋତାଶ୍ରୟରେ।

ସେଠାରେ, ଉତ୍କଣ୍ଠିତ ଦ୍ୱୀପବାସୀ ମାନେ ଆନନ୍ଦରେ ଗୀତ ଗାଇ ଗାଇ ଏକତ୍ରୀତ ହେଲେ ମୋ ପାଖରେ ଏବଂ ସାଦର ଆମନ୍ତ୍ରଣ କରିଲେ ସହରକୁ।

ତାଙ୍କର ଆନନ୍ଦର ସୀମା ନ ଥିଲା, ବାଦ୍ୟ ଯନ୍ତ୍ରର ସୁର ଓ ତାଳରେ ବିମୋହିତ ହୋଇ ନାଚୁଥିଲେ ସମସ୍ତେ।

ସେମାନଂ କର ଏପରି ଅପ୍ରାସଂଗିକ ଅବସ୍ଥା ଦେଖି ମର୍ମାହତ ହୋଇ ନିଜକୁ କହିଲି,

ଆରେ ! କଣ କରି ଦେଲି ମୁଁ, ସପ୍ତରଂଗର ଝଲସରେ ତାଂକର ଚକ୍ଷୁକୁ ଅନ୍ଧ କରି ଦେଇ ଅପ୍ରତ୍ୟାଶିତ ପ୍ରତାରଣା କରି ଦେଲି ମୋ ନିଜ ଲୋକ ମାନଂକୁ।

ତତ୍ ପରେ, ଏକ ଦୀର୍ଘ ସମୁଦ୍ର ଯାତ୍ରା ଲକ୍ଷ୍ୟ କରି, ପୁନର୍ବାର ଆରୋହଣ କରିଲି ମୋର ଚିନ୍ତା ପୋତରେ।

ପ୍ରଥମେ ଗଲି, ପ୍ରାଚ୍ୟ ଦେଶକୁ।

ସେଠାରୁ, ସୁବାସିତ ଧୂପ, ଝୁଣା, ଏବଂ ଚନ୍ଦନ ସଂଗ୍ରହ କରି ବୋଝେଇ କରିଲି ମୋର ଚିନ୍ତା ପୋତରେ।

ସେଠାରୁ ଗଲି, ପାଶ୍ଚାତ୍ୟ ଅଭିମୁଖେ।

ସଂଗ୍ରହ କରିଲି, ହାତୀଦାନ୍ତ, ରୁବି ଇତ୍ୟାଦି ଅନେକ ମୂଲ୍ୟବାନ ବସ୍ତୁ।

ତତ୍ ପରେ ଯାତ୍ରା କରିଲି, ଦକ୍ଷିଣ ଦ୍ୱୀପ ଗୁଡ଼ିକ ଅଭିମୁଖେ।

ସେଠାରୁ ସଂଗ୍ରହ କରିଲି ସୁଶୋଭିତ ଅସ୍ତ୍ର ଶସ୍ତ୍ର, ରତ୍ନଖଚିତ ତରବାରୀ, ବର୍ଛା ତଥା ଅନେକ ପ୍ରକାରର ଯୁଦ୍ଧ ସରଂଯାମ ଏବଂ ମୋର ଚିନ୍ତା-ପୋତରେ ବୋଝେଇ କରି ଫେରିଲି ମୋର ଜନ୍ମ-ଦ୍ୱୀପର ପୋତାଶ୍ରୟକୁ।

ପୋତ ମୋର ପରିପୂର୍ଣ୍ଣ ଥିଲା, ପୃଥିବୀର ସବୁଠାରୁ ମୂଲ୍ୟବାନ୍ ବସ୍ତୁରେ।

ଏଣୁ ମନେ ମନେ କହୁଥିଲି, ଏଥର ମୋର ଦ୍ୱୀପବାସୀ ନିଶ୍ଚିତ ରୂପେ ପୂର୍ବବତ୍ ସ୍ୱାଗତ ସମ୍ଭାଷଣ କରିବେ ମୋର, ଆମନ୍ତ୍ରଣ କରିବେ ନିଜର ନଗରୀକୁ ପୂର୍ଣ୍ଣ ସମ୍ମାନ ସହିତ।

ମାତ୍ର ଆଶ୍ଚର୍ଯ୍ୟ, ପୋତାଶ୍ରୟକୁ ଫେରି ଦେଖିଲି, ମୋତେ ସ୍ୱାଗତ କରିବାକୁ କେହି ଆସି ନାହାନ୍ତି ସେଠାକୁ।

ଅନ୍ୟନ୍ୟୋପାୟ ହୋଇ ଆଗେଇ ଚାଲିଲି ମୋର ଅତୀତ ଗୌରବର ରାସ୍ତାରେ, ମାତ୍ର କେହି ଅନାଇଲେ ନାହିଁ ମୋତେ।

ତାଂକର ଧ୍ୟାନ ଆକର୍ଷଣ କରିବା ପାଇଁ, ଉଚ୍ଚ ପାଟିରେ ଲୋକମାନଂକୁ ମୋର ପୋତ ମଧ୍ୟରେ ଥିବା ଅମୂଲ୍ୟ ସମ୍ପଦ ବିଷୟରେ ଜଣାଇଲି।

ମାତ୍ର ହାୟ! ଓଲଟି ପରିହାସ କରିଲେ ସେମାନେ, ମୋତେ, ବିଶ୍ୱାସ କରିଲେ ନାହିଁ ମୋର ଭାଷାର ଆନ୍ତରିକତା।

ଧ୍ୟାନ ଦେଲେ ନାହିଁ, ମୋର ଅନୁନୟ, ବିନୟ ପ୍ରତି।

ଉତ୍ସାହ ହୀନ ହୃଦୟ ନେଇ, ନିରାଶା ଓ ହତାଶାରେ ଫେରି ଆସିଲି ମୋର ପୋତାଶ୍ରୟକୁ।

ପୋତକୁ ନିରୀକ୍ଷଣ କରି, ସମୁଦ୍ର ଯାତ୍ରାକାଳରେ ଲକ୍ଷ୍ୟ କରି ନ ଥିବା ଏକ ପରିବର୍ତ୍ତନ ଦେଖି ପାରିଲି।

ମୋର ଚିନ୍ତାପୋତ ର ବାହ୍ୟ ରଂଗକୁ ସମୁଦ୍ର ଲହରୀ ଗୁଡ଼ିକ ଏପରି ଭାବରେ ଧୋଇ ନେଇଛନ୍ତି ଯେ ତାହା ଦେଖା ଯାଉଛି ମାତ୍ର ଏକ କଂକାଳ ସଦୃଶ୍ୟ।

ସମୁଦ୍ରର ବତାଶ ଓ ଜ୍ୱଳନ୍ତ ସୂର୍ଯ୍ୟ, ତାହାର ରଂଗର ପ୍ରକାରକୁ ଏପରି ପୋଛି ଦେଇଛନ୍ତି ଯ ଦିଶୁଛି ଏକ ଛିଣ୍ଡା ପୋଷାକ ସଦୃଶ୍ୟ।

ମାତ୍ର ମୋର ଯାତ୍ରା କାଳରେ, ସେହି ଅମୂଲ୍ୟ ବସ୍ତୁ ଗୁଡ଼ିକରୁ ଆଖି ଉଠାଇ ଲକ୍ଷ୍ୟ କରି ପାରି ନ ଥିଲି ମୁଁ, କାରଣ ମୋର ଅନ୍ତର୍ଚକ୍ଷୁ ହୋଇ ଯାଇଥିଲା ଅନ୍ଧ।

ଗଭୀର ଚିନ୍ତାରେ ପୁନର୍ବାର ଭାବିଲି, ପୃଥିବୀର ଅମୂଲ୍ୟ ସମ୍ପଦ ସଂଗ୍ରହ କରି, ମୋର ଆପଣା ଲୋକଂକ ଉଦ୍ଦେଶ୍ୟରେ ଏକ ଭାସମାନ ସିନ୍ଦୁକରେ ଭର୍ତ୍ତି କରି, ଜଳ ବକ୍ଷ ରେ ଛାଡ଼ି ଦେଇ ଥିଲି।

ମାତ୍ର ହାୟ! ମୋତେ ହତାଦାର କରିଲେ ସେମାନେ।

ଦେଖି ପାରିଲେ ନାହିଁ ମୋତେ, କାରଣ, ଚକ୍ଷୁ ତାଂକର ବାହ୍ୟ ଚାକଚକ୍ୟରେ ପ୍ରଲୋଭିତ ଥିଲା।

ସେହି ମୁହୂର୍ତ୍ତରେ, ମୋର ଚିନ୍ତା ପୋତରେ ଆଗେଇ ଚାଲିଲି ମୃତ୍ୟୁର ନଗରୀକୁ ଏବଂ କବର ଭିତରେ ବସି, ସେମାନଂକର ଗୋପନୀୟତା ବିଷୟରେ ଗଭୀର ଚିନ୍ତା କରିବାକୁ ଲାଗିଲି।

ନୀରବ ରୁହ ହେ ମୋର ଆତ୍ମା, ଉଷାର ଆଗମନ କାଳ ଯାଏଁ।

ନୀରବ ରୁହ, କାରଣ ତୀବ୍ର ତୋଫାନ ତୁମ୍ଭର ଅନ୍ତର୍ଶବ୍ଦକୁ ପରିହାସ କରୁଛି।

ଏବଂ ଉପତ୍ୟକାର ଗୁମ୍ଫା ତୁମ୍ଭର ବାକ୍ ତନ୍ତୁର ଶବ୍ଦକୁ ଆଉ ପ୍ରତିଧ୍ୱନିତ କରୁ ନାହିଁ।

ନୀରବ ରୁହ ହେ ମୋର ହୃଦୟ, ପ୍ରଭାତର ଆଗମନ ପର୍ଯ୍ୟନ୍ତ।

କାରଣ, ଯେଉଁମାନେ ଧୈର୍ଯ୍ୟ ସହକାରେ ଉଷାର ଅପେକ୍ଷା କରନ୍ତି, ପ୍ରଭାତ ସସ୍ନେହେ ଆଲିଂଗନ କରିଥାଏ ସେମାନଂକର।

ହେଇ ଦେଖ ଉଷା ଭାଂଗୁଛି, ବର୍ତ୍ତମାନ ଯଦି ତୁମେ, ମୋର ହୃଦୟ ସକ୍ଷମ, କହିବା ପାଇଁ ହେଇ ଦେଖ, ପ୍ରଭାତର ଶୋଭାଯାତ୍ରା ଆସୁଛି।

ଏବେ କହୁ ନାହଁ କାହିଁକି?

କଣ ରାତ୍ରୀର ନୀରବତା ଉଷାର ସ୍ୱାଗତ କରିବା ପାଇଁ ତୁମର ଅନ୍ତର୍ଗଭୀରତା ମଧ୍ୟରେ ଛାଡ଼ି ଦେଲା ନାହିଁ ମଧୁର ଗୀତଟିଏ?

ହେଇଟି, କପୋତ ଓ ପକ୍ଷୀଦଳ ଉପତ୍ୟକାର ଦୂର ଅଂଚଳରେ ଉଡୁଛନ୍ତି।

ତୁମେ, ସେ ପକ୍ଷୀ ମାନଂକ ସହିତ ଉଡ଼ିବାକୁ ସକ୍ଷମ ତ?

ନାଁ, ଭୟଂକର ରାତ୍ରୀ, ତୁମର ଡେଣାକୁ ଦୁର୍ବଳ କରି ଦେଇଛି?

ଦେଖ, ମେଷପାଳକ ମାନେ ଚରାଇବା ପାଇଁ ଆଡ଼େଇ ନେଉଛନ୍ତି ସେମାନଂକର ମେଷ ଦଳକୁ।

କଣ ସେମାନଂକ ପଛରେ ସବୁଜ ତୃଣମୟ ଅଂଚଳକୁ ଯିବା ପାଇଁ ରାତ୍ରୀର ପ୍ରେତ ଛାଡ଼ି ଯାଇଛି କିଛି ଶକ୍ତି? `

ପୁଣି ହେଇ ଦେଖ!

ଯୁବକ ଯୁବତୀ ମାନେ ଅଂଗୁର ବଗିଚା ଅଭିମୁଖେ ଚାଲିଛନ୍ତି।

ସକ୍ଷମ କି ତୁମେ ସେମାନଂକ ସାଂଗରେ, ଚାଲି ଯିବା ପାଇଁ?

ଉଠ ମୋର ହୃଦୟ, ଜାଗ ଏଥର, ଏବଂ ଉଷା ସହିତ ଆଗେଇ ଯାଅ।

କାରଣ ରାତ୍ରୀ ଅତିବାହିତ ହୋଇ ଯାଇଛି ଏବେ ଏବଂ ତା ସହିତ ତାହାର କଳା ଅଂଧକାର, ଅଦରକାରୀ ଯାତ୍ରା ମଧ୍ୟ ଅଦୃଶ୍ୟ ହୋଇ ଯାଇଛି।

ଜାଗ୍ରତ ହୁଅ ମୋର ହୃଦୟ!

6. ବିମୋହିନୀ ଅପ୍ସରା

ହେ ବିମୋହିନୀ ଅପ୍ସରା, କେଉଁଠି କି ନେଉଛ ତୁମେ ମୋତେ?
ଏବଂ କେବେ ଯାଏଁ ଏହି କଣ୍ଟକମୟ ପଥରେ ଅନୁସରଣ କରୁଥିବି, ମୁଁ ତୁମର?
କେବେ ଯାଏଁ ଆମର ଆତ୍ମା ଆରୋହଣ-ଅବରୋହଣ କରୁଥିବ ଏହି ଅଂକା-ବଂକା ବାଟରେ?
ଛୋଟ ଶିଶୁଟି ତାହାର ମା'କୁ ଅନୁସରଣ କରୁଥିବା ପରି ମୁଁ ତୁମର ଶାଢ଼ୀ କାନି ଧରି ଅନୁସରଣ କରୁଛି ଅନନ୍ତ କାଳରୁ।
ତୁମର ସୌନ୍ଦର୍ଯ୍ୟରେ ଅଭିଭୁତ ହୋଇ ସ୍ୱପ୍ନକୁ ଭୁଲି ଯାଇଛି ମୋର।
ତୁମର କୁହୁକ ଦ୍ୱାରା ପରିଚାଳିତ ଭୂତ ମାନଂକର ଶୋଭାଯାତ୍ରା ମୋ ସମ୍ମୁଖରେ ଚାଲି ଯାଉଅଛି।
ଏବଂ ତୁମର ଏହି କୁହୁକ ଦ୍ୱାରା ଚକ୍ଷୁ ମୋର ଉଲ୍ଲସିତ ହୋଇ ଯାଉଛି।
ମୁଁ ସଦା ସ୍ୱୀକାର କରେଁ ଯେ ଏକ ଅନ୍ତର୍ନିହିତ ଶକ୍ତି ଆକର୍ଷିତ କରେ ମୋତେ ତୁମ ପ୍ରତି।
ରହି ଯାଅ ମୁହୂର୍ତ୍ତକ ପାଇଁ।
ମୁଁ ଦେଖେଁ ଥରେ ତୁମର ମୁଖ ଏବଂ ତୁମର ଲୋଭନୀୟ ଚକ୍ଷୁ ମାଧମରେ ତୁମେ ଦେଖ ଥରେ ମୋତେ।
ହୁଏତ ତୁମର ହୃଦୟର ଗୋପନୀୟତା ବୁଝି ପାରିବି ମୁଁ।
ରୁହ, ଟିକିଏ ବିଶ୍ରାମ କର ମୋ ପାଇଁ।
କାରଣ ମୁଁ ଅତ୍ୟନ୍ତ କ୍ଳାନ୍ତ ହୋଇ ପଡ଼ିଛି।
ଏବଂ ଏହି ଭୟାନକ ପଥରେ ଆତ୍ମା ମୋର କମ୍ପିତ ହେଉଛି ଭୟରେ।
ଅଟକି ଯାଅ ଏବେ ଏହିଠାରେ।
କାରଣ, ଜୀବନ ଓ ମୃତ୍ୟୁ ପରସ୍ପରକୁ ଆଲିଂଗନ କରୁଥିବା ସେହି ଭୟଂକର ମିଳନ ସ୍ଥଳରେ ଆମେ ଆସି ପହଂଚି ଯାଇଛୁ।
ହେ ବିମୋହିନୀ ଅପ୍ସରା, ଶୁଣ ମୋତେ!
ବିହଂଗଟି ପରି ସ୍ୱାଧୀନ ଥିଲି ମୁଁ।
ଜଂଗଲ ଓ ଉପତ୍ୟକାର ନିରୀକ୍ଷଣ କରି ଉଚ୍ଚ ଆକାଶରେ ମନ ଇଚ୍ଛା ଉଡୁଥିଲି ମୁଁ।
ସନ୍ଧ୍ୟାରେ ବୃକ୍ଷ ଶାଖାରେ ବିଶ୍ରାମ ନେଉଥିଲି।
ଏବଂ ରଂଗ-ବେରଂଗ ମେଘମାଳାର ନଗରୀରେ, ପ୍ରଭାତର ଆଗମନରେ, ସୂର୍ଯ୍ୟ ଦ୍ୱାରା ନିର୍ମିତ ହେଉଥିବା ତଥା ଗୋଧୂଳି ଆଗମନ ପୂର୍ବରୁ ଧ୍ୱଂସ ହେଉଥିବା ମନ୍ଦିର ଓ ପ୍ରାସାଦରେ ଧ୍ୟାନ କରୁଥିଲି ମୁଁ।
ମୁଁ ଥିଲି ଏକ ଚିନ୍ତା ସଦୃଶ୍ୟ।
ଜୀବନର ସୌନ୍ଦର୍ଯ୍ୟ ଓ ଆନନ୍ଦ ଉପଭୋଗ କରି ତଥା ଜୀବନ ପ୍ରଣାଳୀର ବାସ୍ତବିକତାର ଅନୁସନ୍ଧାନରେ, ଶାନ୍ତି ଏବଂଏକାନ୍ତରେ ଚାଲି ଯାଉଥିଲି ବିଶ୍ୱ-ବ୍ରହ୍ମାଣ୍ଡର ପୂର୍ବରୁ ପଶ୍ଚିମ ଦିଗକୁ।

ମୁଁ ଥିଲି ଏକ ସ୍ୱପ୍ନ ସଦୃଶ୍ୟ।
ନିଜର ଅସ୍ତିତକୁ, ରାତ୍ରୀର ବନ୍ଧୁତ୍ୱପୂର୍ଣ୍ଣ ଡେଣା ମଧ୍ୟରୁ ଚୋରାଇ ଆଣି, ବନ୍ଦ ଗବାକ୍ଷ ବାଟ ଦେଇ କୁମାରୀ ଯୁବତୀଂକ କକ୍ଷକୁ ପ୍ରବେଶ କରୁଥିଲି ମୁଁ।
ଏବଂ ସେମାନଂକର ଆନନ୍ଦ ପାଇଁ ଆଶା ଓ ଆକାଂକ୍ଷା ଜାଗ୍ରତ କରାଉଥିଲି ତାଂକ ମନରେ।
ସେଠାରୁ ଚାଲି ଯାଉଥିଲି, ଯୁବକ ମାନଂକ ପାଖକୁ।
ତାଂକ ପାଖରେ ବସି, କଥା ଛଳରେ କାମନା ଉଦ୍ଦୀପିତ କରାଉ ଥିଲି ସେମାନଂକର।
ପରେ, ବୟସ୍କ ମାନଂକର ବାସସ୍ଥଳୀର ଅନୁକ୍ଷଣ କରି, ସେମାନଂକର ଶାନ୍ତ ଏବଂ ସନ୍ତୋଷର ଚିନ୍ତାକୁ ଭେଦ କରୁଥିଲି।
ଏହିପରି ଭାବରେ ଅତିବାହିତ ହେଉଥିଲା ମୋର ଶାନ୍ତିପୂର୍ଣ୍ଣ, ସ୍ୱାଧୀନ ଜୀବନ।
ମାତ୍ର ହଠାତ୍, ଦିନେ ମୋର କଳ୍ପନା ଶକ୍ତିକୁ ବନ୍ଦୀ କରି ନେଲ ତୁମେ ଏବଂ ସେହି ସମ୍ମୋହିତ ମୁହୂର୍ତ୍ତ ପର ଠାରୁ ନିଜକୁ ମନେ କରିଲି, ହାତ ଗୋଡ଼ରେ ବେଡ଼ି ଥାଇ ଏକ ଅଜ୍ଞାତ ସ୍ଥଳକୁ ଆଗେଇ ଚାଲି ଯାଉଥିବା ଏକ ବନ୍ଦୀ ସଦୃଶ୍ୟ।
ତୁମର ମଧୁର ସୁରା ପ୍ରତି ମୁଁ ହୁଏ ଆସକ୍ତ।
ଅତ୍ୟନ୍ତ ବିମୋହିତ ଓ ସମ୍ମୋହିତ ହୋଇ ମୋତେ ପ୍ରଚଣ୍ଡ ଆଘାତ କରୁଥିବା ମୋର ହସ୍ତ ଦ୍ୱୟକୁ ଚୁମ୍ବନ କରନ୍ତି, ମୋର ଓଷ୍ଠ।
ଆତ୍ମାର ଚକ୍ଷୁ ଦ୍ୱାରା, ଦେଖିପାରୁ ନାହଁ କି କିପରି ବଶୀଭୂତ ମୋର ହୃଦୟ?
ଅଟକି ଯାଅ ମାତ୍ର ମୁହୂର୍ତ୍ତକ ପାଇଁ।
ମୋର ଶକ୍ତିର ପୁନର୍ସଂଗଠନ କରୁଛି ମୁଁ।
ମୋର ପାଦର ଶିକୁଳି ଖୋଲିବାରେ ଲାଗିଛି, ଧୀରେ ଧୀରେ।
ଯେଉଁ ପାତ୍ରଟି ରେ ତୁମର ବିଷପାନ କରିଥିଲି, ତାହାକୁ ଭାଂଗି ଚୁରମାର କରି ଦେଇଛି ମୁଁ।
ବର୍ତ୍ତମାନ ମୁଁ ଉପନୀତ ଏକ ଅଜ୍ଞାତ ଭୂଖଣ୍ଡରେ ଏବଂ କେଉଁ ପଥ ଦେଇ ଆଗେଇବି ଜାଣିପାରୁ ନାହିଁ।
ମୁଁ ଅତ୍ୟନ୍ତ ବିଭ୍ରାନ୍ତ ଓ ବିଚଳିତ।
ମୋର ସ୍ୱାଧୀନତା ମୁଁ ଫେରି ପାଇଛି।
କୁହ, ବର୍ତ୍ତମାନ, ଝଲସୁ ଥିବା ଚକ୍ଷୁରେ ସୂର୍ଯ୍ୟକୁ ଦେଖୁଥିବା, ଏବଂ ତାହାର ଅକମ୍ପିତ ହସ୍ତରେ ସ୍ପର୍ଶ କରୁଥିବା, ପୂର୍ବର ତୁମର ସେହି ସହଯାତ୍ରୀ ସଂଗୀକୁ ଗ୍ରହଣ କରି ପାରିବ କି ତୁମେ?
ଏବେ ମୋର ଡେଣା ଯୁଗଳ ଉନ୍ମୁକ୍ତ ଏବଂ ଉପରକୁ ଉଡ଼ି ଯିବାକୁ ସମ୍ପୂର୍ଣ୍ଣ ପ୍ରସ୍ତୁତ।
ବର୍ତ୍ତମାନ କୁହ ତୁମେ ମୋତେ, ନିର୍ଜନ ପର୍ବତ ଶିଖରରେ ଏକ ନିଃସଂଗ, ଏକାନ୍ତ ଇଗଲ ପକ୍ଷୀ ପରି ନିଜର ଦିବା ଅତିବାହିତ କରୁଥିବା ତଥା ମରୁଭୂମିର ଉତ୍ତପ୍ତ ବାଲୁକା ରାଶିରେ ଏକ ଅଥୟ ସିଂହ ପରି ତାହାର ମୂଲ୍ୟବାନ୍ ରାତ୍ରୀକୁ ଅପଚୟ କରୁଥିବା ଏକ ସ୍ୱାଧୀନ-ମନା ଯୁବକକୁ ଗ୍ରହଣ କରିପାରିବ କି ନିଜର ସଂଗୀ ରୂପେ?

ଯେଉଁ ବ୍ୟକ୍ତି ପ୍ରେମକୁ ଏକ ଚିତ୍ତ ବିନୋଦନର ବସ୍ତୁ ମନେକରେ ଏବଂ ତୁମକୁ ତାହାର ମାଲିକ ଭାବରେ ଗ୍ରହଣ କରିବାକୁ ସମ୍ପୂର୍ଣ୍ଣ ଅପ୍ରସ୍ତୁତ, ସନ୍ତୁଷ୍ଟ ହୋଇ ପାରିବ କି ତାହାର ପ୍ରେମରେ?
ଯେଉଁ ହୃଦୟ, ପ୍ରେମ କରିବାକୁ ପ୍ରସ୍ତୁତ ମାତ୍ର ତାହାର ପ୍ରେମିକା ପାଖରେ ନିଜକୁ ସମର୍ପଣ କରିବାକୁ ଅପ୍ରସ୍ତୁତ, ପାରିବ କି ଗ୍ରହଣ କରି ସେପରି ହୃଦୟକୁ?
ଯେଉଁ ଆତ୍ମା ତୋଫାନ ସମ୍ମୁଖରେ ଥର ହର ହେଲେ ମଧ୍ୟ, ସମର୍ପିତ ହୁଏ ନାହିଁ ତା ସମ୍ମୁଖରେ, ପାରିବ କି ରହି ଆଶ୍ୱସ୍ତ ହୋଇ, ଏପରି ଏକ ଆତ୍ମା ସହିତ?
ଯେଉଁ ବ୍ୟକ୍ତି, ଅନ୍ୟମାନଂକୁ ଦାସ କରାଏ ନାହିଁ ଅବା ନିଜେ ଦାସ ହୁଏ ନାହିଁ କାହାର, ସେପରି ବ୍ୟକ୍ତିକୁ ଗ୍ରହଣ କରିପାରିବ କି ନିଜର ସହଚର ରୂପରେ?
ମୋତେ ଅଧିକାର କରି, ମୋତେ ହାସଲ କରି ନ ପାରିଲେ ମଧ୍ୟ ରହି ପାରିବ କି ତୁମେ?
ମୋର ଶରୀରକୁ ନେଇ, ଆତ୍ମାକୁ ନେଇ ନ ପାରିଲେ ମଧ୍ୟ ରହି ପାରିବ କି ତୁମେ?
ଯଦି ପାରିବ, ହେଇଟି, ଧରି ପକାଅ ମୋର ହାତ ତୁମ୍ଭର ସୁନ୍ଦର ହସ୍ତରେ।
ଏବଂ ହେଇଟି ମୋର ଶରୀର, ଆଲିଂଗନ କର ନିଜ ବାହୁରେ।
ହେଇଟି ମୋର ଓଷ୍ଠ, ଢାଳି ଦିଅ ଅଜସ୍ର ଚୁମ୍ବନ।

7. ଶବ ଯାତ୍ରା

ମାନବ ସମାଜ ପ୍ରତିଷ୍ଠିତ, ଅନେକ ଗୁଡ଼ିଏ ଜଟିଳ ଉପାଦାନର ସମାବେଶରେ। ଏହାର ନିୟମ, ଏହାର ପରମ୍ପରା, ଏହାର କାର୍ଯ୍ୟକୁ ଅନୁଶୀଳନ କରିଲେ ଜଣା ପଡ଼େ ଯେ ମିଥ୍ୟା ଏବଂ ଅସତ୍ୟର ଏକ ଗାଢ଼ ଓଢ଼ଣୀ ଦ୍ୱାରା ଏହା ଆଚ୍ଛାଦିତ, ଯାହା ମନୁଷ୍ୟ କୁ ସତ୍ୟର ପଥରୁ ବିଚ୍ୟୁତ କରାଏ। ସେ କେତେକଂକୁ ଖୁବ୍ ଉପରକୁ ନେଇଯାଏ ଏବଂ ଅନ୍ୟ ମାନଂକୁ ଅପମାନିତ କରାଇ ଥାଏ। କିଛିଟା ବ୍ୟକ୍ତି ତାଂକର ଲକ୍ଷ୍ୟ ହାସଲ ପାଇଁ ଲୋଭ ଦ୍ୱାରା ପରିଚାଳିତ ହେଉଥିବା ପର୍ଯ୍ୟନ୍ତ ଅନ୍ୟ କୌଣସି ବ୍ୟକ୍ତି ତାଂକର ଜୀବନର ପୂର୍ଣ୍ଣତାକୁ ଉପଲବ୍ଧି କରି ପାରିବେ ନାହିଁ ଅବା ପ୍ରକୃତିର ସମଗ୍ରତାକୁ ଉପଭୋଗ କରି ପାରିବେ ନାହିଁ।

ଏହି ଅନୁଭୂତିକୁ ବର୍ଣ୍ଣନା କରିବା ପାଇଁ ଦୁଇଟି ରୂପକକୁ ମାଧ୍ୟମ କରା ଯାଇଛି। ପ୍ରଥମଟି ହେଲା ବାର୍ଦ୍ଧକ୍ୟ, ଯାହାକୁ ସୂଚିତ କରା ଯାଇଛି ନଇଁ ପଡ଼ିଥିବା ଏକ ବୃଦ୍ଧ ଭାବରେ। ସେ ବାସ କରେ ସହରରେ ଏବଂ ମନୁଷ୍ୟ କୃତ ନୀତି ନିୟମ, ପରମ୍ପରା ଏବଂ ଦୁର୍ନୀତିର ପ୍ରଭାବରେ ଯନ୍ତ୍ରଣାକ୍ଲିଷ୍ଟ। ସହରର କୋଳାହଳପୂର୍ଣ୍ଣ ପରିବେଶରୁ ଯାଏ ଏକ ମୁକ୍ତ ପରିସରକୁ, ଯେଉଁଠାରେ ସେ ତାହାର କମ୍ପିତ ହସ୍ତକୁ ବିଶ୍ରାମ ଦେଇ ପାରିବ ଏବଂ ସେଠାରେ ଧ୍ୟାନ ମଗ୍ନ ହୋଇ ପାରିବ।

ଏହି ପରିସରରେ ତାହାର ଦେଖା ହୁଏ ଯୌବନ ସହିତ। ଏହି ଯୌବନ ସୂଚିତ ହୁଏ, ଏକ ସୁନ୍ଦର ବଦାନ୍ୟ ଯୁବକ ମାଧ୍ୟମରେ ଯାହାର ଚକ୍ଷୁ ଦେଖୁଛି କେବଳ ବଣ, ଜଂଗଲ, ପାହାଡ଼, ଝରଣା। ତାହାର ଶରୀର ତାଜା ପବନ ଗ୍ରହଣ କରିଛି। ତାହାର କର୍ଣ୍ଣ ଶୁଣିଛି, କେବଳ ଝରଣା ମାନଂକର ଗୀତ ଏବଂ ଶରତର ପତ୍ର ମଧ୍ୟରେ ଶୁଣିଛି ପବନର ସିଟି ବଜାଇବାର ସ୍ୱର।

ଏହି ସାକ୍ଷାତ ସମୟରେ ଯୌବନ ହାତରେ ଅଛି ବଂଶୀଟିଏ, ପ୍ରସ୍ତୁତ ହେଉଛି ସେ ପ୍ରକୃତିକୁ ସ୍ୱାଗତ କରିବା ପାଇଁ, ତାହାର ଖୋଲା ପରିସରର ମଧୁର ସ୍ୱରରେ। ଯୌବନ ଓ ବାର୍ଦ୍ଧକ୍ୟ ତାଂକର ଜୀବନର ଅଭିଜ୍ଞତାକୁ ନେଇ ଖୋଲାଖୋଲି ଆଲୋଚନା କରନ୍ତି।

ବାର୍ଦ୍ଧକ୍ୟର ମତ ହେଲା, ସହରର ପରିସରରେ ମାନବ ସମାଜ ସୃଷ୍ଟି କରେ କେବଳ ବିଦ୍ୱେଶ, ଘୃଣା, ଦୁଃଖ ଏବଂ ଯନ୍ତ୍ରଣା। ଜୀବନ ଯାପନ କଲେ ହିଁ ଜୀବନର ଆନନ୍ଦ ଓ ସନ୍ତୋଷ ମିଳି ପାରିବ ଏବଂ ଈଶ୍ୱର ଦତ୍ତ ଆନନ୍ଦ ଦ୍ୱାରା ନିଜର ଜୀବନକୁ ପରିପୂର୍ଣ୍ଣ କରା ଯାଇ ପାରିବ । ଯୌବନ ଓ ବାର୍ଦ୍ଧକ୍ୟର ଏହି ଆଲୋଚନାରୁ ସୂଚିତ ହୁଏ ଯେ ଜୀବନ ମୃତ୍ୟୁ ଓ ଧର୍ମର ଏକ ରୂପ, ଯାହା ସର୍ବଦା ଏକ ରହସ୍ୟ।

ବାର୍ଦ୍ଧକ୍ୟSSS

ଏହା ସତ୍ୟ ଯେ ମନୁଷ୍ୟ ସୁକର୍ମ କରେ ମାତ୍ର ତାହାର କୁକର୍ମ ମୃତ୍ୟୁ ପରେ ମଧ୍ୟ ରହି ଥାଏ

ଯେଉଁଠି ବାସ କରିଲେ ମଧ୍ୟ ଘୂର୍ଣ୍ଣ୍ୟମାନ ଚକ୍ର ପରି ସେ ସର୍ବଦା ସମୟ ଦ୍ୱାରା ପରିଚାଳିତ।

ଏଣୁ କାହାକୁ ଦେଖି କଦାଚିତ୍ କୁହ ନାହିଁ, ଏହି ବ୍ୟକ୍ତିଟି ଅତ୍ୟନ୍ତ ବୁଦ୍ଧିମାନ୍, ଶିକ୍ଷିତ
ଅବା ଦେବଦୂତ ଦ୍ୱାରା ପ୍ରେରିତ ଏବଂ ସମସ୍ତ ଜ୍ଞାନର ଅଧିକାରୀ ସେ।
କାରଣ ଏହି ବିରାଟ ସହରରେ ଏପରି ବ୍ୟକ୍ତି ମାତ୍ର ମୁଷ୍ଟିମେୟ।
ଏକ ମେଷପାଳକ ଦ୍ୱାରା ସେମାନେ ପରିଚାଳିତ ଏବଂ ସେ ଆଜ୍ଞା ଅମାନ୍ୟ କରିଲେ ହତ୍ୟାକାରୀର
ହୁଏ ସମ୍ମୁଖୀନ।

ଯୌବନ

ମନୁଷ୍ୟର କର୍ତ୍ତା ଭାବରେ ନାହିଁ କୌଣସି ମେଷ ପାଳକ, ଏହି ସଂସାର କ୍ଷେତ୍ରରେ।
ଅବା ଏଠାରେ ଚରିବା ପାଇଁ ନାହାନ୍ତି ମେଷ, କିଂବା ରକ୍ତାକ୍ତ ହେବା ପାଇଂ ନାହିଁ, ହୃଦୟ।
ବସନ୍ତ ଏଠାକୁ ଆସିବାର ସୁନିଶ୍ଚିତ ମାତ୍ର ଆସିବ କେବଳ ଈଶ୍ୱରଂକର ଆଜ୍ଞାରେ।
କ୍ରୀତଦାସ ଭାବରେ ଜନ୍ମ ହୋଇଛନ୍ତି ତୁମ୍ଭର ଲୋକମାନେ ଏବଂ ତୁମ୍ଭର
ଅତ୍ୟାଚାରୀ ରାଜା ମାନଂକ ଦ୍ୱାରା, ବିଖଣ୍ଡିତ ସେମାନଂକର ଆତ୍ମା।
ସେମାନେ ସର୍ବଦା ଅନୁଗତ ନେତାଂକର, ଅନ୍ଧ ଭାବରେ ଅନୁସରଣ କରନ୍ତି ତାଂକର।
କାରଣ ଅବଜ୍ଞା କରିଲେ, ଜୀବନ ତାଂକର ବିପଦ ସଂକୁଳ।
ଦିଅ ମୋତେ ମୋର ବଂଶୀ, ମୁଁ ବଜାଏଁ।
ମଧୁର ସ୍ୱରରେ ଗୀତ ଗାଇବାକୁ ଦିଅ ମୋତେ।
ମୋର ଆତ୍ମାର ସୂକ୍ଷ୍ମ ତନ୍ତୀରୁ ଆସୁଥିବା ବଂଶୀର ସୁର ଓ ଲହରୀ,
ଏକଛତ୍ରବାଦୀ ରାଜାଂକର ଗୌରବ ଠାରୁ ଉଚ୍ଚ ଓ ମହତ୍।

ବାର୍ଦ୍ଧକ୍ୟ

କୋଳାହଳ ପୂର୍ଣ୍ଣ ଜନଗହଳିରେ ଜୀବନର ସ୍ଥିତି ମାତ୍ର ମୁହୂର୍ତ୍ତକ ପାଇଁ।
ଏବଂ ନିଶାସକ୍ତ ନିଦ୍ରା ପରି ଏହା ଦୁଃସ୍ୱପ୍ନ, ଭୟ ଏବଂ ଆଶଂକା ଦ୍ୱାରା ମିଶ୍ରିତ।
ହୃଦୟର ରହସ୍ୟ ସର୍ବଦା ଦୁଃଖ ଦ୍ୱାରା ଆବୃତ।
ଏଣୁ ସଂସାର କ୍ଷେତ୍ରରେ ମିଳୁଥିବା ଶାନ୍ତି ପରିହାର କରିବାକୁ ମୁଁ ନୁହେଁ ପ୍ରସ୍ତୁତ।
କାରଣ ଦୁଃଖ ବ୍ୟତୀତ ମୋ ପାଖରେ ରହିଯିବ ଏକ ଶୂନ୍ୟତା ମାତ୍ର।

ଯୌବନ

ଜଣକର ସୁଖ, ଦୁଃଖ ହୁଏ ଅନ୍ୟ ଜଣକ ପାଇଁ, ଏବଂ ଏହି ସୁନ୍ଦର କ୍ଷେତ୍ରରେ, ଦୁଃଖ ଅବା କୁକର୍ମ ଦ୍ୱାରା ଅର୍ଜିତ ପଶ୍ଚାତାପ ନାହିଁ।

ଏଠାରେ, ଶୋକାକ୍ଳିଷ୍ଟ ହୃଦୟରେ ଉଲ୍ଲାସ ଆଣେ କୌତୁକିଆ ପବନ।

ନିଜ ସ୍ଥାନରୁ ଶୀଘ୍ର ଚାଲି ଯାଉଥିବା କ୍ଷୁଦ୍ର ଝରଣା ପରି, ତୁମ୍ଭର ହୃଦୟର ଶୋକ ଅସ୍ୱାଭାବିକ କଳ୍ପନାର ସ୍ୱପ୍ନ ପରି ଚାଲିଯାଏ।

ଜୀବନ ପରିସରରେ ଦୁଃଖ, କ୍ଷଣସ୍ଥାୟୀ।

ଶରତ ଋତୁର ପତ୍ର ପରି ଝରି ପଡ଼େ ଝରଣାର କପାଳ ଉପରେ।

ଈଶ୍ୱରଂକର ଆଲୋକରେ, ବୃହତକାର ହ୍ରଦ ଶାନ୍ତ ଓ ନିସ୍ତବ୍ଧ ଥିଲା ପରି, ତୁମର ବିଚଳିତ ହୃଦୟ ରହିବ ଶାନ୍ତ।

ବାର୍ଦ୍ଧକ୍ୟ

ଜୀବନରେ କିଂଚିତ୍ ମାତ୍ର ଥାଏ ସନ୍ତୋଷ।

ପୃଥିବୀ ପୃଷ୍ଠର ନଦୀ ବହନ କରେ କେବଳ ଶୂନ୍ୟତା।

ମାତ୍ର, ମନୁଷ୍ୟ ଜୀବନର ନଦୀ, ଭଗବାନଂକର ସର୍ବୋତ୍ତମ ଉପହାର ମନୁଷ୍ୟ ପାଇଁ।

ଏବଂ ଯେଉଁ ବ୍ୟକ୍ତି ଜୀବନର ପ୍ରଚୁରତାକୁ ଆନନ୍ଦରେ ପାନ କରେ, ସେ ଏହାର ଯୋଗ୍ୟ।

ତଥାପି ସେ ଭଗବାନଂକୁ ପ୍ରାର୍ଥନା କରିବା ପାଇଁ କୁଂଠିତ।

ବରଂ ସେ କଦାଚିତ୍ ଯୋଗ୍ୟ ନ ହେଲେ ମଧ୍ୟ ଭଗବାନଂକୁ ମାଗେ ଅପର୍ଯ୍ୟାପ୍ତ ସମ୍ପତ୍ତି।

ତତ୍ ସତ୍ତ୍ୱେ, ସମ୍ପତ୍ତି ପ୍ରାପ୍ତି ଲକ୍ଷ୍ୟ ପୂର୍ଣ୍ଣ ହୋଇଗଲେ, ଦାସ ହୋଇଯାଏ ସେ ଭୟର ସ୍ୱପ୍ନର।

ଏ ସଂସାର ଏକ ସୁରା ଦୋକାନ ସଦୃଶ୍ୟ।

ଏବଂ ସ୍ୱୟଂ ସମୟ ଏହାର ଏକଚାଟିଆ ମାଲିକ।

ଏଠାରେ ମାତାଲ ମାନେ, ଅଳ୍ପ କିଛି ବଦଳରେ ମାଗନ୍ତି ପ୍ରଚୁର।

ଯୌବନ

ଏ ସଂସାରରେ ସୁରା ବୋଲି କିଛି ନାହିଁ।

କାରଣ ଏଠାରେ ଯେଉଁମାନେ ଖୋଜନ୍ତି, ପ୍ରକୃତି ବକ୍ଷରୁ ପାଆନ୍ତି ସେମାନେ ସର୍ବୋତ୍ତମ ପୁରସ୍କାର।

ମାତ୍ର ଆତ୍ମାର ମଦମତ୍ତତା ହିଁ ତାହାର ରୂପ।

ଚନ୍ଦ୍ରାଲୋକର ଆଶ୍ରୟଦାତା, ମେଘକୁ ଭେଦ କରି ତାହାର ଅବଲୋକନ କରିବା ଅନିବାର୍ଯ୍ୟ।

ମାତ୍ର ତାହା ସେ କରେ, ନିଜର ଆଗ୍ରହରେ।

ସଂସାର ବାସୀ ସମୟର ସୁରାକୁ ତିରସ୍କାର କରନ୍ତି, କାରଣ, ତାହାକୁ ଅମୃତ ମନେ କରି

ପାନ କରି ଯାଆନ୍ତି ଅଚିନ୍ତାରେ।
ଏବଂ ଗଭୀର ମାତ୍ର ଅଜ୍ଞାତ ଶୋକରେ ବୃଦ୍ଧ ବୟସକୁ ଦ୍ରୁତ ଗତିରେ ଆଗେଇ ଯାଆନ୍ତି।
ଦିଅ ମୋତେ ବଂଶୀ, ମୁଁ ବଜାଏଁ ଏବଂ ମୋର ଆତ୍ମା ମାଧମରେ ଝଂକୃତ ହେଉ ସଂଗୀତ,
କାରଣ ଐଶ୍ୱରୀକ ସଂଗୀତ ହିଁ ନଶ୍ୱର, ଅନ୍ୟାନ୍ୟ ସମସ୍ତ କ୍ଷଣସ୍ଥାୟୀ ମାତ୍ର।

ବାର୍ଦ୍ଧକ୍ୟ

ତୁମ ପାଇଁ ତୁମର ଶସ୍ୟ କ୍ଷେତ୍ର ଯେପରି ଗୁରୁତ୍ୱପୂର୍ଣ୍ଣ, ମନୁଷ୍ୟ ପାଇଁ, ଧର୍ମ ସେହିପରି ଅବଶ୍ୟମ୍ଭାବୀ।
କାରଣ ଏହା ବିଶ୍ୱାସୀ ବ୍ୟକ୍ତି ମାନଂକ ଦ୍ୱାରା କର୍ଷିତ ଏବଂ ଆଶାର ବୀଜ ଦ୍ୱାରା ରୋପିତ।
ନର୍କର ଅଗ୍ନି ପ୍ରତି ସଦା ଭୟଭୀତ, ନିରୀହ ବ୍ୟକ୍ତି ମାନଂକ ଦ୍ୱାରା ଏହା ଲାଳିତ ପାଳିତ।
ଧର୍ମକୁ ଧନ- ବିନିମୟର ଏକ ମାଧ୍ୟମ ରୂପେ ମନେ କରୁଥିବା, ଶୂନ୍ୟ-ସ୍ୱର୍ଣ ଓ ସମ୍ପତ୍ତି ଦ୍ୱାରା
ବଳବାନ୍ ବ୍ୟକ୍ତି ମାନଂକ ଦ୍ୱାରା ଏହା ହୋଇଥାଏ ପରିଚାଳିତ।
ସେମାନେ ସାଂସାରିକ ପୁରସ୍କାର ରୂପେ ଆକାଂକ୍ଷିତ କେବଳ ଲାଭ ପାଇଁ
ସେମାନଂକର ହୃଦୟ ସ୍ପନ୍ଦିତ ହେଉଥିଲେ ମଧ୍ଧ ନ ଥାଏ ତାହାର ନିଜର ଅସ୍ତିତ୍ୱ।
ଏବଂ ସେମାନଂକର ଆଧ୍ୟାତ୍ମିକତା-ପ୍ରଯୋଜିତ ଫସଲରେ ଆମଦାନୀ ହୁଏ, କେବଳ ମାତ୍ର
ଉପତ୍ୟକାର ଅଦରକାରୀ ବଣୁଆ ଘାସ।

ଯୌବନ

ଏହି ଐଶ୍ୱରୀକ କ୍ଷେତ୍ରରେ ନାହିଁ କୌଣସି ଧର୍ମ ଅବା ନାହିଁ କେହି ଧର୍ମର ବିରୋଧୀ।
ନାହିଁ ଏଠାରେ ବିଭିନ୍ନତା, ରଂଗ ବା ବର୍ଣ୍ଣର, କାରଣ କ୍ଷୁଦ୍ର ନାଇଟିଂଗଲ ପକ୍ଷୀଟି ଗାଇଲେ
ସବୁକିଛି ହୋଇଯାଏ, ସୁନ୍ଦର, ଆନନ୍ଦ ଏବଂ ଧର୍ମ।
ଆତ୍ମା ହୋଇଯାଏ ସନ୍ତୁଷ୍ଟ ଏବଂ ତୃପ୍ତ ଏବଂ
ଶାନ୍ତି ରୂପରେ ସେ ପାଇ ଯାଏ ତାହାର ପୁରସ୍କାର।
ଦିଅ ବଂଶୀ ମୁଁ ବଜାଏଁ, ପ୍ରାର୍ଥନା ମୋର ସଂଗୀତ ଏବଂ ପ୍ରେମ ମୋର ବୀଣାର ତାର।
ମୋର ବଂଶୀର ଉଚ୍ଚ ସ୍ୱର, ନିଶ୍ଚିତ ରୂପେ ଏହି
ନଗରୀ ଅଧିବାସୀଂକୁ ସୁଚାଇବ ସେମାନଂକର ଦୁଃଖ ଦୁର୍ଦ୍ଦଶା।

ବାର୍ଦ୍ଧକ୍ୟ

ଏହି ସାଂସାରିକ ନୀତି-ନିୟମ ଏତେ ବିଚିତ୍ର ଯେ

ତାହା ଆମକୁ ହସାଏ ଏବଂ କନ୍ଦାଏ ମଧ୍ୟ।
ଦୁର୍ବଳ ଅପରାଧୀଟି ସଂକୀର୍ଣ୍ଣ ବନ୍ଦୀଗୃହରେ ଅପେକ୍ଷାରତ, ତାହାର ମୃତ୍ୟୁ ପାଇଁ।
ମାତ୍ର ସୁନା-ରୂପା ଆଢୁଆଳରେ ଦୋଷ ଲୁଚାଇ ରଖି ପାରୁଥିବା
ଧନୀ ବ୍ୟକ୍ତି ମାନେ ହୁଅନ୍ତି ସମ୍ମାନିତ ତଥା ପାଆନ୍ତି ଗୌରବ।

ଯୌବନ

ଏ ସଂସାରରେ ସବୁକିଛି ନ୍ୟାୟସଂଗତ।
ପ୍ରକୃତି କାହାକୁ ବାଛ ବିଚାର କରେ ନାହିଁ ଅବା
କାହାରି ପକ୍ଷପାତିତା କରେ ନାହିଁ, ଅବା କାହାର ବିରୋଧ ମଧ୍ୟ କରେ ନାହିଁ।
ଗଛ ଗୁଡ଼ିକ ବୃଦ୍ଧି ପାଆନ୍ତି ନିଜ ଇଚ୍ଛା ଅନୁସାରେ,
ମାତ୍ର ପବନ ବହିଲେ, ସମସ୍ତେ ଦୋହଲନ୍ତି।
ଏହି ସଂସାର ତୁଷାର ସଦୃଶ୍ୟ, କାରଣ, ସେ ସମସ୍ତଂକୁ ଆବୃତ୍ତ କରି ରଖେ,
ଏବଂ ସୂର୍ଯ୍ୟ ଦୃଶ୍ୟମାନ ହେଲେ, ସମସ୍ତ ସାଂସାରିକ ବସ୍ତୁ,
ପ୍ରାପ୍ତ କରନ୍ତି, ଶକ୍ତି, ସୁବାସ ତଥା ସୌନ୍ଦର୍ଯ୍ୟ।
ଦିଅ ମୋତେ ମୋର ବଂଶୀ, ମୁଁ ବଜାଏଁ, କାରଣ ଈଶ୍ୱରଂକ ସ୍ତୁତିଗାନ ହିଁ ସବୁ କିଛି।
ଏବଂ ବଂଶୀ-ସ୍ୱରର ସତ୍ୟତା ଚିରସ୍ଥାୟୀ ମାତ୍ର ମନୁଷ୍ୟ ଏବଂ ତାହାର ଅପରାଧ କ୍ଷଣସ୍ଥାୟୀ।

ବାର୍ଦ୍ଧକ୍ୟ

ଏହି ନଗରୀବାସୀ ମାନେ ବାର୍ଦ୍ଧକ୍ୟତା ଜନିତ କ୍ରୋଧରେ ପିଡ଼ୀତ,
ଏବଂ ଅତ୍ୟାଚାରୀ ମାନଂକ ଜାଲରେ ଆବଦ୍ଧ।
ସିଂହର ବାସସ୍ଥଳୀରେ, ରହିଥାଏ ତାହାର ଗନ୍ଧ, ଏଣୁ ଗୁମ୍ଫାରେ
ସିଂହ ଥାଉ କି ନ ଥାଉ, ଚତୁର ଶୃଗାଳ କଦାଚିତ୍ ଯାଏ ନାହିଁ ସେଠାକୁ।
ତାରକା ଟି ସର୍ବବ୍ୟାପୀ ଥିଲେ ମଧ୍ୟ, ଅତ୍ୟନ୍ତ ଭୀରୁ,
ମାତ୍ର ଇଗଲ ପକ୍ଷୀଟି ମୃତ୍ୟୁ ଆସନ୍ନ ସ୍ଥିତିରେ ମଧ୍ୟ ଗର୍ବିତ।
କେବଳ ମାତ୍ର ଆତ୍ମାର ଶକ୍ତି ହିଁ ସର୍ବଶକ୍ତିମାନ୍ ଏବଂ ତାହାକୁ
ବିରୋଧ କରୁଥିବା ସମସ୍ତ ବସ୍ତୁ ଦିନେ ନା ଦିନେ ଧୂଳିସାତ୍ ହେବେ।
ଏଣୁ ସେପରି ବ୍ୟକ୍ତି ମାନଂକୁ ଦୋଷୀ ସାବ୍ୟସ୍ତ ନ କରି ବରଂ ଦୟା କର,
ସେହି ଅତ୍ୟାଚାରୀ ମାନଂକର ଅବିଶ୍ୱାସ, ଅଜ୍ଞାନତା, ଦୁର୍ବଳତା ଏବଂ ଶୂନ୍ୟତା ପାଇଁ।

ଯୌବନ

ସଂସାର କ୍ଷେତ୍ର ଦେଖେ ନାହିଁ କାହାକୁ ଦୁର୍ବଳ ଅବା ଶକ୍ତିଶାଳୀ ଭାବରେ।
କାରଣ ପ୍ରକୃତି ପାଇଁ ସମସ୍ତେ ଏକ ସମାନ ଏବଂ ଶକ୍ତିବାନ୍।
ସିଂହଟି ଗର୍ଜନ କରିଲେ, ସେ କହେ ନାହିଁ; ସେଇଟା ଭୟଂକର ପଶୁ, ଚାଲ ପଳାଇ ଯିବା।
ପୃଥିବୀରେ ମନୁଷ୍ୟର ସଂକ୍ଷିପ୍ତ ତଥା ଦୁଃଖପୂର୍ଣ୍ଣ ରହଣୀ କାଳରେ,
ତାହାର ଛାୟା ଦ୍ରୁତ ଗତିରେ ଅଗ୍ରସର ହୋଇ,
ପରିଶେଷରେ ଚିନ୍ତାର ବିରାଟ ଆକାଶରେ ଆସି ବିଶ୍ରାମ ନିଏ।
ପୃଥିବୀ ବକ୍ଷରେ ଶରତ ଋତୁର ପତ୍ର ଆସି ପଡ଼ିଲା ପରି
ସମସ୍ତେ ପୁଣି ତାଂକର ପୁନର୍ଜନ୍ମରେ ଆବିର୍ଭାବ ହେବେ ରଂଗ ବେରଂଗ ବସନ୍ତ ଋତୁରେ।
ଏବଂ ମନୁଷ୍ୟର ବସ୍ତୁବାଦିତାର ଲକ୍ଷ୍ୟ ପୂର୍ଣ୍ଣ ହେଲେ ଏହି ନୂତନ ବୃକ୍ଷର
ପତ୍ର ଭାବରେ ଏକ ସବଳ ଜୀବନ ନେଇ ବଂଚି ରହିବେ, ଏହି ସଂସାରରେ।
ଦିଅ ମୋତେ ମୋର ବଂଶୀ, ଗାଏଁ ମୁଁ ଗୀତ।
କାରଣ ମୋର ଗୀତ, ଆତ୍ମାରେ ଯେଉଁ ଶକ୍ତି ଆଣିବ
ସେହି ସ୍ୱର୍ଗୀୟ ବଂଶୀ ସଦା ଆକାଂକ୍ଷିତ ହୋଇ ରହିବ।
ମାତ୍ର ମନୁଷ୍ୟ ଏବଂ ତାହାର ଲୋଭ ଅତି ଶୀଘ୍ର ଧ୍ୱଂସପ୍ରାପ୍ତ ହୋଇଯିବେ।

ବାର୍ଦ୍ଧକ୍ୟ

ମନୁଷ୍ୟ ଆଜି ଯଦି ଦୁର୍ବଳ, ତା ପାଇଁ ସେ ନିଜେ ଦାୟୀ।
କାରଣ ଐଶ୍ୱରୀକ ନିୟମ ପଦ୍ଧତିକୁ ନିଜର ସଂକୀର୍ଣ୍ଣ ଶୈଳୀକୁ
ରୂପାନ୍ତରିତ କରିବାରେ ଅହରହ ଲାଗି ରହିଛି ସେ।
ତାହାର ସଦା ଆକାଂକ୍ଷିତ ସମାଜର ନିୟମ ଦ୍ୱାରା ପ୍ରସ୍ତୁତ
କଠିନ ଲୁହା ବେଡ଼ି ଦ୍ୱାରା ନିଜକୁ ବାନ୍ଧି ରଖିଛି ସେ।
ମାତ୍ର ତାହା କରିବା ଦ୍ୱାରା, ତାହାର ସନ୍ତାନ-ସନ୍ତତି ପାଇଁ
ଯେଉଁ ଦୁର୍ଗତି ଆଣିଛି ତାହା ଗ୍ରହଣ କରିବାକୁ ପ୍ରସ୍ତୁତ ନୁହେଁ ସେ।
ପୃଥିବୀ ପୃଷ୍ଠରେ, ମନୁଷ୍ୟ କଳହର ଯେଉଁ ବନ୍ଦିଶାଳା ଠିଆ କରାଇଛି
ସେଠାରୁ ସେ ନିଜେ ମୁକ୍ତି ପାଇପାରିବ ନାହିଁ,
ଏବଂ ଏହି ଦୁର୍ଦ୍ଦଶା ସ୍ୱଇଚ୍ଛାରେ ଆଣିଛି ସେ।

ଯୌବନ

ପ୍ରକୃତି ପାଇଁ ସମସ୍ତେ ଜୀବନ୍ତ, ସମସ୍ତେ ସ୍ୱାଧୀନ।
ମନୁଷ୍ୟର ସାଂସାରିକ ଗୌରବ ଏକ ଶୂନ୍ୟ ସ୍ୱପ୍ନ ମାତ୍ର,
ଏବଂ ତାହା ପଥୁରିଆ ଝରଣାର ଫୋଟକା ସଦୃଶ୍ୟ ଅଦୃଶ୍ୟ ହୋଇଯାଏ ଅତି ଶୀଘ୍ର।
ଆଲମଣ୍ଡ ବୃକ୍ଷ, ତଳେ ଥିବା କ୍ଷୁଦ୍ର ଗଛ ଉପରେ ତାହାର ପୁଷ୍ପ ବୃଷ୍ଟିକରି କହେ ନାହିଁ,
ଦେଖ ମୁଁ କେତେ ଧନୀ, ସେମାନେ କେତେ ଦରିଦ୍ର।
ଦିଅ ମୋତେ ମୋର ବଂଶୀ, ଗାଏଁ ମୁଁ ଗୀତ,
ଏବଂ ମୋର ଆତ୍ମା ମାଧମରେ ନିସୃତ ହେଉ ସଂଗୀତ।
ଈଶ୍ୱରଂକ ସଂଗୀତର ମାଧୁର୍ଯ୍ୟ, ପାଏ ନାହିଁ,
ଅନ୍ୟ ପକ୍ଷେ, ପୃଥିବୀର ଅନ୍ୟ ସବୁ ବୃଥା ଓ ତୁଚ୍ଛ।

ବାର୍ଦ୍ଧକ୍ୟ

ମନୁଷ୍ୟ ମାନଂକର ଦୟା, ମୂଲ୍ୟବାନ୍ ମୁକ୍ତା ନ ଥିବା ଏକ ଶୂନ୍ୟ ଶାମୁକାର ଖୋଳ ମାତ୍ର।
ମନୁଷ୍ୟ ବଂଚି ରହେ, ଦୁଇଟି ହୃଦୟ ନେଇ।
କ୍ଷୁଦ୍ର ହୃଦୟଟି ଗଭୀର କୋମଳତା ଯୁକ୍ତ ତଥା ଅନ୍ୟଟି କଠିନ ଲୌହ ନିର୍ମିତ।
ହୃଦୟର କୋମଳତା କାମ କରେ ଢାଲର ଏବଂ ବଦାନ୍ୟତା କାମ କରେ ତରବାରୀର।

ଯୌବନ

ଏ ସଂସାର କ୍ଷେତ୍ର ଏକ ବିରାଟ ହୃଦୟ ସଦୃଶ୍ୟ।
କ୍ଷୁଦ୍ର ୟୌଲ ବୃକ୍ଷଟି ବିରାଟ ଓକ୍ ବୃକ୍ଷ ତଳେ ବୃଦ୍ଧି ପାଇ ମଧ୍ୟ
ଓକ୍ ର ବିଶାଳତା ଓ ଶକ୍ତି ପାଇଁ ଭୟଭୀତ ନ ଥାଏ ସେ କଦାଚିତ୍।
ମୟୁରଟିର ବାହ୍ୟ ପରିଚ୍ଛଦ ଅତ୍ୟନ୍ତ ମନୋରମ, ମାତ୍ର ମୟୁର ନିଜେ ଜାଣେ ନାହିଁ, ସେ ସୁନ୍ଦର କି କୁତ୍ସିତ।
ଦିଅ ମୋତେ ବଂଶୀ ମୁଁ ବଜାଏଁ, ଏବଂ ମୋର ଆତ୍ମା ମାଧମରେ, ସଂଗୀତ ହେଉ ସଦା ଝଂକୃତ।
କାରଣ, ସଂଗୀତ ହେଉଛି ବୀନିତ ବ୍ୟକ୍ତି ମାନଂକର, ଈଶ୍ୱରଂକ ଉଦ୍ଯୋଶିତ ସ୍ରୋତ
ଏବଂ ତାହା, ବଳବାନ୍ ତଥା ଦୁର୍ବଳ ମାନଂକ ଠାରୁ ମଧ୍ୟ ଅଧିକ ଶକ୍ତିଶାଳୀ।

ବାର୍ଦ୍ଧକ୍ୟ

ଅସତ୍ୟ ବୋଲି ଜାଣି ମଧ, ନଗରବାସୀ ମାନେ ବୁଦ୍ଧିମାନ୍ ତଥା ଜ୍ଞାନୀ ହେବାର ଛଳନା କରନ୍ତି।
କାରଣ ଅନୁକରଣ କରିବାରେ ସେମାନେ ପାରଂଗମ।
ବିନିମୟ ବ୍ୟାପାରରେ ଲାଭ ବା କ୍ଷତି ନ ଥିବାର ସେମାନେ ଭଲ ଭାବରେ ଜାଣନ୍ତି।
ମୂର୍ଖ ବ୍ୟକ୍ତିଟି ନିଜକୁ ସମ୍ରାଟ୍ ବୋଲି ମନେ କରେ।
ସ୍ୱପ୍ନକୁ କେହି ବଦଳାଇ ପାରିବେ ନାହିଁ।
ଅହଂକାରୀ ବ୍ୟକ୍ତିଟି ଭୁଲରେ, ନିଜର ଆଇନାକୁ ଆକାଶ
ଏବଂ ନିଜର ଛାଇକୁ ସ୍ୱର୍ଗର ଚନ୍ଦ୍ର ବୋଲି ମନେ କରେ।

ଯୌବନ

ଏହି ସଂସାର କ୍ଷେତ୍ରରେ ସୁନ୍ଦର ଅବା ଚତୁର ବ୍ୟକ୍ତି ବାସ କରନ୍ତି ନାହିଁ।
କାରଣ, ସୌନ୍ଦର୍ଯ୍ୟ ଅବା ମାଧୂର୍ଯ୍ୟର ପ୍ରୟୋଜନୀତା ନାହିଁ ପ୍ରକୃତିର।
ବୋହି ଯାଉଥିବା ଝରଣାଟି ମଧୁର ଅମୃତ ସଦୃଶ୍ୟ।
ତାହା ବିସ୍ତାରିତ ହୋଇ ସ୍ଥିର ହୋଇଗଲେ ନିଜର ତଥା
ପଡ଼ୋଶୀ ମାନଂକର ସତ୍ୟତାକୁ ପ୍ରତିବିମ୍ବିତ କରିଥାଏ।
ଦିଅ ମୋତେ ମୋର ବଂଶୀ ମୁଁ ବଜାଏ ଏବଂ
ମୋର ଆତ୍ମା ମାଧମ ରେ ଝଂକୃତ ହେଉ ସଂଗୀତ।
ସୁରାର ସ୍ୱର୍ଣ୍ଣ ପାତ୍ର ଠାରୁ ମଧ ଅଧିକ ଐଶ୍ୱରୀକ ମୋର ଏହି ବିଳାପିତ ବଂଶୀ।

ବାର୍ଦ୍ଧକ୍ୟ

ଯେଉଁ ପ୍ରେମ ପାଇଁ ମନୁଷ୍ୟ ସଂଘର୍ଷ କରି ମୃତ୍ୟୁ ବରଣ କରେ,
ତାହା, ଫଳ ଧାରଣ କରି ପାରୁ ନଥିବା ଗୁଳ୍ମ ସଦୃଶ୍ୟ।
ଆତ୍ମାର ବିରାଟ୍ ଶୋକ ସଦୃଶ୍ୟ ସଂପୂର୍ଣ୍ଣ ପ୍ରେମ ହିଁ
ହୃଦୟକୁ ସଜୀବ କରାଇ ସୁବୁଦ୍ଧି ଜାଗ୍ରତ କରାଇ ପାରିବ।
ପୁଣି ସେହି ପ୍ରେମର ଅପବ୍ୟବହାର ହୁଏ ଅତ୍ୟନ୍ତ ଦୁଃଖଦାୟକ,
ଏବଂ କୃଷ୍ଣକାୟ କଳା ମେଘର ପୂର୍ବସୂଚକ ମାନବିକତା ଦ୍ୱାରା
ପରିଚାଳିତ ହୋଇ ଯଦି ପ୍ରେମକୁ ଧର୍ମ ବିଶ୍ୱାସହୀନତା ଆଡ଼କୁ ଯିବାକୁ ହୁଏ,
ତେବେ ସେଠାରେ ସେ ରହିବ ନାହିଁ କଦାଚିତ୍

କାରଣ, ବିନା ଆଘାତରେ ନିଜକୁ ଧରା ପକାଇବାକୁ ଇଚ୍ଛୁକ, ଏକ ପକ୍ଷୀ ସଦୃଶ୍ୟ, ପ୍ରେମ।

ଯୌବନ

ପ୍ରେମର ସିଂହାସନ ହାସଲ କରିବା ପାଇଁ ଯୁଦ୍ଧ କରେ ନାହିଁ ଏହି ସଂସାର କ୍ଷେତ୍ର।
କାରଣ ପ୍ରେମ ଏବଂ ସୌନ୍ଦର୍ଯ୍ୟ, ଶାନ୍ତିପୂର୍ଣ୍ଣ ସହାବସ୍ଥାନ କରନ୍ତି ସର୍ବଦା।
ପ୍ରେମର ଅନୁସନ୍ଧାନ କରିଲେ, ତାହା ମାଂସ ଓ ହାଡ଼ ମଧ୍ୟସ୍ଥିତ ଏକ ରୋଗ ପରି ଜଣାପଡ଼େ।
ଏବଂ ଯୌବନ ଅତିବାହିତ ହୋଇ ଗଲେ, ବିଚକ୍ଷଣ ମାତ୍ର ଦୁଃଖପୂର୍ଣ୍ଣ ଜ୍ଞାନ ଆଣେ ସେ।
ଦିଅ ମୋର ବଂଶୀ ମୁଁ ବଜାଏଁ, ଏବଂ ମୋର ଆତ୍ମା ମାଧ୍ୟମରେ ଝଂକୃତ ହେଉ ସଂଗୀତ।
କାରଣ ସ୍ୱର୍ଗରୁ ସୁନ୍ଦରତା ସହିତ ଅବରୋହଣ କରିଥିବା, ଈଶ୍ୱର ଦତ୍ତ, ପ୍ରେମର ଏକ ଶକ୍ତିଶାଳୀ ଅସ୍ତ୍ର ତାହା।

ବାର୍ଦ୍ଧକ୍ୟ

ସ୍ୱର୍ଗୀୟ ଆଲୋକର ସତ୍ୟତା ମାଧ୍ୟମରେ ପ୍ରେମ ଯାହାକୁ ପରିଦର୍ଶନ କରେ
ଏବଂ ଯାହା ମଧ୍ୟରେ କ୍ଷୁଧା ଏବଂ ତୃଷା ସେହି ପ୍ରେମକୁ ରକ୍ଷା କରିଥାଏ
ସେହି ଯୌବନ ହିଁ ଈଶ୍ୱରଂକର ପ୍ରକୃତ ସନ୍ତାନ, ତଥାପି ଲୋକମାନେ କହନ୍ତି, ସେ ପାଗଳ।
ପ୍ରେମରୁ କିଛି ଫାଇଦା ଉଠାଇ ପାରେ ନାହିଁ ଏବଂ ସେ ଯାହାକୁ ପ୍ରେମ କରେ,
ସୌନ୍ଦର୍ଯ୍ୟ ବୋଲି ତାହାର କିଛି ନ ଥାଏ, ଏବଂ ତାହାର ଦୁଃଖ ଓ ଯନ୍ତ୍ରଣା
ତାହା ପାଇଁ କିଛି ଭଲ ଆଣିପାରେ ନାହିଁ।
ଦୟା କର ସେହି ଅଜ୍ଞାନୀ ମାନଂକୁ, କାରଣ
ଜନ୍ମର ପୂର୍ବାବସ୍ଥାରୁ ସେମାନଂକର ଆତ୍ମାର ହୋଇ ଯାଇଛି ମୃତ୍ୟୁ।

ଯୌବନ

ଏହି ସଂସାରରେ ନ ଥାଆନ୍ତି କେହି ଜଗୁଆଳୀ ଅବା ବାସ କରନ୍ତି ନାହିଁ କେହି ନିନ୍ଦୁକ,
ଏବଂ ପ୍ରକୃତି ରଖେ ନାହିଁ କୌଣସି ଗୋପନୀୟତା।
କ୍ଷୁଦ୍ର କୃଷ୍ଣସାର ମୃଗଟି ସନ୍ଧ୍ୟା ହେଲେ ଆନନ୍ଦ ମନରେ ଡେଇଂ ବୁଲୁଥାଏ।
ମାତ୍ର ଈଗଲ ପକ୍ଷୀ ତାହାକୁ ଦେଖି ମଧ୍ୟ ହସେ ନାହିଁ ଅବା କ୍ରୋଧିତ ହୁଏ ନାହିଁ।
ମାତ୍ର ସଂସାରର ସବୁକିଛି ଦେଖାଯାଏ ଏବଂ ଦେଖା ଜଣା ଯାଉଥାଏ ପରିଷ୍କାର ରୂପେ।
ଦିଅ ମୋତେ ମୋର ବଂଶୀ ମୁଁ ବଜାଏଁ, ଏବଂ ମୋର ଆତ୍ମା ମାଧ୍ୟମରେ ଝଂକୃତ ହେଉ ସଂଗୀତ।

କାରଣ ସଂଗୀତ, ସ୍ଵର୍ଗ ଠାରୁ ଏକ ଆନନ୍ଦ ଏବଂ ଈଶ୍ୱରଂକ ଠାରୁ ଏକ ଚୁମ୍ବନ ରୂପୀ ହୃଦୟର ଏକ ମହାନ୍ ଆଶୀର୍ବାଦ।

ବାର୍ଦ୍ଧକ୍ୟ

ଆକ୍ରମଣକାରୀ ମାନଂକର ମହାନତା ଭୁଲିଯାଇ ମନେ ରଖୁଁ ତାଂକର କ୍ରୋଧ ଏବଂ ପାଗଳାମୀ।
ଆଲେକ୍‌ଜଣ୍ଡାରଂକ ହୃଦୟ ରୁ ନିଃସୃତ ହୁଏ ବିଜୟ କରିବାର ଲାଳସା
ଏବଂ କାଏସଂକ ହୃଦୟ ମାଧ୍ୟମରେ ଅଜ୍ଞାନତାର ହୋଇଥିଲା ପରାଜୟ।
ଆଲେକ୍‌ଜଜଣ୍ଡାରଂକର ବିଜୟ ସଫଳତା ପରାଜୟ ବ୍ୟତୀତ ନୁହେଁ ଆଉ କିଛି।
କାଏସଂକର ଉତ୍ପୀଡ଼ନା, ତାଂକର ବିଜୟ ତଥା ଗୌରବ।
ପ୍ରେମର ନିଦର୍ଶନ, ଶରୀର ମାଧ୍ୟମରେ ନ କରି ଆତ୍ମା ମାଧ୍ୟମରେ କରାଯିବା ଉଚିତ।
କାରଣ ଏହା ସୁରା ଜନିତ ମୃତ୍ୟୁ ପରିବର୍ତ୍ତେ ହୃଦୟକୁ ଜୀବନ୍ତ କରିବା ପାଇଁ ଉଦ୍ଦିଷ୍ଟ।

ଯୌବନ

ପ୍ରେମିକା ପ୍ରତି ପ୍ରେମିକର ସ୍ମୃତି ସଦା ଭାସମାନ ଏହି ସଂସାରରେ।
ମାତ୍ର, ଅତ୍ୟାଚାରୀ ମାନଂକର କାର୍ଯ୍ୟ ପାଇଁ କେହି ନ ଥାଆନ୍ତି ଚିନ୍ତିତ।
କାରଣ ଅତ୍ୟାଚାରୀର ଦୋଷ, ଦୁର୍ବଳତା
ଇତିହାସର ଜୀବନ୍ତ ପୃଷ୍ଠାରେ ଥାଏ ଲିପିବଦ୍ଧ ହୋଇ।
ଏବଂ ପ୍ରେମ, ଏ ସଂସାରର ସମସ୍ତ ଅସ୍ତିତ୍ୱର ଏକ ଐଶ୍ୱରୀକ ପୂଜା ପାଠ ସଦୃଶ୍ୟ।
ଦିଅ ମୋତେ ମୋର ବଂଶୀ ମୁଁ ବଜାଏଂ,
ଏବଂ ମୋର ଆତ୍ମା ମାଧ୍ୟମରେ ଝଂକୃତ ହେଉ ଏହି ସଂଗୀତ।
ଭୁଲି ଯାଅ ଅତ୍ୟାଚାରୀ ମାନଂକର ନିଷ୍ଠୁରତା।
ରଜ୍ଜ ବା ନୂତନ ବିଷ ନୁହେଁ, ବରଂ ଶିଶିରକୁ
ଧାରଣ କରିବା ପାଇଁ, ଏକ ପାତ୍ର ରୂପେ ସୃଷ୍ଟ, କଇଁ ଫୁଲଟିର।

ବାର୍ଦ୍ଧକ୍ୟ

ସତ୍ୟ ମାତ୍ର ଏକ ଚଳନ୍ତମାନ ପ୍ରେତ।
ଏହା ଜାଣି ସୁଦ୍ଧା ମନୁଷ୍ୟ, ଯେ କୌଣସି ପ୍ରକାରେ,
ସ୍ୱର୍ଣ୍ଣ କିମ୍ବା ସମୟ ରୂପରେ ତାହାକୁ ପାଇବା ପାଇଁ ସଦା ଆକାଂକ୍ଷିତ।

ମାତ୍ର ଏହି ପ୍ରେତରୂପୀ ସୁଖ ପ୍ରାପ୍ତି ପରେ ତାହା ପ୍ରତି ହୋଇଯାଏ ଅନାସକ୍ତ।
ଧୂଳି ଉଡ଼ାଇ ଧାବମାନ ହେଲା ପରି ନଦୀ ଅଗ୍ରସର ହୁଏ କ୍ଷୀପ୍ର ଗତିରେ।
ନିଷିଦ୍ଧ ବସ୍ତୁ ପାଇବା ପାଇଁ ମନୁଷ୍ୟ ସଦା ଆକାଂକ୍ଷିତ
ଏବଂ ତାହାର ପ୍ରାପ୍ତିରେ ଲାଳସା ହୁଏ ପ୍ରଶମିତ।
ନିଜ ପାଇଁ ଅପରାଧକୁ ନିମନ୍ତ୍ରଣ କରୁଥିବା ବସ୍ତୁ ଠାରୁ
ଦୂରେଇ ରହୁଥିବା ବ୍ୟକ୍ତିକୁ ସର୍ବଦା ପ୍ରେମ ଦୃଷ୍ଟିରେ ଦେଖ।
କାରଣ ଈଶ୍ୱରଂକୁ ସଂରକ୍ଷଣ କରି ରଖିଛି ସେ ନିଜ ହୃଦୟ ମଧ୍ୟରେ।

ଯୌବନ

ଇଚ୍ଛା ଏବଂ ଲାଳସା ଶୂନ୍ୟ ଜୀବନ ହିଁ ଅତ୍ୟନ୍ତ ସୁନ୍ଦର ଏବଂ ବାସନା ପ୍ରତି ନ ଥାଏ ଧ୍ୟାନ ତାହାର।
ଏବଂ ଆଶା କରେ ନାହିଁ କିଛି ପାଇବାକୁ, କାରଣ ସର୍ବଶକ୍ତିମାନ୍ ଈଶ୍ୱର ସବୁକିଛି ଦେଇଛନ୍ତି ତାହାକୁ।
ଦିଅ ମୋତେ ମୋର ବଂଶୀ ମୁଁ ବଜାଏଁ, ଏବଂ ମୋର ସଂଗୀତରେ ଝଂକୃତ ହେଉ ସଂଗୀତ।
ସଂଗୀତ ହିଁ ପ୍ରେମ, ଆଶା ଏବଂ ଆକାଂକ୍ଷା, ଝଂକୃତ ବଂଶୀଟି ଆଲୋକ ତଥା ବହ୍ନି ସଦୃଶ୍ୟ।

ବାର୍ଦ୍ଧକ୍ୟ

ଆତ୍ମାର ଉଦ୍ଦେଶ୍ୟ ଲୁକ୍କାୟିତ ହୃଦୟ ମଧ୍ୟରେ।
ବାହ୍ୟରୂପରେ ଆକଳନ କରାଯାଇ ପାରିବ ନାହିଁ ତାହାର, କୌଣସି ପ୍ରକାରେ।
କେହି କେହି କହିବାର ଶୁଣାଯାଏ, ପୂର୍ଣ୍ଣତା ପ୍ରାପ୍ତ ପରେ, ଜୀବନ ଠାରୁ ବିଛିନ୍ନ ହୋଇଯାଏ ଆତ୍ମା।
କାରଣ ଏହାକୁ ଫଳ ମନେ କରାଗଲେ ଈଶ୍ୱରଂକ ପବନର ଶକ୍ତି ଦ୍ୱାରା ବୃକ୍ଷରୁ ବିଛିନ୍ନ ହେବା ନିଶ୍ଚିତ।
ଅନ୍ୟ ଜଣେ ହୁଏ ତ କହିପାରେ, ମୃତ୍ୟୁର କୋଳରେ ଶରୀର ବିଶ୍ରାମ ନେଲେ ଆତ୍ମା ତାହାକୁ ଛାଡ଼ି ଚାଲିଯାଏ।
ଠିକ୍ ଯେପରି ହ୍ରଦର ଶଯ୍ୟା ଶୁଖିଗଲେ ତାହା ଉପରର ଛାଇ ଅଦୃଶ୍ୟ ହୋଇଯାଏ।
ମାତ୍ର ଆତ୍ମାର ଜନ୍ମ ନୁହେଁ ଧ୍ୱଂସ ପାଇବା ପାଇଁ, ବରଂ ସଦା ସର୍ବଦା ସଜୀବ ରହିବା ପାଇଁ।
କାରଣ ଉତ୍ତରା ପବନ ତାହାକୁ ଉଡ଼ାଇ ନେଲେ ମଧ୍ୟ,
ଦକ୍ଷିଣା ପବନ ଫେରାଇଆଣେ ତାହାର ହୃତ ସୌନ୍ଦର୍ଯ୍ୟ।

ଯୌବନ

ଶରୀର ଓ ଆତ୍ମା ମଧ୍ୟରେ ପ୍ରଭେଦ ଦେଖେ ନାହିଁ, ଏ ସଂସାର।
ମେଘ ଆଚ୍ଛାଦିତ ଥାଉ ଅବା ମୁକ୍ତ ଥାଉ, ସମୁଦ୍ର ପାଇଁ, କୁହୁଡି, ଅବା ଶିଶିର, ସମସ୍ତେ ଏକ।
ଦିଅ ମୋତେ ମୋର ବଂଶୀ ମୁଁ ବଜାଏଂ ଏବଂ
ମୋର ଆତ୍ମା ମାଧ୍ୟମରେ ଝଂକୃତ ହେଉ ସଂଗୀତ,
କାରଣ ସଂଗୀତ ହିଁ ଆତ୍ମା ଓ ଶରୀରର ସବୁକିଛି,
ଏବଂ ଏହା ସ୍ୱର୍ଣ ପାତ୍ର ମଧ୍ୟରୁ ଆସିଥାଏ।

ବାର୍ଦ୍ଧକ୍ୟ

ଶରୀର, ଆତ୍ମାର ଶାନ୍ତିର ଗର୍ଭାଶୟ, ଏବଂ ଆଲୋକର ଜନ୍ମ ପର୍ଯ୍ୟନ୍ତ, ବିଶ୍ରାମ ନିଏ ସେଠାରେ।
ମନୁଷ୍ୟ ଶରୀର ମଧ୍ୟରେ, ଆତ୍ମା ଏକ ଭ୍ରୁଣ ସଦୃସ୍ୟ।
ଏବଂ ମୃତ୍ୟୁ ଦିବସ, ପ୍ରକୃତରେ ଜାଗରଣ ଦିବସ କାରଣ,
ଏହା ଯୁଗାନ୍ତକାରୀ ଶ୍ରମର ପରିଣାମ ଏବଂ ସୃଷ୍ଟିର ମୁଲ୍ୟବାନ ମୁହୂର୍ତ୍ତ।
ମାତ୍ର ନିଷ୍ଠୁରତାର ଅନୁର୍ବରତା ଆତ୍ମାର ମସ୍ତିଷ୍କର
ଉର୍ବରତାରେ ଅନଧିକାର ହସ୍ତକ୍ଷେପ କରିଥାଏ।
ଅଛନ୍ତି କି ଏପରି ଫୁଲ, ଯେ ଜନ୍ମରୁ ଅସୁଗନ୍ଧିତ?
ଆକାଶରେ କେତେ ମେଘ ଅଛନ୍ତି ଯେ ମୁକ୍ତା ରୂପୀ ବର୍ଷା ଜଳ ଢାଳିବାରେ ଅକ୍ଷମ?

ଯୌବନ

ଏହି ସଂସାର କ୍ଷେତ୍ରରେ ଅନୁର୍ବର ନୁହେଁ କୌଣସ ଆତ୍ମା।
ଏବଂ ଅନଧିକୃତ ପ୍ରବେଶକାରୀ, କରି ପାରିବେ ନାହିଁ ତାହାଂକୁ ଆକ୍ରମଣ।
ସୃଷ୍ଟିର ପ୍ରାରମ୍ଭରୁ, ଖଜୁରୀ ହୃଦୟସ୍ଥିତ ବୀଜ
ଧାରଣ କରିଥାଏ ତାଳ ବୃକ୍ଷର ଗୋପନୀୟତା, ଦିଅ ମୋତେ ମୋର ବଂଶୀ ମୁଁ ବଜାଏଁ,
ଏବଂ ମୋର ଆତ୍ମା ମାଧ୍ୟମରେ ଝଂକୃତ ହେଉ ସଂଗୀତ।
କାରଣ ସଂଗୀତ ଏକ ଏପରି ହୃଦୟ,
ଯାହା ପ୍ରେମ ସହିତ ବୃଦ୍ଧି ପାଇ ବସନ୍ତ ସଦୃଶ୍ୟ ବୋହିଯାଏ।

ବାର୍ଦ୍ଧକ୍ୟ

ପୃଥିବୀର ପୁତ୍ର ପାଇଁ, ମୃତ୍ୟୁ ତାହାର ସମାପ୍ତି।
ମାତ୍ର ଆତ୍ମା ପାଇଁ ତାହାର ଜୀବନର ସଫଳ ଯାତ୍ରାର ଏହା ଅୟମାରମ୍ଭ ମାତ୍ର।
ଯେଉଁ ବ୍ୟକ୍ତି ତାହାର ଅନ୍ତର୍ଦୃଷ୍ଟି ଦ୍ୱାରା ସତ୍ୟତାର ଉଷାକୁ ଆଲିଂଗନ କରେ
ସେ ସର୍ବଦା କୁଳୁ ନାଦ କରି ବୋହି ଯାଉଥିବା ଝରଣାଟି ପରି ସଦା ଉଲ୍ଲସିତ ରହି ପାରିବ।
ମାତ୍ର, ସ୍ୱର୍ଗର ଦିବାଲୋକରେ ମଧ୍ୟ ଯେ ସୁପ୍ତ ତାହାର ପ୍ରିୟ,
ଅନନ୍ତ ଅନ୍ଧକାରରେ ସେ ଧ୍ୱଂସ ହୋଇ ଯିବାର ସୁନିଶ୍ଚିତ।
ଜାଗ୍ରତାବସ୍ଥାରେ ଯେ ପୃଥିବୀକୁ ଧରି ରଖିଥାଏ ଏବଂ
ଈଶ୍ୱରଂକ ନିକଟବର୍ତ୍ତୀ ପ୍ରକୃତିକୁ ଯେ ଆଲିଂଗନ କରିପାରେ,
ତେବେ, ଈଶ୍ୱରଂକର ସେହି ପୁତ୍ର ଏକ ଅଣ ଓସାରିଆ ଝରଣାକୁ
ଅତିକ୍ରମ କରିବା ପରି, ସେ ମୃତ୍ୟୁର ଉପତ୍ୟକାକୁ ଅତିକ୍ରମ କରିପାରିବ।

ଯୌବନ

ଏହି ସଂସାର କ୍ଷେତ୍ରରେ ନାହିଁ କାହାରି ମୃତ୍ୟ ଅବା ନାହିଁ ସମାଧି କିମ୍ବା ପ୍ରାର୍ଥନା ପୀଠ।
ଦୁଃଖ ଅପସରିଲେ, ସୁଖ ରହେ ସଦା ଜୀବିତ,
କାରଣ ମୃତ୍ୟୁ ହେଲେ କେବଳ ସ୍ପର୍ଶ କରିବାର କ୍ଷମତା ରହେ ନାହିଁ,
ମାତ୍ର ଯାହା ସବୁ ଭଲ, ତାହା ପୁର୍ବବତ୍ ରହିଥାଏ।
ଯେଉଁ ବ୍ୟକ୍ତି ଏକାଧିକ ବସନ୍ତ ବଂଚି ରହିଛି, ତାହାର ଆଧ୍ୟାତ୍ମିକ ଜୀବନର
ମୂଲ୍ୟ ଅନେକ ବସନ୍ତ ଅତିବାହିତ କରିଥିବା ବ୍ୟକ୍ତିର ଜୀବନ ସହିତ ସମାନ।
ଦିଅ ମୋତେ ମୋର ବଂଶୀ ମୁଁ ବଜାଏଁ,
ଏବଂ ମୋର ଆତ୍ମା ମାଧ୍ୟମରେ ଝଂକୃତ ହେଉ ସଂସାରର ସଂଗୀତ,
କାରଣ, ସଂଗୀତ ଖୋଲେ ଜୀବନର ଗୋପନୀୟତା,
ଶାନ୍ତି ଆଣିବା ସହିତ, ଦୂର କରେ ଜୀବନରେ ବିବାଦ ଓ ସଂଘର୍ଷ।

ବାର୍ଦ୍ଧକ୍ୟ

ସଂସାରର ଅଛି ସବୁକିଛି ମାତ୍ର ମନୁଷ୍ୟ ଅଧିକାରୀ ଅଳ୍ପତାର।
ମନୁଷ୍ୟ ତାହାର ସୃଷ୍ଟିକର୍ତ୍ତାର ଆତ୍ମା ଏବଂ ସଂସାର କ୍ଷେତ୍ର ଉଦ୍ଦିଷ୍ଟ ମନୁଷ୍ୟ ପାଇଁ।
ମାତ୍ର ଈଶ୍ୱରଂକ ନିକଟବର୍ତ୍ତୀ ପ୍ରେମ ଏବଂ ସୌନ୍ଦର୍ଯ୍ୟ ଠାରୁ, ସ୍ୱଇଚ୍ଛାରେ ମନୁଷ୍ୟ ନିଜକୁ ଦୂରେଇ ରଖେ।

ଯୌବନ

ଦିଅ ମୋତେ ମୋର ବଂଶୀ ମୁଁ ବଜାଏ,
ଏବଂ ଭୂଲି ଯାଅ, ଯାହା କିଛି ଆମେ କହିଲୁ।
ଇଥରରେ ଦାଗ କରି ଅନନ୍ତ ଆକାଶରେ ଅଦୃଶ୍ୟ ହେଲାପରି
ଏକ କ୍ଷୁଦ୍ର ଧୂଳି କଣା ସଦୃସ୍ୟ ସେହି କଥୋପକଥନ।
କଣ ଏପରି ତୁମେ କରିଛ,
ଯାହାକୁ ଭଲ ବୋଲି ବିବେଚନା କରା ଯାଇପାରେ?
ଏହି ସଂସାର କ୍ଷେତ୍ରକୁ, ସ୍ୱର୍ଗୀୟ ଆଶ୍ରୟ ସ୍ଥଳୀ ରୂପେ ଗ୍ରହଣ କରୁ ନାହଁ କାହିଁକି?
ଏହି କୋଳାହଳପୂର୍ଣ୍ଣ ନଗରୀକୁ ପରିତ୍ୟାଗ କରି
କ୍ଷୁଦ୍ର ପର୍ବତକୁ ଆରୋହଣ କରୁ ନାହଁ କାହିଁକି?
ଝରଣା ପଛରେ ଧାବନ କରି, ତାହାର ସୁଗନ୍ଧ ଆହରଣ
କରିବା ସହିତ, ସୂର୍ଯ୍ୟ ସହିତ ଆନନ୍ଦ ଉତ୍ସବ କରୁ ନାହଁ କାହିଁକି?
ଉଷାର ଜ୍ଞାନରୂପୀ ବିରାଟ ପାତ୍ରରୁ, ପାନ କରୁ ନାହଁ କାହିଁକି ତାହାର ମଧୁର ସୁରା?
ଲତା ମାନଂକରେ ଦୀପଧାରା ସଦୃଶ୍ୟ ଝୁଲୁଥିବା ଅଂଗୁର ବିଷୟରେ ଚିନ୍ତା କରୁ ନାହଁ କାହିଁକି ତୁମେ?
ଅସୀମ ଆକାଶକୁ ନେଇ, ଗଠନ କରୁ ନାହଁ କାହିଁକି ଏକ ଏପରି ପୁଷ୍ପ ଶଯ୍ୟା
ଯେଉଁଠାରେ ସୁପ୍ତ ଥାଇ ଦର୍ଶନ କରି ପାରିବ, ତୁମେ ଈଶ୍ୱରଂକର ସୁନ୍ଦର ଦେଶ?
ଭବିଷ୍ୟତକୁ ପରିହାର କରି, ଅତୀତକୁ ଭୂଲି ଯାଉ ନାହଁ କାହିଁକି?
ଯେପରି ଭାବରେ ବଂଚିବା ପାଇଁ ତୁମେ ଜନ୍ମ ହୋଇଥିଲ,
ସେପରି ଜୀବନ ଯାପନ କରିବା ପାଇଁ ନାହିଁ କି ତୁମର ଇଚ୍ଛା?
ପରିହାର କର ତୁମର ଦୁଖଃ ଦୁର୍ଦ୍ଦଶା ଏବଂ ପରିତ୍ୟାଗ କର ସମସ୍ତ ବସ୍ତୁବାଦିତା।
କାରଣ, କୋଳାହଳ ଓ ଦୁଃଖରେ ପୂର୍ଣ୍ଣ ଏହି ସମାଜ।
ସମାଜ, ବୁଢୀଆଣୀର ଏକ ଜାଲ, ଏବଂ ନୌକା ମଧ୍ୟରେ ଏକ ଛିଦ୍ର ସଦୃଶ୍ୟ।

ତେବେ, ତାହାକୁ ନିଜର ଆପଣା କରି ଆହ୍ବାନ କରିବ ସୁନ୍ଦର ପ୍ରକୃତି।
ପୃଥିବୀରେ ଯାହା ସବୁ ଭଲ, ତାହା ତୁମର ହୋଇ ରହିବ, ଏହି ସଂସାର କ୍ଷେତ୍ରର ପୁତ୍ର ହିଁ ଈଶ୍ଵରଂକର ପ୍ରକୃତ ସନ୍ତାନ।

ବାର୍ଦ୍ଧକ୍ୟ

ଏହି ସଂସାରରେ ବାନ୍ଧି ହୋଇ ରହିବାରେ ମୋର ଆନ୍ତରିକ ଇଚ୍ଛା ଏବଂ ଆକାଂକ୍ଷା।
ଏହିପରି ଶାନ୍ତି ଏବଂ ସୌନ୍ଦର୍ଯ୍ୟପୂର୍ଣ୍ଣ ଜୀବନ ଭିକ୍ଷା କରେଁ ମୁଁ ଈଶ୍ଵରଂକ ପାଖରେ।
ମାତ୍ର ଭାଗ୍ୟର ବିଡ଼ମ୍ବନା ଯେ ମୋତେ ପକାଇ ରଖୁଛି ଏହି ନଗରୀରେ।
ଏବଂ ମନୁଷ୍ୟର ଏକ ଭାଗ୍ୟର ଅଧିକାରୀ ଏବଂ
ଏହି ଭାଗ୍ୟ ତାହାର ଭାବନା ଶକ୍ତି ତାହାର କାର୍ଯ୍ୟାବଳୀ ଏବଂ ତାହାର ଶବ୍ଦକୁ
ପରିଚାଳିତ କରିଥାଏ, ଏବଂ ସତେ ଅବା ତାହା ପର୍ଯ୍ୟାପ୍ତ ନୁହେଁ,
ସେହି ଭାଗ୍ୟ, ପୁଣି ତାହାର ପଦକ୍ଷେପକୁ ନେଇଯାଏ ଏକ ଅବାଂଛିତ ବାସସ୍ଥଳୀକୁ।

୪. କବି

ଅଧୁନା ଏବଂ ଆଗାମୀ ସଂସାରର ଏକ ଦୃଢ଼ ସଂଯୋଗକାରୀ ଜଣେ କବି।
ସମସ୍ତ ତୃଷାର୍ତ୍ତ ଆତ୍ମା ଯାହାର ଜଳ ପାନ କରନ୍ତି, ସେପରି, ବିଶୁଦ୍ଧ ଝରଣା ସେହି କବି।
ସମସ୍ତ କ୍ଷୁଧିତ ହୃଦୟ ଯେଉଁ ଫଳ ପାଇଁ ଆକାଂକ୍ଷିତ ସର୍ବଦା, ସେହି ଫଳର ବୃକ୍ଷଟି ପରି, କବି।
ଅବସନ୍ନ ଆତ୍ମା, ଯାହାର ମଧୁର ସ୍ୱରରେ ଆଶ୍ୱାସିତ ହୁଏ, ସେପରି ନାଇଟିଂଗଲ ପକ୍ଷୀଟି ପରି, ସେ।
ଦିଗବଳୟରୁ ଆରମ୍ଭ ହୋଇ ସମଗ୍ର ଆକାଶକୁ ବିସ୍ତାରିତ ହୋଇ ପରେ ପୁଷ୍ପ ବକ୍ଷରେ ପଡ଼ି,
ଆଲୋକର ଅନ୍ତର୍ଗମନ ପାଇଁ ତାହାର ପାଖୁଡ଼ା ଖୋଲି ଦେଉଥିବା, ଏକ ଶୁଭ୍ର ମେଘ ସେ।
ସ୍ନେହ ରୂପକ ତେଲରେ ପୂର୍ଣ୍ଣ, ଅନ୍ଧକାର ଦ୍ୱାରା ଅଜେୟ, ପବନ ଦ୍ୱାରା ଅନିର୍ବାପିତ ଏକ ଉଜ୍ଜ୍ୱଳ ଦୀପ ସେ।
ଉଦାରତାର ସଂଗୀତ ଦ୍ୱାରା ଝଂକୃତ, ସରଳତା ଏବଂ ଦୟା ଦ୍ୱାରା ଆଚ୍ଛାଦିତ ଏକାନ୍ତର ଏକ ରୂପକ ସେ।
ଏହି କବି, ପୃଥିବୀ କୋଳରେ ବସି ଆହରଣ କରେ ତାହାର ପ୍ରେରଣା।
ଏବଂ ଆତ୍ମାର ଆଗମନ ଅପେକ୍ଷାରେ ବସି ରହେ ରାତ୍ରୀର ନୀରବତାରେ।
ସେ ଏକ ବୀଜ ରୋପକ, ପ୍ରେମର ସବୁଜ ତୃଣ ସ୍ଥଳୀରେ ରୋପଣ କରେ ସେ
ବୀଜ ଏବଂ ମାନବିକତା, ତାହାର ପ୍ରତିପୋଷଣ ପାଇଁ ଆହରଣ କରେ ନିଜର ଖାଦ୍ୟ।
ସମଗ୍ର ସଂସାର ଦ୍ୱାରା ଉପେକ୍ଷିତ କବି, ଏବଂ ସଂସାରରୁ ବିଦାୟ ନେଇ
ତାହାର ସ୍ୱର୍ଗୀୟ ବାସସ୍ଥଳୀକୁ ଯିବା ପରେ ପାଏ ପରିଚୟ।
ମାନବିକତା ଠାରୁ ସେ କ୍ଷୁଦ୍ର ହସଟିଏ ବ୍ୟତୀତ ଚାହେଁ ନାହିଁ ଆଉ କିଛି।
ଏହି ଅବହେଳିତ କବିର ଆତ୍ମା ଆକାଶକୁ ଆରୋହଣ କରି ପରିପୂର୍ଣ୍ଣ କରେ ନିଜର ସୁନ୍ଦର କଥାରେ।
ତଥାପି, ମନୁଷ୍ୟ ଗ୍ରହଣ କରେ ନାହିଁ ତାହାର ଅପୂର୍ବ ତେଜସ୍ବୀୟତା।
କେତେ କାଳ ପର୍ଯ୍ୟନ୍ତ ମନୁଷ୍ୟ ରହିବ ସୁପ୍ତ।
ସୁଯୋଗ ବଳରେ ଯେଉଁମାନେ ମହାନତା ହାସଲ କରନ୍ତି,
ସେମାନଂକୁ ଆଉ କେବେ ଯାଏଁ, କରୁଥିବ ଗୌରବାନ୍ୱିତ ଏହି ମନୁଷ୍ୟ ସମାଜ।
ଆତ୍ମାରେ ଶାନ୍ତି ଓ ପ୍ରେମ ପାଇଁ ପ୍ରୟୋଜନୀୟ ଶକ୍ତି
ପ୍ରଦାନ କରେ, ସେ ସମାଜର ମନୁଷ୍ୟ ମାନଂକୁ।
ତଥାପି, କେବେ ଯାଏଁ ଉପେକ୍ଷା କରୁଥିବ ମନୁଷ୍ୟ, ସେପରି ବ୍ୟକ୍ତିର।
କବିଟି ନିଜେ ଦୁଃଖ ଦୁର୍ଦ୍ଦଶାରେ ଜୀବନ ଅତିବାହିତ କରି
ଜ୍ୱଳନ୍ତ ଦୀପଟି ପରି ନିଜକୁ ଶେଷ କରି ଆଲୋକ ପଥରେ ଆଗେଇ ଯିବା ପାଇଁ

ଅଜ୍ଞାନୀ ମାନଂକର ପଥ ଆଲୋକିତ କରିବାରେ ସଦା ଆଗଭର ଥାଏ।
ସେପରି ଜୀବନ୍ତ ବ୍ୟକ୍ତି ମାନଂକୁ ବିସ୍ମରଣ କରି,
କେବେ ଯାଏଁ ଏ ସମାଜ ସମ୍ମାନ କରୁଥିବ ମୃତକ ମାନଂକର।
ହେ କବି! ଏହି ଜୀବନର ଜୀବନ ତୁମେ,
ସମସ୍ତ ପ୍ରତିକୂଳତା ସତ୍ତ୍ୱେ, ଜୟ କରିଛ ତୁମେ କାଳ ଉପରେ ଏବଂ
ସମସ୍ତ ହୃଦୟ ଉପରେ ଶାସନ କରିବ ଦିନେ।
ଏଣୁ, ତୁମର ସାମ୍ରାଜ୍ୟ ସୀମାହୀନ,
ବର୍ତ୍ତମାନ ପରୀକ୍ଷା କରି ଦେଖ ତୁମର କଂଟକମୟ ମୁକୁଟକୁ।
ତେବେ ଯାଇଁ ଦେଖି ପାରିବ ତୁମ ବିଜୟର ଅଂକୁରଗାମୀ ପୁଷ୍ପମାଳା।

୨. ପୁଷ୍ପ ର ଗୀତ

ପ୍ରକୃତିର ଭାଷାରେ ସଦା ଉଚ୍ଚାରିତ ଏକ ବିନମ୍ର ଶବ୍ଦ ମୁଁ।
ନୀଳ ତମ୍ବୁ ଉପରୁ ଆସି, ସବୁଜ ଗାଲିଚାରେ ପତିତ ହେଉଥିବା ଏକ ତାରକା, ମୁଁ।
ଯେଉଁ ଉପାଦାନ ସହିତ ସହବାସରେ ,ବସନ୍ତ ଋତୁ ଗର୍ଭବତୀ ହୁଏ
ଏବଂ ବସନ୍ତ ଋତୁ ଜନ୍ମ ଦାନ ଦିଏ, ତାହାର ଅଲିଅଳ କନ୍ୟା ମୁଁ।
ଗ୍ରୀଷ୍ମ ଋତୁର କୋଳରେ ଲାଳିତ ପାଳିତ ହୋଇ, ଶରତର କୋମଳ ଶଯ୍ୟାରେ ସୁପ୍ତ ମୁଁ।
ପ୍ରତ୍ୟୁଷରେ ମୁଁ, ମୃଦୁ ପବନ ସହିତ ମିଶି ଆଲୋକର ଆଗମନର ଦିଏଁ ସୂଚନା।
ଏବଂ ସଂଧ୍ୟାର ଆଗମନରେ ପକ୍ଷୀ ମାନଂକ ସହିତ ମିଶି ଆଲୋକକୁ ଦିଏଁ ବିଦାୟ
ବିସ୍ତାରିତ ସମତଳ ଅଂଚଳ ସୁସଜିତ ମୋର ସୁନ୍ଦର ରଂଗରେ,
ଏବଂ ମଳୟ ପବନ ସୁବାସିତ ମୋର ମନ ମୋହକ ସୁଗନ୍ଧରେ।
ନିଦ୍ରାକୁ ମୁଁ ଆଲିଂଗନ କରିଲେ, ରାତ୍ରୀ ଅନାଇଁ ରହେ ମୋତେ,
ଏବଂ ନିଦ୍ରା ରୁ ଉଠିଲେ, ଦିବାର ଏକ ମାତ୍ର ଚକ୍ଷୁ ସୂର୍ଯ୍ୟକୁ ମୁଁ ଅନାଇଁ ରହେଁ।
ଶିଶିରକୁ ମୁଁ ସୁରା ରୂପେ ପାନ କରି, ପକ୍ଷୀ ମାନଂକର
କଲ୍ଲୋଳ ମଧ୍ୟରେ, ତୃଣର ମଧୁର ତାଳରେ ନୃତ୍ୟ କରେଁ।
ପ୍ରେମିକା ପାଇଁ ପ୍ରେମିକର ଉପହାର ମୁଁ।
ବିବାହ ପାଇଁ ଉଦ୍ଦିଷ୍ଟ ପୁଷ୍ପମାଳା ମୁଁ।
ଏକ ଆନନ୍ଦମୟ ମୁହୂର୍ତ୍ତର ସ୍ମରଣୀକା ମୁଁ।
ଜୀବନ୍ତଂକ ଠାରୁ ମୃତକ ପାଇଁ ଅନ୍ତିମ ଉପହାର ମୁଁ।
ଆନନ୍ଦର କିୟତାଂଶ ଏବଂ ଦୁଃଖର ମଧ୍ୟ ଅଂଶ ମୁଁ।
ମୁଁ ଉପରକୁ ଚାହିଁ ରହେ, କେବଳ ଆଲୋକକୁ ଦେଖିବା ପାଇଁ,
ଏବଂ, ମୋର ଛାୟାକୁ ଦେଖିବା ପାଇଁ ଅନାଏ ନାହିଁ ତଳକୁ କେବେହେଲେ।
ଏହି ଜ୍ଞାନର ସାରାଂଶକୁ ପ୍ରତ୍ୟେକ ମନୁଷ୍ୟ ଶିକ୍ଷା କରିବାର ଯୋଗ୍ୟ।

10. ପ୍ରେମ ର ଗୀତ

ପ୍ରେମିକର ଦର୍ଶନାଲିପ୍ସୁ ଚକ୍ଷୁ ତଥା ଆତ୍ମାର ମାଦକତା ପୂର୍ଣ୍ଣ ସୁରା ମୁଁ।
ହୃଦୟର ଏକନିଷ୍ଠ ପ୍ରତିପୋଷକ ତଥା ରକ୍ତାୟିତ ଲାଲ ଗୋଲପ ଟିଏ ମୁଁ।
ଉଷାର ସୁଲଳିତ ଆଗମନରେ ମୋର ଚକ୍ଷୁ ଉନ୍ମୁକ୍ତ ହେଲେ,
କୁମାରୀଟି ଅଜସ୍ର ଚୁମ୍ବନରେ ମୋତେ ଆଚ୍ଛାଦିତ କରି,
ଆଉଜାଇ ନିଏଁ ତାହାର ଉନ୍ମୁକ୍ତ ବକ୍ଷ ଉପରକୁ।
ପ୍ରକୃତ ଭାଗ୍ୟର ବାସସ୍ଥଳୀ ମୁଁ।
ଆନନ୍ଦର ଅୟମାରମ୍ଭ ମୋ ଠାରୁ ଏବଂ ଶାନ୍ତି ଓ ସ୍ଥିରତାର ପ୍ରାରମ୍ଭ ମଧ୍ଯ ମୋ ଠାରୁ।
ମୁଁ ଭାଗ୍ୟର ସୁନ୍ଦର ଓଠରେ ଏକ ମୃଦୁ ହାସ୍ୟ।
ଯୌବନ ମୋତେ ଅତିକ୍ରମ କରି ଗଲେ, ତାହାର ପରିଶ୍ରମ ତଥା
କଷ୍ଟ ଭୁଲିଯାଏ ଏବଂ ତାହାର ସମସ୍ତ ଜୀବନ ହୋଇଯାଏ ସ୍ୱପ୍ନର ସତ୍ୟତା।
କବି ମନର ଉତ୍‌ଫୁଲ୍ଲତା , ଚିତ୍ରକାରର ପ୍ରକଟତା ତଥା ସଂଗୀତର ପ୍ରେରଣା ମଧ୍ଯ ମୁଁ।
ସ୍ନେହମୟୀ ମାତା ଦ୍ୱାରା ପ୍ରତିପାଳିତ ଏକ ଶିଶୁର ହୃଦୟ ସ୍ଥିତ ପବିତ୍ର ଆରାଧନା ସ୍ଥଳୀ ମୁଁ,
ହୃଦୟ କ୍ରନ୍ଦନ ରତ ହେଲେ, ଦେଖା ଦିଏଁ ମୁଁ ତା ସମ୍ମୁଖେ।
କୌଣସି ପ୍ରକାରର ଦାବୀ, କରେ ନାହିଁ ମୁଁ କଦାଚିତ୍।
ମୋର ପରିପୂର୍ଣ୍ଣତା ଅଗ୍ରସର କରାଏ ହୃଦୟର ଅତୃପ୍ତ ଅଭିଳାଷା।
ଭାଷାର ଅଯୌକ୍ତିକ ଦାବୀକୁ ସେ କରେ ସଦା ବର୍ଜନ।
ଆଦି ମାତା ଇଭ୍‌ଂ କ ମାଧ୍ୟମରେ ମୁଁ ଆସେ ଆଦି ପିତା ଆଦମ୍‌ଂ କ ହୃଦୟକୁ,
ଏବଂ ମୋ ପାଇଁ ସ୍ୱର୍ଗରୁ ହେଲେ ସେ ନିର୍ବାସିତ।
ତଥାପି, ମୁଁ ସୋଲୋମନ୍‌ଂ କ ସମ୍ମୁଖକୁ ଆସିଲି ଏବଂ
ମୋର ଉପସ୍ଥିତିରୁ ସେ ଆହରଣ କରିଲେ ଅସୀମ ଜ୍ଞାନ।
ହେଲେନା ପ୍ରତି ମୁଁ ମୃଦୁ ହାସ୍ୟ କରିଥିଲି ଏବଂ ସେ ଧ୍ୱଂସ କରିଥିଲେ, ତର୍‌ଏଡା।
ତଥାପି, କ୍ଲେଓପାଟ୍ରାଂ କୁ ମୁଁ ମୁକୁଟ ପିନ୍ଧାଇବାରେ,
ନାଇଲ୍ ଉପତ୍ୟକାରେ ଶାନ୍ତି ବିରାଜମାନ ହୋଇ ପାରିଥିଲା।
ମୁଁ ଯୁଗାନ୍ତକାରୀ ଯୁଗ ସଦୃଶ୍ୟ, ଆଜି ନିର୍ମାଣ କରି, କାଲି କରେ ଧ୍ୱଂସ।
ମୁଁ ଈଶ୍ୱର ରୂପୀ, ସୃଷ୍ଟି କରିବା ସହିତ ଧ୍ୱଂସ ମଧ୍ଯ ମୁଁ କରେଁ।
କୋମଳ ଫୁଲଟିର ଶ୍ୱାସ ଠାରୁ ମଧୁର ହେଲେ ମଧ୍ଯ, ପ୍ରବଳ ତୋଫାନ ଠାରୁ ପରାକ୍ରମୀ।
ଦାନ ବା ଉପହାର ପ୍ରଲୋଭିତ କରିପାରେ ନାହିଁ ମୋତେ, ବିଚ୍ଛେଦ କରିପାରେ ନାହିଁ ନିରୁତ୍ସାହିତ।
ଦାରିଦ୍ରତା କରେ ନାହିଁ ମୋର ଅନୁସରଣ।
ଈର୍ଷା ପ୍ରମାଣ କରିପାରେ ନାହିଁ ଅନ୍ୟଂକ ପ୍ରତି ମୋର ସଚେତନତା।

ପାଗଳାମୀ ପ୍ରମାଣିତ କରିପାରେ ନାହିଁ ମୋର ଉପସ୍ଥିତି।
ହେ ଅନ୍ବେଷକାରୀ ମନୁଷ୍ୟ ଗଣ!
ମୁଁ ହିଁ ସତ୍ୟ ତଥା ସତ୍ୟର ପ୍ରାର୍ଥନାକାରୀ, ଏବଂ ତୁମର ସତ୍ୟ,
ମୋତେ ଖୋଜି ପାଇବାରେ ଏବଂ ସୁରକ୍ଷା ଦେବାରେ ନିର୍ଣ୍ଣୟ କରେ ମୋର ବ୍ୟବହାର।

11. ଆତ୍ମା ର ଗୀତ

ମୋର ଆତ୍ମାର ଗଭୀରତାରେ ରହିଛି ଏକ ଶବ୍ଦ ବିହୀନ ମଧୁର ଗୀତ।
ଏପରି ସେ ଗୀତ, ଯାହା ମୋର ଜୀବନର ବୀଜରେ ବଂଚି ରହିଛି।
ଚିତ୍ରାଂକନ ପାଇଁ ଉଦ୍ଦିଷ୍ଟ କାଗଜର ସ୍ୟାହିରେ ତରଳି ଯାଏ ନାହିଁ ସେ।
ଏକ ସ୍ୱଚ୍ଛ ପୋଷାକ ଦ୍ୱାରା ପରିବେଷ୍ଟିତ କରି ରଖିଥାଏ ସେ ମୋର ଅନ୍ତରର ସ୍ନେହକୁ।
ମୋର ଓଷ୍ଠ ଯୁଗଳକୁ ସ୍ପର୍ଶ ନ କରି ବୋହିଯାଏ ସେ ର୍ନିବିଘ୍ନରେ।
କିପରି ପ୍ରକାଶ କରିବି ମୋର ସେହି ଗୀତ?
ମୁଁ ଭୟଭୀତ, କାଳେ ଗୀତ ମୋର ସଲୀଳ ସମାଧି ପାଇଯିବ, ଇଥରରେ।
କାହା ପାଇଁ ଗାଇବି ମୋର ଗୀତ?
କଠୋର କର୍ଣ୍ଣର ଭୟରେ ଗୀତ ମୋର ବାସ କରେ ହୃଦୟ ର ଆବଦ୍ଧ କୋଠରୀରେ।
ମୋର ଅନ୍ତର୍ଚକ୍ଷୁକୁ ଦେଖିଲେ, ଦେଖିପାରେ ତାହାର ଛାୟାର ପ୍ରତିଛାୟା।
ମୋର ଅଂଗୁଳିର ଅଗ୍ରଭାଗ ସ୍ପର୍ଶ କରିଲେ, ଅନୁଭବ କରିପାରେ ତାହାର ସ୍ପନ୍ଦନ।
ହୃଦୟଟି ଚମକୁଥିବା ତାରକାକୁ ନିଶ୍ଚିତ ରୂପେ ପ୍ରତିବିମ୍ବିତ
କରାଉଥିବା ପରି ହସ୍ତ ମୋର, ଧ୍ୟାନ ଦିଏ ତାହାର ଉପସ୍ଥିତି ପ୍ରତି।
ଉଜ୍ଜ୍ୱଳ ଶିଶିର ବିନ୍ଦୁଟି, ମଉଳି ଯାଉଥିବା ଗୋଲାପର ଗୋପନୀୟତା ସୂଚୀତ କରୁଥିବା ପରି,
ଅଶ୍ରୁ ମୋର ସୂଚୀତ କରେ ମୋର ଆତ୍ମାର ଅଣ ଉଚ୍ଚାରିତ ଗୀତ।
ଗୀତଟି ମୋର ରଚିତ ହୁଏ ଗଭୀର ଚିନ୍ତା ଦ୍ୱାରା।
ପ୍ରକାଶିତ ହୁଏ, ନୀରବତା ମାଧ୍ୟମରେ, କୋଳାହଳ ଦ୍ୱାରା ହୁଏ ପରିତ୍ୟକ୍ତ।
ସତ୍ୟତାର ଆବେଷ୍ଟନୀରେ ସେ ଆବଦ୍ଧ, ସ୍ୱପ୍ନର ଲେଖନୀ ଦ୍ୱାରା ଲିଖିତ,
ପ୍ରେମର ସୁକ୍ଷ୍ମତା ଦ୍ୱାରା ହୁଏ ବୋଧଗମ୍ୟ ସଚେତନତାରେ ସେ ଲୁକ୍କାୟିତ
ଏବଂ ଆତ୍ମାର ଦ୍ୱାର ଦେଇ ହୁଏ ପରିପ୍ରକାଶ।
ଐଶ୍ୱରୀକ ପ୍ରେମର ସୂଚକ ମୋର ଗୀତ।
କିଏ ବୁଝି ପାରିବ ଏହାର ଅଣ-ଉଚ୍ଚାରିତ ଭାଷା।
ଜୁଇ-ଜାଇ-ମଲ୍ଲୀ ଠାରୁ ମଧ୍ୟ ଅଧିକ ସୁଗନ୍ଧିତ।
କେଉଁ ଶବ୍ଦ କରି ପାରିବ ଏହାକୁ ଦାସ?
କୁମାରୀଟିର ଗୋପନୀୟତା ରୂପେ ହୃଦୟ ପାଇଁ ଏହା ଉଦ୍ଦିଷ୍ଟ।
କେଉଁ ତାର କରି ପାରିବ ଏହାକୁ ଝଂକୃତ?
ଅଛି ଏପରି କେହି, ଯେ ସାହାସ କରିବ ସମୁଦ୍ରର ଗର୍ଜନ ତଥା
ନାଇଟିଂଗଲ୍ ର ମଧୁର ସ୍ୱରକୁ ମିଶ୍ରଣ କରି ପାରିବ?
ସାହାସ କରି ପାରିବ କେହି, ତୁଳନା କରିବାକୁ

ତୋଫାନର ଗର୍ଜନକୁ ଶିଶୁର କ୍ରନ୍ଦନ ସହିତ?
ହୃଦୟ ଯାହା କହିବାକୁ ଉଦ୍ଦ୍ୟେଶିତ,
ଉଚ୍ଚ ସ୍ୱରରେ କହି ପାରିବ କେହି ସେ ଶବ୍ଦ?
କେଉଁ ମନୁଷ୍ୟ ସାହାସ କରିବ ଗାଇବାକୁ
ଯାହା ସର୍ବୌତ ଭାବେ ଈଶ୍ୱରଂକର ଗୀତ?43

12. ମନୁଷ୍ୟ ର ଗୀତ

ଏହି ଠାରେ ମୁଁ ରହି ଆସି ଅଛି, ସୃଷ୍ଟିର ପ୍ରାରମ୍ଭ ମୁହୂର୍ତ୍ତ ଠାରୁ
ଏବଂ ଏ ଯାବତ୍ ମୁଁ ଏହି ଠାରେ ରହିଛି।
ପୁନଶ୍ଚ ମୁଁ ଏଠାରେ, ସୃଷ୍ଟିର ଅନ୍ତ ପର୍ଯ୍ୟନ୍ତ ରହିଥିବି,
କାରଣ ମୋର ଦୁଃଖଦପୂର୍ଣ୍ଣ ସ୍ଥିତିର ଅନ୍ତ ନାହିଁ।
ମୁଁ ଭ୍ରମଣ କରି ଆସିଲି, ସୀମାହୀନ ଆକାଶ, ଉଡ଼ି ଆସିଲି, ଆଦର୍ଶ ସଂସାରରେ।
ଆକାଶ ବକ୍ଷରେ ଭାସି ଆସିଲି ମଧ୍ୟ,
କିନ୍ତୁ ଏଇଠି ରହିଛି, ମାପ ପ୍ରକ୍ରିୟାର ବନ୍ଦୀ ରୂପେ।
ଜ୍ଞାନୀ କନ୍‌ଫୁସିୟସଂକର ତତ୍ତ୍ୱ ବାଣୀ ଶୁଣିଲି ମୁଁ।
ବ୍ରହ୍ମାଂକର ଜ୍ଞାନ ଚର୍ଚ୍ଚାରେ ସାମିଲ ହେଲି ମୁଁ।
ଜ୍ଞାନ ବୃକ୍ଷ ତଳେ, ବୁଦ୍ଧଂକ ପାଖରେ ବସିଲି।
ତଥାପି ଏଠାରେ ମୁଁ ବଂଚି ରହିଛି ଅଜ୍ଞାନତା ଏବଂ ଶୁଣାକଥା ମଧ୍ୟରେ।
ଜେହୋଭାକଂର ମୋଜେସ୍‌ଂକ ପାଖକୁ ଆସିଥିବା ସମୟରେ ମୁଁ ଥିଲି, ସିନାଇ ରେ।
ଜୋଡ଼ାନ୍ ରେ ଦେଖିଛି, ନାଜରେନ୍‌ଂକ ଚମତ୍କାରିତା।
ମହମ୍ମଦଂକର ମଦୀନା ପରିଭ୍ରମଣ ସମୟରେ ମୁଁ ଉପସ୍ଥିତ ଥିଲି ସେଠାରେ।
ତଥାପି ମୁଁ ଏଠି ବନ୍ଦୀ, ବିଭ୍ରାନ୍ତି ଓ ବିମୂଢ଼ତାର।
ତଥାପି ମୁଁ ଦେଖିଛି ବାବିଲୋନ୍ ର ଶକ୍ତି।
ଇଜିପ୍ଟ ର ଗୌରବ ସଂପର୍କରେ ମୁଁ ଅବଗତ।
ଦେଖିଛି ମୁଁ ରୋମ୍ ର ଯୁଦ୍ଧ ପାରଂଗମତା।
ତଥାପି ମୋର ଜ୍ଞାତ ଶିକ୍ଷା ସୂଚାଏ,
ସେହି କୃତୀ କାର୍ଯ୍ୟର ଦୋଷ ଦୁର୍ବଳତା।
ଆଇନ୍ ଦୌର୍ ର ଜାଦୁଗର ମାନଂକ ସହିତ
ବାର୍ତ୍ତାଳାପ କରିଛି ମୁଁ ଘନିଷ୍ଠ ଭାବରେ।
ଆସିରୟାର ପୂଜକ ମାନଂକ ସହିତ କରିଛି ମୁଁ ଆଲୋଚନା।
ପାଲେଷ୍ଟାଇନ୍ ର ମହାପୁରୁଷଂକ ଠାରୁ ସଂଗ୍ରହ କରିଛି ଜ୍ଞାନର ଗଭୀରତା।
ତଥାପି ମୁଁ ଅନ୍ୱେଷଣ କରୁଛି ସତ୍ୟତାର।
ଶାନ୍ତି ପ୍ରିୟ ଭାରତ ଠାରୁ ସଂଗ୍ରହ କରିଛି ଜ୍ଞାନ।
ଆରବର ପ୍ରାଚୀନତାର ଅନୁସନ୍ଧାନ ମୁଁ କରିଛି।
ଯାହା କିଛି ଶୁଣା ଯାଇପାରେ ମୁଁ ଶୁଣିଛି।
ତଥାପି ମୋର ହୃଦୟ, ମୂକ ଏବଂ ବଧିର।

ଅତ୍ୟାଚାରୀ ଶାସକ ମାନଂକ ଦ୍ୱାରା ମୁଁ ହୋଇଛି ଅତ୍ୟାଚାରୀତ।
ଦାସତ୍ୱ ବଦ୍ଧ ହୋଇଛି, ମୁଁ ଆକ୍ରମଣକାରୀଂକର।
ଅତ୍ୟାଚାର ଜନିତ କ୍ଷୁଧା ଭୋଗ କରିଛି ମୁଁ।
ତଥାପି ପ୍ରତ୍ୟେକଟି ଦିନକୁ ସ୍ୱାଗତ କରିବାକୁ
ରହିଛି ମୋର ଏକ ଅନ୍ତର୍ନିହିତ ଶକ୍ତି।
ମସ୍ତିଷ୍କ ମୋର ପରିପୂର୍ଣ୍ଣ, ମାତ୍ର ହୃଦୟ ଶୂନ୍ୟ।
ଶରୀର ବୃଦ୍ଧ ମାତ୍ର ହୃଦୟ ଏକ ଶିଶୁ ପରି।
ହୁଏତ ଯୌବନରେ ହୃଦୟ ହୋଇପାରେ ବିକଶିତ।
ମାତ୍ର ମୁଁ ପ୍ରାର୍ଥନା କରେ ବୃଦ୍ଧ ହେବା ପାଇଁ
ଯେପରିକି ଶୀଘ୍ର ମୁଁ ଫେରି ପାରିବି ଈଶ୍ୱରଂକ ପାଖକୁ।
ତାହା ହେଲେ ମୋ ହୃଦୟ ପାଇବ ପୂର୍ଣ୍ଣତା।
ଏହି ଠାରେ ମୁଁ ରହି ଆସି ଅଛି ସୃଷ୍ଟିର ପ୍ରାରମ୍ଭ ମୁହୂର୍ତ୍ତ ଠାରୁ
ଏବଂ ଏ ଯାବତ୍ ମୁଁ ଏହି ଠାରେ ରହିଛି,
ପୁନଶ୍ଚ ମୁଁ ଏଠାରେ, ସୃଷ୍ଟିର ଅନ୍ତ ପର୍ଯ୍ୟନ୍ତ ରହିବି,
କାରଣ ମୋର ଦୁଃଖଦ ପୂର୍ଣ୍ଣ ସ୍ଥିତିର ଅନ୍ତ ନାହିଁ।

13. ତରଂଗ ର ଗୀତ

ଶକ୍ତିଶାଳୀ ସମୁଦ୍ର ତଟ ମୋର ପ୍ରେମିକ, ଏବଂ ପ୍ରେମିକା ମୁଁ ତାହାର।
ପରିଶେଷରେ ଆମେ ପ୍ରେମ ବନ୍ଧନ ରେ ଆବଦ୍ଧ ହେବା ପରେ,
ଚନ୍ଦ୍ର ଦୂରେଇ ନିଏ ମୋତେ ତାହା ଠାରୁ।
ଶୀଘ୍ର ତାହା ପାଖକୁ ଯାଇ, ଅନିଚ୍ଛା ମନରେ ,
ଅନେକ ବିଦାୟ ସମ୍ବର୍ଦ୍ଧନା ଦେଇ ଫେରିଆସେ ମୁଁ।
ମୋର ରୂପେଲି ଫେଣକୁ ତାହାର ସୁନେଲି ବାଲୁକା ରାଶିରେ
ନିକ୍ଷେପ କରିବା ପାଇଁ, ଚୋରାଇ ଆଣେ ମୁଁ ରଂଗ, ନୀଳ ଦିଗ୍ବଳୟରୁ।
ମୋର ପ୍ରେମିକର ତୃଷା ତୃପ୍ତ କରି
ମିଶି ଯାଏଁ ତାହାର ବିରାଟ ହୃଦୟ ମଧ୍ୟରେ।
ପରିବର୍ତ୍ତରେ ସେ ନମନୀୟ କରେ
ମୋର ଶବ୍ଦ ଏବଂ ମୋର ତୀବ୍ରତାକୁ କରେ ବଶୀଭୂତ।
ଉଷା କାଳରେ, ପ୍ରେମର ନିୟମ ଗାଇ ଶୁଣାଏଁ ତାହାର କର୍ଣ୍ଣରେ
ଏବଂ ପରିବର୍ତ୍ତରେ ସେ ମୋତେ କରେ ଆଲିଂଗନ।
ସାୟଂ କାଳରେ ଗାଇ ଶୁଣାଏଁ ଆଶାର ଗୀତ ଏବଂ
ପରେ ତାହାର ସୁନ୍ଦର ମୁଖକୁ ଅଂକିତ କରେଁ ଅସଂଖ୍ୟ ମସୃଣ ଚୁମ୍ବନରେ।
କ୍ଷୀପ୍ରଶୀଳା ତଥା ଭୟାଳୁ ମୁଁ,
ମାତ୍ର, ଶାନ୍ତ, ଧୈର୍ଯ୍ୟଶୀଳ ଓ ଗଭୀର ଚିନ୍ତାଶୀଳ ସେ।
ତାହାର ପ୍ରଶସ୍ତ ବକ୍ଷର ପ୍ରେମପୂର୍ଣ୍ଣ ସ୍ପର୍ଶରେ, ଶାନ୍ତ କରେ
ମୋର ଅସ୍ଥିରତା ଏବଂ ଜୁଆରର ଆଗମନରେ ଆମକୁ କ୍ଷଣିକ ସୁଯୋଗ ମିଳେ,
ପ୍ରେମାବେଶରେ ଆବଦ୍ଧ ହୋଇ, ଆଲିଂଗନ କରିବା ପାଇଁ।
ଏବଂ ଜୁଆରର ପ୍ରତ୍ୟାବର୍ତ୍ତନ ରେ ମୁଁ ତତ୍ କ୍ଷଣାତ୍
ତାହାର ପାଦ ତଳେ ପଡ଼ି ପ୍ରାର୍ଥନା କରେଁ ତାହାକୁ, ପୁନର୍ମିଳନ ପାଇଁ।
ମତ୍ସ୍ୟକନ୍ୟା ମାନେ ତାଂକର ଗଭୀର ବାସସ୍ଥଳୀରୁ ବାହାରି ଆସି
ମୋର ଫେଣିଳ ବକ୍ଷ ଉପରେ ବିଶ୍ରାମ ନେଇ ଆକାଶରେ ଚମକୁ ଥିବା
ତାରକା ମାନଂକୁ ଲକ୍ଷ୍ୟ କରୁଥିବା ସମୟରେ,
ଅନେକ ଥର ମୁଁ ମନଖୋଲା ନୃତ୍ୟ କରିଛି, ସେମାନଂକ ସଂଗରେ।
ଅନେକ ଥର ପ୍ରେମିକ ମାନଂକର ସଂକୀର୍ଣ୍ଣତାର ଅଭିଯୋଗ ଶୁଣି,
ସ୍ୱସ୍ତିର ଶ୍ୱାସ ନେବାରେ ତାଂକୁ କରିଛି ସାହାଯ୍ୟ।
ଅନେକ ସମୟରେ ଶିଶୁଟି ପରି ବିରକ୍ତ କରେ,

ଅନାବୃତ ବିରାଟ ଶିଳାଖଣ୍ଡ ମାନଂକୁ।
ପୁଣି ହସି ହସି ଗେଲ କରେଁ ସେମାନଂକୁ ମାତ୍ର,
ପରିବର୍ତ୍ତରେ ପାଏ ନାହିଁ କେବେ ହସଟିଏ।
ଅନେକ ଥର, ବୁଡ଼ି ଯାଉଥିବା ଆତ୍ମା ଗୁଡ଼ିକୁ ଉଦ୍ଧାର କରି,
ସଯତ୍ନେ ନେଇ ଆସିଛି ମୋର ପ୍ରେମିକ ତଟ ପାଖକୁ ଏବଂ
ସେ ମୋ ଠାରୁ ପ୍ରେରଣା ଓ ଶକ୍ତି ନେଇ
ପ୍ରଦାନ କରେ ସେହି ଆତ୍ମା ମାନଂକୁ।
ମୋର ପ୍ରେମିକକୁ ଖୁସି କରାଇବା ପାଇଁ ଗଭୀରତା ମଧ୍ୟରୁ
ମୁକ୍ତା ଚୋରାଇ ଆଣି ଦେଇଛି ତାହାକୁ ଉପହାର ଏବଂ ନୀରବରେ
ଗ୍ରହଣ କରେ ସେ ମୋର ଉପହାର।
ତଥାପି ମୁଁ ଆହୁରି ଉପହାର ଆଣି ଦିଏ ତାହାକୁ
କାରଣ, ସର୍ବଦା ସ୍ୱାଗତ କରେ ସେ ମୋତେ।
ରାତ୍ରୀର ଗଭୀର ନୀରବତାରେ ସମସ୍ତେ ନିଦ୍ରାଗତ ସମୟରେ
ମୁଁ ବସି ଗୀତ ଗାଉ ଥାଏଁ, ଅବା ଦୀର୍ଘ ଶ୍ୱାସ ନେଉଥାଏ,
ମାତ୍ର ସର୍ବଦା ଥାଏଁ ସଜାଗ।

14. ଭାଗ୍ୟ ର ଗୀତ

ମନୁଷ୍ୟ ଓ ମୁଁ ଆବଦ୍ଧ ପ୍ରେମ ବନ୍ଧନରେ।
ସମ୍ବନ୍ଧ ଆମର, ପ୍ରେମିକ-ପ୍ରେୟସୀର।
ଅତ୍ୟନ୍ତ ନିବିଡ଼ ଓ ଅନାବିଳ ସେହି ସମ୍ବନ୍ଧ।
ଖୁବ୍ ଭଲ ପାଏ ସେ ମୋତେ ଏବଂ ମୁଁ ମଧ ଚାହେଁ ତାହାର ଅନ୍ତରଂଗତା।
ମାତ୍ର ହାୟ! ଏକ ଅବାଂଛିତ ଶତ୍ରୁ ଆସି ଯାଏ ଆମ ମଧ୍ୟରେ
ଏବଂ ନେଇ ଆସେ ଆମ ପାଇଁ ଦୁଃଖ, ଦୁର୍ଦ୍ଦଶା।
ଅତ୍ୟନ୍ତ ନିଷ୍ଠୁର ସେ, ଏବଂ ଅତ୍ୟନ୍ତ ନିପୁଣ, ନିଜର ମିଥ୍ୟା ଆଶ୍ୱାସନା
ଏବଂ ବାହ୍ୟ ରୂପ ଦ୍ୱାରା ଅନ୍ୟ ମାନଂକୁ ଆକର୍ଷିତ କରିବାରେ।
ନାମଟି ତାହାର ବସ୍ତୁବାଦିତା।
ଏକ ଚତୁର ପ୍ରହରୀ ରୂପରେ, ଅନୁସରଣ କରୁଥାଏ, ସେ ଆମର, ଅହରହ।
ଏବଂ ମୋର ପ୍ରେମିକ ପାଇଁ ଆଣେ ଅସହନୀୟ ଅସ୍ଥିରତା।
ଜଂଗଲ, ବୃକ୍ଷ ଓ ହ୍ରଦ ମଧ୍ୟରେ ଖୋଜେ ମୁଁ, ମୋର ପ୍ରେମିକାକୁ, ମାତ୍ର ପାଏ ନାହିଁ ସେଠାରେ।
କାରଣ, ବସ୍ତୁବାଦିତା ତାହାକୁ କୋଳାହଳ ପୂର୍ଣ୍ଣ ନଗରୀକୁ ନେଇ
ବସାଇ ଦେଇଛ, ଧନ-ସଂପତ୍ତି ଦ୍ୱାରା ସୁସଜ୍ଜିତ, କଂପିତ ସିଂହାସନ ଉପରେ।
ଜ୍ଞାନ ଜନିତ କୋମଳ ଭାଷା ତଥା ବୁଦ୍ଧି ସମ୍ଭୁହିତ ଗୀ. ମାଧ୍ୟମରେ ଆକୁଳ ବିନୟ କରେଁ ମୋର
ପ୍ରେମିକାକୁ।
ମାତ୍ର ଶୁଣି ପାରେ ନାହିଁ ସେ ମୋତେ, କାରଣ, ଅର୍ଥ-ଲିପ୍ସା ବାସ କରୁଥିବା
ଅନ୍ଧ କୂପ ମଧ୍ୟକୁ ପ୍ରଲୋଭିତ କରି ନେଇ ଯାଇଛି ଶତ୍ରୁ, ବସ୍ତୁବାଦିତା।
ସନ୍ତୁଷ୍ଟତା ମଧ୍ୟରେ ଅନ୍ୱେଷଣ କରେଁ ତାକୁ, ମାତ୍ର ସେଠାରେ ନିଜକୁ ପାଏଁ ଏକାନ୍ତ।
କାରଣ, ବସ୍ତୁବାଦିତା, ସ୍ୱର୍ଣ୍ଣ ନିର୍ମିତ ଶିକୁଳି ଦ୍ୱାରା ଅତି ନିଷ୍ଠୁର ଭାବରେ
ଆବଦ୍ଧ କରି ରଖୁଛି ତାହାକୁ, ଲୋଭ ଓ ଲାଳସାର ଗୁମ୍ଫା ମଧ୍ୟରେ।
ଉଷାର ଆଗମନରେ, ତାହାକୁ ମୋର ଆକୁଳ ଆହ୍ୱାନ ଦେଖି ହସି ଦିଏ ପ୍ରକୃତି।
ମାତ୍ର ପ୍ରଚୁରତା ପ୍ରାପ୍ତିର ଧୂଳିକା ରାଶି ଦ୍ୱାରା ଅନ୍ଧ ପାଲଟି ଯାଇଥିବା
ପ୍ରେମିକ ମୋର ଶୁଣିପାରେ ନାହିଁ ମୋର ମନର କଥା।
ତଥାପି ହତାଶ ନ ହୋଇ, ସାୟଂ କାଳରେ ପୁଷ୍ପ ମାନଂକର ସୁପ୍ତ ଅବସ୍ଥାରେ,
ଆହ୍ୱାନ କରେ ମନମୁଗ୍ଧକାରୀ ସ୍ୱରର ଇଂଗିତ ଦ୍ୱାରା।
ମାତ୍ର ହାୟ! ଆସେ ନାହିଁ ତାହାର ଉତ୍ତର।
କାରଣ, ଆସନ୍ତାକାଲିର ଅନିଶ୍ଚତାର ଭୟରେ ରହିଥାଏ ସେ ଗଭୀର ଚିନ୍ତାମଗ୍ନ।
ମୋତେ ଭଲ ପାଇବା ପାଇଁ ସେ ଆକାଂକ୍ଷିତ।

ତାହାର ସମସ୍ତ କାର୍ଯ୍ୟାବଳୀରେ, ମୋର ଉପସ୍ଥିତିର କରେ ଅଭିଳାଷା।
ମାତ୍ର ଈଶ୍ୱର ଉଦ୍ଦେଶିତ କାର୍ଯ୍ୟ ବ୍ୟତୀତ ଅନ୍ୟ କୌଣସି କାର୍ଯ୍ୟରେ ପାଏ ନାହିଁ ମୋତେ।
ଅନ୍ୟ ମାନଂକର ହାଡ଼ରେ ନିର୍ମାଣ କରିଥିବା ତାହାର
ଗୌରବର ଅଟ୍ଟାଳିକା ମଧ୍ୟରେ ଥାଇ ସେ ଆଶା କରେ ମୋର ଘନିଷ୍ଠ ସାନ୍ନିଧ୍ୟ।
ତାହାର ସୁନା ରୂପାର ସ୍ତୁପରୁ ଇଂଗିତ କରି ଡାକେ ସେ ମୋତେ।
ମାତ୍ର, ମୋତେ ସେ ପାଇ ପାରିବ, କେବଳ ଯଦି ସେ ଆସି ପାରିବ,
ଝରଣା କୂଳ ସ୍ଥିତ ଈଶ୍ୱର ନିର୍ମିତ ସରଳତାର ବାସ ଗୃହକୁ ଯେଉଁଠାରେ
ଭୂ ବିଚ୍ଛେଦ ଜନିତ ଯନ୍ତ୍ରଣା କ୍ଲିଷ୍ଟ ଅବସ୍ଥାରେ ବାସ କରେଁ, ତାହାର ଅପେକ୍ଷା କରି।
ତାହାର ଧନ ସଂପତ୍ତିର ଗନ୍ତାଘର ସମ୍ମୁଖରେ ଚୁମ୍ବନ କରିବାକୁ ଚାହେଁ ସେ ମୋତେ।
ମାତ୍ର ମୃଦୁ ପବନ ପ୍ରଚୁର ଥିବା ସ୍ଥାନ ବ୍ୟତୀତ ଅନ୍ୟ ସ୍ଥାନରେ ପାରିବ ନାହିଁ କରି ସେ ମୋର ଓଷ୍ଠକୁ ସ୍ପର୍ଶ।
ତାକୁ ପ୍ରେମିକା ରୂପରେ ଗ୍ରହଣ କରି ତାହାର
ଅପର୍ଯ୍ୟାପ୍ତ ସଂପତ୍ତିରେ ଭାଗ ନେବା ପାଇଁ ଆବେଦନ କରେ ସେ ମୋତେ।
ମାତ୍ର ନାଁ, କୌଣସି ପ୍ରକାରେ ମୁଁ ତ୍ୟାଗ କରି ପାରିବି ନାହିଁ,
ଈଶ୍ୱର ଦତ୍ତ ଭାଗ୍ୟ, ଅବା, ବାହାର କରି ପାରିବି ନାହିଁ ମୋର ସୌନ୍ଦର୍ଯ୍ୟର ଐଶ୍ୱରୀକ ପୋଷାକ।
ପ୍ରତାରଣାକୁ ସେ ଖୋଜେ ମାଧ୍ୟମ ରୂପେ, ମୁଁ ଖୋଜେ ତାହାର ହୃଦୟର ମାଧ୍ୟମ।
ମୋର ଶତ୍ରୁ ପାଇଁ କିପରି କ୍ରନ୍ଦନ କରାଯାଏ ତାହା ହିଁ ଶିଖି ପାରିଛି ମୋର ପ୍ରେମିକ,
ମାତ୍ର ମୁଁ ତାହାକୁ ଶିଖାଇବି, କିପରି ଅନ୍ୟ ସମସ୍ତଂକ ପାଇଁ, ପ୍ରେମ ଓ ଦୟାର ଅଶ୍ରୁପାତ କରିବ ତାହାର ଆତ୍ମା
ଏବଂ ସେହି ଅଶ୍ରୁ ମାଧ୍ୟମରେ କିପରି ମନୁଷ୍ୟ ମୋର ଅବିଚ୍ଛେଦ୍ୟ ପ୍ରେମିକ,
ଏଣୁ ସର୍ବଦା ମୁଁ ତାହାର ହୋଇ ରହିବା ପାଇଁ ଆକାଂକ୍ଷିତ ଏବଂ ସଂକଳ୍ପବଦ୍ଧ ମଧ୍ୟ।

15. ବର୍ଷା ର ଗୀତ

ରୂପେଲି ସୂତାର ଧାରା ରୂପରେ ସ୍ୱର୍ଗର ଦେବତା ମାନଂକ ଦ୍ୱାରା ପ୍ରେରିତ ମୁଁ ପୃଥିବୀ ପୃଷ୍ଠକୁ।
ମୋର ସୌନ୍ଦର୍ଯ୍ୟରେ ଆକୃଷ୍ଟ ହୋଇ ତାହାର ବିସ୍ତାରିତ କ୍ଷେତ୍ର
ଏବଂ ଉପତ୍ୟକା କୁ ସୁଶୋଭିତ ଓ ସଜ୍ଜିତ କରିବା ପାଇଁ, ପ୍ରକୃତି ଆସି ନେଇଯାଏ, ମୋତେ ତାହା ପାଖକୁ।
ମୁଁ କାନ୍ଦିଲେ ହସନ୍ତି ପର୍ବତ ମାଳା।
ମୁଁ ବିନମ୍ର ହେଲେ, ଉତଫୁଲ୍ଲିତ ହୁଅନ୍ତି ପୁଷ୍ପମାଳା।
ସଂସାର କ୍ଷେତ୍ର ଓ ମେଘ, ଉଭୟ ପ୍ରେମିକ-ପ୍ରେୟସୀଂକ ମଧ୍ୟରେ
ମୁଁ ଦୟା ତଥା ଅନୁକଂପାର ବାର୍ତ୍ତା ବାହାକ।
କ୍ଷେତ୍ର ର ତୃଷା ମେଂଟାଇବା ସହିତ ମେଘର ରୋଗ ନିବାରଣ କରେ ମୁଁ।
ଘଡ଼ଘଡ଼ିର ନିନାଦ, ସୂଚନା ମୋର ଆଗମନର, ତଥା ଇନ୍ଦ୍ରଧନୁ ପ୍ରତ୍ୟାଗମନର।
ସମୁଦ୍ରର ହୃଦୟରୁ ମୁଁ ନିଃସୃତ ତଥା ମୃଦୁ ମଳୟରେ ହୁଏଁ ପ୍ରସ୍ଫୁଟିତ।
ମୋର ଚଲା ବାଟରେ, ଅଭାବଗ୍ରସ୍ତ କ୍ଷେତ୍ରକୁ ଦେଖିଲେ,
ଅବରୋଣ କରି ପୁଷ୍ପ ଓ ବୃକ୍ଷ ରାଶିଂକୁ କରେ ଆଲିଂଗନ।
ଝରକା ଗୁଡ଼ିକୁ ସ୍ପର୍ଶ କରେ ମୋର କୋମଳ ଅଂଗୁଳି ଦ୍ୱାରା ଏବଂ ଏକ ମଧୁର ଗୀତରେ ହୁଏ ମୋର ସ୍ୱାଗତ।
ଏହି ଗୀତକୁ ଶୁଣନ୍ତି ସମସ୍ତେ, ମାତ୍ର ସୂକ୍ଷ୍ମାନୁଭବୀ ମାନେ ହିଁ ବୁଝି ପାରନ୍ତି ଅର୍ଥ ତାହାର।
ସ୍ତ୍ରୀ ମାନେ ପୁରୁଷ ମାନଂକ ଠାରୁ ଶକ୍ତି ଆହରଣ କରି,
ତାଂକୁ ଆୟତ୍ତ କରିବା ପରି, ପବନର ଉତ୍ତାପରୁ ଜନ୍ମ ନେଇ, ପରିବର୍ତ୍ତରେ ହତ୍ୟା କରେ ମୁଁ ତାହାର।
ଦୀର୍ଘ ଶ୍ୱାସ ମୁଁ ସମୁଦ୍ରର, ଏବଂ ଚାଷ ଜମିର ମୁଁ ହସ ଏବଂ ଅଶ୍ରୁ ମୁଁ ସ୍ୱର୍ଗର।
ଏଣୁ ପ୍ରେମ ସହିତ ମୁଁ ବିଦାୟ ନିଏ ସ୍ନେହର ଗଭୀର ସମୁଦ୍ରର ଦୀର୍ଘ ଶ୍ୱାସ,
ଆତ୍ମାର ରଂଗଯୁକ୍ତ କ୍ଷେତ୍ରର ହାସ୍ୟ ଏବଂ ସ୍ୱର୍ଗର ଅସରନ୍ତି ସ୍ମୃତିର ଅଶ୍ରୁ ରୂପରେ।

16. ଦୟା କର ମୋତେ ମୋର ଆତ୍ମା

ହେ ମୋର ପ୍ରିୟ ଆତ୍ମା!
କାହିଁକି କର ତୁମେ ବିଳାପିତ କ୍ରନ୍ଦନ।
ଦୁର୍ବଳତା ମୋର ଜାଣିଛ କି ତୁମେ?
ଅଶ୍ରୁ ତୁମର ଅତ୍ୟନ୍ତ କଷ୍ଟଦାୟକ ମୋ ପାଇଁ, କାରଣ, ତୁମେ ନ କାନ୍ଦିଲେ, ଜାଣିପାରେ ନାହିଁ ମୁଁ ମୋର ଭୁଲ।
ତୁମର ସ୍ୱପ୍ନ, ତୁମର ଆକାଂକ୍ଷା ଏବଂ ନିର୍ଦ୍ଦେଶ ଗୁଡ଼ିକୁ, ଠିକ୍ ଭାବରେ ଆକଳନ କରିବା ପାଇଁ, ମନୁଷ୍ୟ ସୃଷ୍ଟ ଶବ୍ଦ ବ୍ୟତୀତ ନାହିଁ ଆଉ କିଛି ମୋ ପାଖରେ।
ଏବେ ଦେଖ ମୋତେ, ମୋର ଆତ୍ମା।
ଯାହା ସବୁ ତୁମେ ମୋତେ ଶିଖାଇଲ, ତାହାକୁ ଅକ୍ଷର-ଅକ୍ଷରେ ପାଳନ କରିବାରେ ଅତିବାହିତ କରି ଦେଇଛି ମୋର ସାରା ଜୀବନ।
ଫଳ ସ୍ୱରୂପ, କେତେ କଷ୍ଟ ମୁଁ ପାଉଛି, ଦେଖ।
ସିହାଂସନରେ ବସି, ଅତ୍ୟନ୍ତ ଗୌରବାନ୍ୱିତ ମନେ କରୁଥିଲ ମୁଁ ନିଜକୁ, ମାତ୍ର ଦାସତ୍ୱର ବନ୍ଧନରେ ଆଜି ସେ ଶୃଂଖଳିତ।
ଧୈର୍ଯ୍ୟ ଥିଲା ମୋର ପ୍ରିୟ ସହଚର ମାତ୍ର ଆଜି ସେ ମଧ୍ୟ କହେ ମୋ ବିରୁଦ୍ଧରେ।
ଯୌବନ ଥିଲା ମୋର ଆଶା ଭରସା, ମାତ୍ର ମୋ ଜୀବନରେ ଘଟିଥିବା ଅବହେଳା ପାଇଁ ଆଜି ସେ ମଧ୍ୟ ମୋତେ କରେ ତିରସ୍କାର।
କାହିଁକି ମୋର ହୃଦୟ, ଦାବୀ କର ମୋ ଠାରୁ, ଅନେକ କିଛି କରିବା ପାଇଁ?
ନିଜ ପାଇଁ ସୁଖ ସଂଭୋଗ ମୁଁ ପରିତ୍ୟାଗ କରିଲି, ଏବଂ ତୁମ ନିର୍ଦ୍ଦେଶିତ ନୀତି ପାଳନ କରିବାରେ ଜୀବନର ଆନନ୍ଦ ସୁଯୋଗ ପରିତ୍ୟାଗ କରିଲି।
ମୁଁ ଜାଣେ, ନ୍ୟାୟ ଦାନ ପାଇଁ ତୁମେ ପ୍ରସିଦ୍ଧ ଏଣୁ ନ୍ୟାୟ ବିଚାର କର ମୋ ପ୍ରତି,
ଅଥବା ମୃତ୍ୟୁକୁ ଡାକ ମୋ ପାଖକୁ, ମୋତେ ସଂସାରରୁ ମୁକ୍ତି ଦେବା ପାଇଁ।
ଦୟା କର ମୋତେ ମୋରା ଆତ୍ମା।
ପ୍ରେମ ମୋତେ ଏପରି ଭାରାକ୍ରାନ୍ତ କରି ଦେଇଛି ଯେ, ନିଜର ଦାୟୀତ୍ୱ ତୁଲାଇବାରେ ମଧ୍ୟ ମୁଁ ହୋଇଛି ଅକ୍ଷମ।
ତୁମେ ଏବଂ ପ୍ରେମ ଅବିଚ୍ଛେଦ୍ୟ ଶକ୍ତି, ମୁଁ ଏବଂ ବସ୍ତୁବାଦିତା, ଅବିଚ୍ଛେଦ୍ୟ ଦୁର୍ବଳତା।
କେବେ ହୋଇ ପାରିବ କି ଅନ୍ତ ଶକ୍ତି ଓ ଦୁର୍ବଳତାର ଏହି ସଂଘର୍ଷ।
ଦୟା କର ମୋତେ ମୋର ଆତ୍ମା ।
ମୋର ପ୍ରୟୋଜନୀତାରୁ ଯଥେଷ୍ଟ ସୌଭାଗ୍ୟ ତୁମେ ମୋତେ ଦେଖାଇଛ।
ତୁମେ ଓ ସୌଭାଗ୍ୟ ଦୁହେଁ ବାସ କର ପର୍ବତ ଶିଖରରେ।

ମୁଁ ଏବଂ ମୋର ଦୁର୍ଦ୍ଦଶା ବାସ କରୁଁ ଉପତ୍ୟକାର ଗଭୀରତାରେ।
କେବେ ହେଲେ, ଏକତ୍ରୀତ ହୋଇ ପାରିବେ କି, ପର୍ବତ ଏବଂ ଉପତ୍ୟକା?
ଦୟା କର ମୋତେ ହେ ମୋର ଆତ୍ମା।
ସୌନ୍ଦର୍ଯ୍ୟକୁ ମାତ୍ର କ୍ଷଣେ ଦେଖାଇ, ଲୁଚାଇ ରଖ ତାକୁ ନିଜ ଅନ୍ତୁଆଳରେ।
ତୁମେ ଓ ଆଲୋକ ବାସ କର ଆଲୋକରେ।
ଅଜ୍ଞାନତା ଓ ମୁଁ ବାସ କରୁଁ, ଅନ୍ଧକାରରେ।
ଆସିବ କି ଏପରି ସମୟ, ଯେବେ ଆଲୋକ ଅଧିକାର କରି ପାରିବ ଅନ୍ଧକାରକୁ।
ଯଦିଓ ତୁମର ଅନ୍ତ ହେଲେ ଆସିବ, ଉଲ୍ଲାସ, କେବଳ ମାତ୍ର ତାହାର ଆଶାରେ ତୁମେ ଲାଗି ରହିଛ ଆନନ୍ଦ ଉତ୍ସବ ପାଳନକରିବାରେ।
ମାତ୍ର ଜୀବନକୁ ନେଇ, ଶରୀର ଯନ୍ତ୍ରଣା ଗ୍ରସ୍ତ।
ହେ ମୋର ହୃଦୟ! ଏହା ହିଁ ଅତ୍ୟନ୍ତ ବିଭ୍ରାନ୍ତକରୀ।
କ୍ଷୀପ୍ର ଗତିରେ ତୁମେ, ଅଗ୍ରସର ତୁମର ଅମରତ୍ୱ ଅଭିମୁଖେ।
ମାତ୍ର ଶରୀର ତୁମର ମଂଥର ଗତିରେ ଅଗ୍ରସର ହୁଏ ଧ୍ୱଂସ ଅଭିମୁଖେ।
ତୁମେ ଅପେକ୍ଷା କର ନାହିଁ ତାହାର, ଏବଂ ସେ ଶୀଘ୍ର ଆଗେଇ ପାରେ ନାହିଁ ତୁମ ସହିତ।
ଏହା ହିଁ ମୋର ଆତ୍ମା, ଅତ୍ୟନ୍ତ ଦୁଃଖଦାୟକ।
ତୁମେ ଉର୍ଦ୍ଧ୍ୱଗାମୀ, ସ୍ୱର୍ଗ ଦ୍ୱାରା ଆକର୍ଷିତ ହୋଇ, ମାତ୍ର ତୁମ ଶରୀର ନିମ୍ନଗାମୀ, ମାଧ୍ୟାକର୍ଷଣ ଦ୍ୱାରା।
ଶରୀରକୁ ତୁମେ ସାନ୍ତ୍ୱନା ଦେଇପାର ନାହିଁ ଏବଂ ତୁମକୁ ବୁଝିପାରେ ନାହିଁ ସେ।
ଏଣୁ ମୋର ଆତ୍ମା ଅତ୍ୟନ୍ତ ମର୍ମାହତ।
ଯଦିଓ ଜ୍ଞାନରେ ତୁମେ ସମୃଦ୍ଧ, ଶରୀର ତୁମର ବୁଝିପାରେ ନାହିଁ ତାହା।
ତୁମେ ବୁଝାମଣା କର ନାହିଁ ତା ସହିତ, ଏବଂ ଶରୀର ମାନେ ନାହିଁ କାହାରି କଥା।
ଏହା ହିଁ ମୋର ଆତ୍ମା ପାଇଁ ଅତ୍ୟନ୍ତ ଯନ୍ତ୍ରଣାଦାୟକ।
ରାତ୍ରୀର ନିସ୍ତବ୍ଧତାରେ ତୁମ ପ୍ରେମିକ ପାଖକୁ ଆସି ଉପଭୋଗ କରି ଯାଅ ତାହାର ମଧୁର ଉପସ୍ଥିତିର।
ସେହି ସମୟରେ ଶରୀର ପୀଡ଼ିତ ଥାଏ ଆଶା ଓ ବିଚ୍ଛେଦ ଜନିତ ପୀଡ଼ାରେ।
ଏହା ହିଁ ମୋର ଆତ୍ମାର ଗଭୀର ନିର୍ଯାତନା।
ଦୟା କର ହେ ମୋର ଆତ୍ମା।

17. ଛାଡ଼ ମୋତେ ମୋର ନିନ୍ଦୁକ

ହେ ମୋର ନିନ୍ଦୁକ!
ମୋର କାର୍ଯ୍ୟାବଳୀର ସମାଲୋଚକ!
ଛାଡ଼ି ଦିଅ ମୋତେ ମୋର ଅବସ୍ଥାରେ, ତୁମ୍ଭର ଆତ୍ମାକୁ, ତୁମର ପ୍ରେମିକା ସହିତ ମିଳନ କରାଉଥିବା
ସେହି ପ୍ରେମ ପାଇଁ, ଯେ ତୁମର ହୃଦୟକୁ ଆବଦ୍ଧ କରି ରଖେ ସନ୍ତାନୋଚିତ ପ୍ରେମ ବନ୍ଧନରେ।
ଚାଲି ଯାଅ ଏଠାରୁ ଏବଂ ମୋର ବିଳାପିତ ହୃଦୟ ସହିତ ମୋତେ ଛାଡ଼ି ଦିଅ।
ମୋର ସ୍ୱପ୍ନର ସମୁଦ୍ରରେ ଯାତ୍ରା କରିବାକୁ ଛାଡ଼ି ଦିଅ ମୋତେ, ମୋର ଅବସ୍ଥାରେ।
ଆସନ୍ତା କାଲିର ଆଗମନ ଯାଏଁ ଅପେକ୍ଷା କର, କାରଣ, ଆସନ୍ତାକାଲିର ଯାହା ଇଚ୍ଛା ମୋ ସହିତ କରିବାର, ସେ ନିଶ୍ଚିତ କରିବ।
ତୁମ୍ଭର ଗୀତି କାବ୍ୟ ଏକ ଛାୟା ବ୍ୟତୀତ ଆଉ କିଛି ନୁହେଁ,
ଯାହା ଆତ୍ମା ସହିତ ଲଜ୍ୟା ଅପମାନର ସମାଧି ସ୍ତମ୍ଭ ପାଖକୁ
ଯାଇ ତାହାକୁ ଶୀତଳ କଠିନ ପୃଥିବୀକୁ ଦର୍ଶନ କରାଏ।
ମୋର ଅନ୍ତରରେ ଅଛି ଏକ କ୍ଷୁଦ୍ର ହୃଦୟ ଏବଂ ମୁଁ ଚାହେଁ,
ତାହାର ବନ୍ଧନରୁ ମୁକ୍ତ କରି ମୋର ହାତ ପାପୁଲିରେ ନେଇ,
ଗଭୀର ଭାବରେ ପରୀକ୍ଷା କରି, କୌଣସି ପ୍ରକାରେ ତାହାର ଗୋପନୀୟତା ଉଦ୍ଧାର କରିବି।
ଲକ୍ଷ୍ୟ କର ନାହିଁ ତୁମର ତୀର, ତାହା ପ୍ରତି।
ନଚେତ୍, ତାହାର ସୃଷ୍ଟିକର୍ତ୍ତା, ସୌନ୍ଦର୍ଯ୍ୟ ଓ ପ୍ରେମର ଉପାଦାନରେ ଗଢ଼ିବା ସମୟରେ ତାହାକୁ
ଯେଉଁ ପବିତ୍ର ରକ୍ତ ଦାନ କରିଥିଲେ, ତାହା ହୁଏ ତ ସେ ଭୟରେ,
ତାହାର ନିଜର ବିଶ୍ୱାସର ପୂଜା ମଣ୍ଡପରେ ଉତ୍ସର୍ଗ କରିଦେବ।
ସୂର୍ଯ୍ୟ ଦେବତା ଦିଗବଳୟରେ ଉଦୟ ରତ, ନାଇଟଂଗଲ୍ ପକ୍ଷୀଟି ମଧୁର ଗୀତରେ ମଗ୍ନ,
ଏବଂ ସବୁଜ ଗୁଳ୍ମ ଦ୍ୱାରା ମହାକାଶ ସୁଗନ୍ଧିତ।
ମିଥ୍ୟା ଦ୍ୱାରା ଆଚ୍ଛାଦିତ ନିଦ୍ରାରୁ ମୁକ୍ତ କରିବାକୁ ଚାହେଁ ମୁଁ ନିଜକୁ।
ଏଣୁ ଅଟକାଇ ରଖ ନାହିଁ ମୋତେ, ମୋର ନିନ୍ଦୁକ।
ଜଂଗଲର ସିଂହ ଅବା ଉପତ୍ୟକାର ସର୍ପର ଉଦାହରଣ ଦେଇ, ଦୋଷ ଦିଅ ନାହିଁ ମୋତେ।
କାରଣ ହୃଦୟ ମୋର ଭୟ କଣ ଜାଣେ ନାହିଁ
ଏବଂ ଅନିଷ୍ଟ ନ ଆସିବା ଯାଏଁ, ଗ୍ରହଣ କରେ ନାହିଁ ତାହାର କୌଣସି ସଂକେତ।
ଉପଦେଶ ବାଣୀ ଶୁଣାଅ ନାହିଁ ମୋତେ, ହେ ନିନ୍ଦୁକ!
କାରଣ, ପ୍ରତିକୂଳାବସ୍ଥା, କରି ଦେଇଛି ମୋର ହୃଦୟର ଦ୍ୱାରକୁ ଉନ୍ମୁକ୍ତ।
ଚକ୍ଷୁକୁ ପରିଷ୍କୃତ କରି ଦେଇଛନ୍ତି ମୋର ଅଶ୍ରୁ।

ଏବଂ ଭୁଲ୍-ଭ୍ରାନ୍ତି, ଶିକ୍ଷା ଦେଇଛନ୍ତି ମୋତେ ହୃଦୟର ଭାଷା ବୁଝିବା ପାଇଁ।
ମୋର ନିର୍ବାସନ ବିଷୟରେ କୁହ ନାହିଁ ମୋତେ,
କାରଣ ମୋର ବିବେକ ହିଁ ମୋର ବିଚାରକ।
ଯଦି ମୁଁ ନିର୍ଦ୍ଦୋଷ, ତେବେ ସୁରକ୍ଷା କରିବ ମୋର।
ଏବଂ ପ୍ରକୃତରେ ଯଦି ମୁଁ ଦୋଷୀ,
ତେବେ ମୋର ଜୀବନରୁ ବଂଚିତ କରିବ ସେ ମୋତେ।
ପ୍ରେମର ଶୋଭାଯାତ୍ରା ଆଗେଇ ଚାଲିଛି।
ସୌନ୍ଦର୍ଯ୍ୟ ହଲାଉଛି ତାହାର ପତାକା, ଯୌବନ ବଜାଉଛି ତାହାର ଆନନ୍ଦର ତୁରୀ।
ମୋର ଅନୁତାପକୁ ବିଚଳିତ ହେବାକୁ ଦିଅ ନାହିଁ,
ମୋତେ ଆଗେଇ ଯିବାକୁ ଦିଅ ମୋର ନିନ୍ଦୁକ।
କାରଣ ଗୋଲାପର ସୁଗନ୍ଧରେ, ପଥ ମୋର ଅତ୍ୟନ୍ତ ସମୃଦ୍ଧ ଏବଂ ପବନ ସୁଗନ୍ଧିତ ପରିଚ୍ଛନ୍ନତାରେ।
କୁହ ନାହିଁ ମୋତେ, ଧନ ସଂପତ୍ତି ବା ମହାନତାର କଥା,
କାରଣ ଆତ୍ମା ମୋର ସମୃଦ୍ଧ, ବଦାନ୍ୟତାରେ ଏବଂ ମହାନ୍ ଈଶ୍ୱରଂକ ଗୌରବରେ।
କୁହ ନାହିଁ ମୋତେ ଲୋକ ମାନଂକର ନୀତି ନିୟମ ଅବା ବିରାଟ୍ ସାମ୍ରାଜ୍ୟ ବିଷୟରେ।
କାରଣ ସମଗ୍ର ପୃଥିବୀ ମୋର ଜନ୍ମ ସ୍ଥାନ ଏବଂ ସମଗ୍ର ମାନବ ସମାଜ ମୋର ସହୋଦର।
ଦୂର ହୋଇ ଯାଅ, ମୋ ଠାରୁ ହେ ନିନ୍ଦୁକ ମାନେ।
କାରଣ ଜୀବନ ଦଣ୍ଡ ଅନୁଶୋଚନା ନେଇ ଯାଇ ତୁମେ ନେଇ ଆସୁଛ ଅର୍ଥହୀନ ଶବ୍ଦ ଗୁଡ଼ିକୁ।

14. ପ୍ରେମିକ ର ଆହ୍ୱାନ

କେଉଁଠି ଅଛ ହେ ମୋର ପ୍ରେୟସୀ।

ବ୍ୟସ୍ତ ଅଛ କି ତୁମେ ସେହି କ୍ଷୁଦ୍ର ନନ୍ଦନ କାନନର ପୁଷ୍ପ ବୃକ୍ଷ ଗୁଡ଼ିକୁ ଜଳ ଯୋଗାଇବାରେ, ଯେଉଁ ପୁଷ୍ପ ଗୁଡ଼ିକ, ମାତ୍ର ବୃକ୍ଷ ଉପରେ ନିର୍ଭରଶୀଳ ଶିଶୁର ଚକ୍ଷୁରେ ଦେଖନ୍ତି ତୁମକୁ।

ଅବା ଅଛ କି ତୁମେ ନିଜ ପ୍ରକୋଷ୍ଠରେ ଯେଉଁଠାରେ ତୁମର ସମ୍ମାନରେ ସ୍ଥାପିତ କରା ଯାଇଛି ସଚ୍ଚୋଟତାର ଆରାଧନା ସ୍ଥଳୀ ଏବଂ ସେଠାରେ ତୁମେ ମୋର ଆତ୍ମା ଏବଂ ହୃଦୟକୁ ଅର୍ପଣ କର ଅର୍ଘ୍ୟ ରୂପରେ।

ଯଦିଓ ଐଶ୍ୱରୀକ ଜ୍ଞାନରେ ତୁମେ ପରିପୂର୍ଣ୍ଣ, ମାନବ ଜ୍ଞାନର ଅନ୍ୱେଷଣରେ ଯାଇ, ରହି ଯାଇଛ କି କୌଣସି ପୁସ୍ତିକା ମଧ୍ୟରେ।

ହେ ମୋର ଆତ୍ମାର ସହଚରୀ! କେଉଁଠାରେ ଅଛ ତୁମେ?

ମନ୍ଦିର ମଧ୍ୟରେ ପ୍ରାର୍ଥନା କରୁଛ କି ତୁମେ?

ଅବା ତୁମର ସ୍ୱପ୍ନର ଆବାସ ସ୍ଥଳୀକୁ ଆହ୍ୱାନ କରୁଛ ଉପତ୍ୟକା ସ୍ଥିତ ପ୍ରକୃତିକୁ।

ତୁମର ଆତ୍ମାର ମାଧୁର୍ଯ୍ୟତାର ଲେପରେ, କୌଣସି ଭଗ୍ନ ହୃଦୟକୁ ସାନ୍ତ୍ୱନା ଦେବାରେ ରହି ଯାଇଛ କି ଏକ ଗରିବର କୁଟୀର ରେ, ଏବଂ ତୁମର ବଦାନ୍ୟତା ଦାନ କରି, ପୂର୍ଣ୍ଣ କରୁଛ କି ଗରିବଟିର ଶୂନ୍ୟ ହସ୍ତ?

ଈଶ୍ୱରଂକ ଆତ୍ମା ରୂପରେ ତୁମେ ସର୍ବତ୍ର ବିରାଜମାନ, ଯୁଗ ମାନଂକ ଠାରୁ ମଧ୍ୟ ଅଧିକ ବଳବାନ୍ ତୁମେ।

ମନେ ଅଛି କି ଆମର ପ୍ରଥମ ମିଳନ, ଯେବେ, ତୁମର ଆତ୍ମାର ଜ୍ୟୋତିର୍ବଳୟ ବେଷ୍ଟିତ କରି ରଖିଥିଲା ଆମକୁ, ଏବଂ ଆତ୍ମାର ପ୍ରଶଂସା ଗାନ କରି ଘୁରି ବୁଲୁଥିଲେ, ପ୍ରେମର ଦେବଦୂତ ମାନେ।

ମନେ ଅଛି କି ତୁମର, ପଞ୍ଜୁରୀ ଯେପରି ହୃଦୟର ଶାସ୍ୱତ ଗୋପନୀୟତାକୁ ଆଘାତ ପ୍ରାପ୍ତ ହେବାରୁ ସୁରକ୍ଷା ପ୍ରଦାନ କରେ, ସେହିପରି, ମାନବିକତା ବୃକ୍ଷର ଛାୟା ତଳେ ଆଶ୍ରୟ ନେଇ ଉପବିଷ୍ଟ ଥିଲୁଁ ଆମେ ମାନେ।

ମନେ ଅଛି କି ତୁମର!

ହାତ ଧରା ଧରି ହୋଇ, ମସ୍ତକ ଆନତ କରି ନିଜକୁ ନିଜ ଭିତରେ ଲୁଚାଇ, ଚାଲି ଯାଉଥିଲୁ, ଜଂଗଲର ଚଲା ପଥରେ।

ମନେ ଅଛି କ ତୁମର! ବିଦାୟ କାଳୀନ ମୁହୂର୍ତ୍ତରେ, ମୋର ଓଷ୍ଠରେ ତୁମର ସେହି ଉଷ୍ମ ଚୁମ୍ବନ?

ସେହି ଚୁମ୍ବନ ମୋତେ ଶିଖାଇଛି, ପ୍ରେମରେ ଦୁଇ ଓଷ୍ଠର ମିଳନ, ଜିହ୍ୱା ଉଚ୍ଚାରଣ କରିପାରୁ ନ ଥିବା ସ୍ୱର୍ଗୀୟ ଗୋପନୀୟତାକୁ ପ୍ରକାଶ କରେ।

ପୃଥିବୀକୁ ମନୁଷ୍ୟ ରୂପରେ ପରିବର୍ତ୍ତନ କରି ଥିବା ଈଶ୍ୱରଂକର ଶ୍ୱାସ ସଦୃଶ୍ୟ ସେହି ବିଦାୟ କାଳୀନ ଉଷ୍ମଟ ଚୁମ୍ବନ।

ସେହି ଶ୍ୱାସ ମୋର ଆତ୍ମାର ଗୌରବର ଘୋଷଣା କରି ମୋତେ ନେଇଗଲା ଆଧ୍ୟାତ୍ମିକ ସଂସାରର ବାଟରେ, ଏବଂ, ଆମର ପୁନର୍ମିଳନ ହେବା ପର୍ଯ୍ୟନ୍ତ ମୁଁ ଅପେକ୍ଷା କରି ରହିଥିବି ସେହି ଠାରେ।
ଏ ଯାବତ୍ ମୋର ମନେ ଅଛି,
ଗାଲରେ ତୁମର ସୁନେଲି ଅଶ୍ରୁ ଧାରା ସହିତ ତୁମର ସେହି ଚୁମ୍ବନ ଉପରେ ଚୁମ୍ବନ ପ୍ରକ୍ରିୟା।
ଏବଂ ମନେ ପଡ଼େ ତୁମର ସେହି ବାଣୀ, ପାର୍ଥୀବ ଉଦ୍ଦେଶ୍ୟର ସାଧନ ପାଇଁ।
ଅନେକ ସମୟରେ, ଏହି ପାର୍ଥୀବ ଶରୀର ଏକ ଆରକ ଠାରୁ ବିଚ୍ଛେଦିତ ହେବା ଉଚିତ।
ଏବଂ ସାଂସାରିକ ଅଭିପ୍ରାୟ ଦ୍ୱାରା ପ୍ରଣୋଦିତ ହୋଇ ପୃଥକ୍ ହୋଇ ରହିବା ଉଚିତ।
ମାତ୍ର, ମୃତ୍ୟୁ ଆସି ମିଳିତ ଆତ୍ମାକୁ ନ ନେବା ପର୍ଯ୍ୟନ୍ତ ପ୍ରେମର ହସ୍ତରେ ଆତ୍ମା, ସୁରକ୍ଷିତ ହୋଇ ରହିଥାଏ।
ଏବେ ଯାଅ ମୋର ପ୍ରେୟସୀ, ପ୍ରେମ, ତାହାର ପ୍ରତିନିଧି ରୂପେ ମନୋନୀତ କରିଛି ତୁମକୁ।
ପାଳନ କର ତାହାର ଆଜ୍ଞା, କାରଣ, ତାହାର ଅନୁଗାମୀ ମାନଂକୁ ଜୀବନର ମଧୁରତାର ପାତ୍ର ଦାନ କରୁଥିବା ସେ ହିଁ ହେଉଛି ପ୍ରକୃତ ସୌନ୍ଦର୍ଯ୍ୟ।
ମୋର ଶୂନ୍ୟ ବାହୁ ଯୁଗଳ ପାଇଁ ତୁମର ପ୍ରେମ, ରହିବ ସଦା ମୋ ପାଇଁ, ଆରାମ ଦାୟକ ହୋଇ।
ଏବଂ ସ୍ମୃତି ତୁମର ହୋଇ ରହିବ ମୋର ଶାଶ୍ୱତ ବିବାହ ରୂପେ।
କେଉଁଠି ଅଛ ମୋର ଅନ୍ୟ ବ୍ୟକ୍ତିତ୍ୱ, ଜାଗ୍ରତ ଅଛ କି ତୁମେ ରାତ୍ରୀର ନୀରବତାରେ?
ସ୍ୱଚ୍ଛ ମୃଦୁ ମଳୟ ଅବଗତ କରାଉ ତୁମକ କି ମୋର ହୃଦୟର ପ୍ରତ୍ୟେକଟି ସ୍ନେହ ଓ ସ୍ପନ୍ଦନ, ଆଦର କରୁଛ କି ମୋର ଚେହେରାକୁ ତୁମର କୋମଳମତି ସ୍ମୃତିରେ?
ମାତ୍ର ସେହି ପ୍ରତିରୂପ ମୋର ହୋଇ ନାହିଁ ଆଉ, କାରଣ, ମୋର ଅତୀତର ସୁଖପୂର୍ଣ୍ଣ ମୁଖରେ ଆଚ୍ଛାଦିତ କରିଛି, ଦୁଃଖ, ତାହାର ଛାୟା।
ମୋର ଯେଉଁ ଚକ୍ଷୁରେ ତୁମର ସୁନ୍ଦରତା ପ୍ରତିଫଳିତ ହେଉଥିଲା, ମଳିନ କରି ଦେଇଛି ତାହାକୁ, କୋହ ପୂର୍ଣ୍ଣ ଆବେଗ, ଏବଂ ମୋର ଯେଉଁ ଓଷ୍ଠାକୁ ତୁମେ ମଧୁର କରିଥିଲ, ଶୁଷ୍କ କରି ଦେଇଛି ସେହି ଆବେଗକୁ।
କେଉଁଠି ଅଛ ହେ ମୋର ପ୍ରେୟସୀ, ସମୁଦ୍ରର ଆର ପାରିରୁ ଶୁଣି ପାରୁଛ କି ତୁମେ ମୋର କ୍ରନ୍ଦନ?
ଜାଣି ପାରୁଛ କି କଣ ଦରକାର ମୋର? ମୋର ଧୈର୍ଯ୍ୟର ମହାନତାକୁ ବୁଝି ପାରୁଛ ତ?
ଏହି ବାୟୁ ମଣ୍ଡଳରେ ଅଛି କି ଏପରି ଆତ୍ମା, ଯେ ପହଂଚାଇ ପାରିବ ତୁମ ପାଖକୁ ଏହି ମରଣ ପ୍ରାୟ ଯୁବକର ଦୀର୍ଘ ଶ୍ୱାସ?
ଦେବଦୂତ ମାନଂକ ମଧ୍ୟରେ ଅଛି କି ଏପରି ଗୋପନ ଯୋଗାଯୋଗର ମାଧ୍ୟମ, ଯାହା ମାଧ୍ୟମରେ ପହଂଚି ପାରିବ ତୁମ ପାଖକୁ ମୋର ଦୁଃଖପୂର୍ଣ୍ଣ ଅଭିଯୋଗ?
କେଉଁଠି ଅଛ ମୋର ସୁନ୍ଦର ତାରକା?
ଜୀବନର ଅନ୍ଧକାର ଓ ଅସ୍ୱଚ୍ଛତା, ଆଚ୍ଛାଦିତ ମୋ ଚତୁର୍ଦ୍ଦିଗରେ ଦୁଃଖ ଜୟ କରି ନେଇଛି ମୋତେ।

ଏଣୁ, ବାୟୁ ମଣ୍ଡଳକୁ ପ୍ରେରଣ କର ତୁମର ମଧୁର ସ୍ମିତ ହାସ୍ୟ, ତାହା ମୋ ପାଖକୁ ଆସି ଜୀବିତ କରିବ ମୋତେ, ପୁନର୍ବାର।
ତୁମର ମହକ ପୂର୍ଣ୍ଣ ଶ୍ୱାସ ପଠାଅ ପବନରେ, ଉତ୍ସାହିତ କରିବ ତାହା ମୋତେ, ଆଉ କିଛି ଦିନ ବଂଚି ରହିବା ପାଇଁ।
କେଉଁଠି ଅଛ ହେ ମୋର ପ୍ରେୟସୀ?
କେତେ ମହାନ୍ ଏହି ପ୍ରେମ ଏବଂ କେତେ କ୍ଷୁଦ୍ର ମୁଁ ତାହା ସମ୍ମୁଖରେ?

19. ମୃତ୍ୟୁ ର ସୌନ୍ଦର୍ଯ୍ୟ

ଆହ୍ୱାନ

ଶୋଇବାକୁ ଦିଅ ମୋତେ, କାରଣ, ପ୍ରେମ ଦ୍ୱାରା ନିଶାସକ୍ତ, ମୋର ଆତ୍ମା।
ବିଶ୍ରାମ କରିବାକୁ ଦିଅ ମୋତେ, କାରଣ ଆତ୍ମା ମୋର, ବଦାନ୍ୟତାର ଅନେକ ଦିବା-ରାତ୍ରୀ ଦେଖି ସାରିଛି।
ଦୀପ ଜଳାଇ, ସୁଗଂଧିତ ଧୂପକାଠି ଦିଅ ମୋର ଶଯ୍ୟାର ଚତୁର୍ପାର୍ଶ୍ୱରେ।
ଏବଂ ବିଛାଇ ଦିଅ, ଗୋଲାପ ଓ ହେନାର କୋମଳ ପତ୍ର ମୋର ଶରୀର ଉପରେ।
କେଶେ ମୋର ଲେପିତ କର ଝୁଣା ଓ ଧୂପ, ପାଦେ ମୋର ବିଂଛିତ କର, ସୁଗନ୍ଧ ଅତ୍ତର।
ଏବଂ ପଢ଼ି ଦେଖ, କଣ ଲେଖି ଯାଇଛି ମୃତ୍ୟୁ ମୋର କପାଳ ଉପରେ।
ନିଦ୍ରାର ବାହୁରେ ଦିଅ ମୋତେ ଶୋଇବାକୁ, କାରଣ, ଉନ୍ମୁକ୍ତ ଚକ୍ଷୁ ମୋର ଅତ୍ୟନ୍ତ କ୍ଳାନ୍ତ।
ବୀଣାର ଝଂକୃତ ତାର ବାଜି ଉଠୁ ମୋର ଆତ୍ମାକୁ କରିବାକୁ ଶାନ୍ତ।
ବାଦ୍ୟ ଧ୍ୱନିରେ ଆବୃତ କରିଦିଅ ମୋର ନିଃସ୍ତେଜକ ହୃଦୟକୁ।
ମୋର ଚକ୍ଷୁରେ ଆଶାର ଆଲୋକ ଦେଖିଲେ, ଅତୀତର କର ଗାନ।
କାରଣ ମୋର ହୃଦୟ ବିଶ୍ରାମ କରେ ଏହାର ଯାଦୁକାରୀ ଅର୍ଥର କୋମଳ ଶଯ୍ୟାରେ।
ପୋଛି ପକାଅ ନିଜର ଅଶ୍ରୁ, ମୋର ବନ୍ଧୁ ଗଣ।
ଆସନ୍ନ ଉଷାର ସ୍ୱାଗତ କରିବା ପାଇଁ ପୁଷ୍ପମାନେ ସେମାନଂକର ମୁକୁଟ ଉତ୍ତୋଳନ କରୁଥିବା ପରି, ଉଠାଇ ରଖ ନିଜର ମସ୍ତକ।
ଲକ୍ଷ୍ୟ କରି ଦେଖ, ବନ୍ଧୁ ଗଣ!
ଏକ ବିରାଟକାୟ ସ୍ତମ୍ଭ ରୂପରେ ମୃତ୍ୟୁର ସୁନ୍ଦର ବଧୂ ଦଣ୍ଡାୟମାନ ମୋର ଶଯ୍ୟା ଏବଂ ଅନନ୍ତ ସମୟ ମଧ୍ୟରେ।
ଶ୍ୱାସ ବନ୍ଦ କରି, ମୋ ସହିତ ଶୁଣ, ତାହାର ଶୁଭ୍ର ଡେଣାର ଖସ୍ ଖସ୍ ଶବ୍ଦ।
ଆସ ମୋ ପାଖକୁ, ଏବଂ ଦିଅ ମୋତେ ବିଦାୟ, ସ୍ପର୍ଶ କର ମୋର ଚକ୍ଷୁକୁ, ହାସ୍ୟପୂର୍ଣ୍ଣ ଓଷ୍ଠରେ।
ତାଂକର କୋମଳ, ଗୋଲପୀ ଅଂଗୁଳି ଦ୍ୱାରା ଶିଶୁମାନେ ଧରି ରଖନ୍ତୁ ମୋର ହସ୍ତ ଯୁଗଳକୁ।
ବୟସ୍କ ମାନେ ତାଂକର, କର୍କଶ ହସ୍ତ, ମୋ ମସ୍ତକ ଉପରେ ରଖି କରନ୍ତୁ ଆଶୀର୍ବାଦ।
କୁମାରୀ ମାନେ ମୋ ପାଖକୁ ଆସି, ଦେଖନ୍ତୁ,
ଈଶ୍ୱରଂକର ଛାୟା, ମୋର ଚକ୍ଷୁ ଯୁଗଳ ମଧ୍ୟରେ, ଏବଂ ଶୁଣନ୍ତୁ ମୋର ଶ୍ୱାସ ମଧ୍ୟରେ ଚାଲୁଥିବା ଈଶ୍ୱରଂକର ଇଚ୍ଛାର ପ୍ରତିଧ୍ୱନି।

ଆରୋହଣ

ମୃତ୍ୟୁର ରହସ୍ୟମୟ ଯାତ୍ରାରେ ଏବେ ମୁଁ ଅତିକ୍ରମ କରିଛି ଏକ ପର୍ବତ ଶିଖର।

ଏବଂ ମୋର ଆତ୍ମା ଘୁରି ବୁଲୁଛି, ସଂପୂର୍ଣ୍ଣ ସ୍ୱାଧୀନତାର ମୁକ୍ତ ଆକାଶରେ।

ଅନେକ ଦୂରକୁ ଚାଲି ଯାଇଛି ମୁଁ, ବନ୍ଧୁ ଗଣ।

ଏବଂ ପର୍ବତ ଗୁଡ଼ିକୁ ଲୁଚାଇ ରଖୁଛନ୍ତି ମେଘମାଳା, ମୋର ଚକ୍ଷୁ ଠାରୁ, ଉପତ୍ୟକା ଗୁଡ଼ିକ, ପ୍ଲାବିତ ହେଉଛନ୍ତି ନୀରବତାର ସମୁଦ୍ରରେ।

ରାସ୍ତା ଘାଟ, ଗୃହ ବିସ୍ମୃତି ଦ୍ୱାରା ପରିବେଷ୍ଟିତ, ସବୁଜ ତୃଣ କ୍ଷେତ୍ର ଗୁଡ଼ିକ, ଶ୍ୱେତ ବର୍ଣ୍ଣର ପ୍ରେତ ମାନଂକ ପଛରେ

ଧୀରେ ଧୀରେ ଅଦୃଶ୍ୟ ହୋଇ ମହମବତୀ ଆଲୋକ ପରି ହଳଦିଆ,

ଏବଂ ଗୋଧୂଳି ପରି ଲୋହିତ ରଂଗ ଯୁକ୍ତ ହୋଇ ବସନ୍ତ ଋତୁର ମେଘ ସଦୃଶ୍ୟ ଦେଖା ଯାଉଛନ୍ତି।

ତରଂଗ ମାଳାଂକ ଗୀତ ତଥା ଝରଣା ଗୁଡ଼ିକର ସଂଗୀତ ଇତଃ ସ୍ତିତ ବିକ୍ଷିପ୍ତ ଏବଂ ଜନ କୋଳାହଳ ସଂପୂର୍ଣ୍ଣ ନୀରବ, ନିସ୍ତବ୍ଧ।

ମୋର ଆତ୍ମା ଯାହା ପାଇଁ ଆକାଂକ୍ଷିତ, ସେହି ଅମରତ୍ୱର ସଂଗୀତ ବ୍ୟତୀତ ଆଉ କିଛି ଶୁଣିପାରୁ ନାହିଁ ମୁଁ।

ଶୁଭ୍ରତାର ପୋଷାକରେ ଆବୃତ ହୋଇ, ମୁଁ ଅଛି ଅତ୍ୟନ୍ତ ଆରାମରେ।

ମୁଁ ଏବେ ଅଛି ଅତ୍ୟନ୍ତ ଆନନ୍ଦରେ।

ଅବଶିଷ୍ଟାଂଶ

ଅନାବୃତ କର ମୋତେ ଏହି ଶୁଭ୍ର ପରିଚ୍ଛଦର ଆବରଣରୁ।

ଏବଂ ପିନ୍ଧାଅ ମୋତେ, ମଲ୍ଲୀ ମାଳତୀର ପତ୍ରମାଳା।

ହାତୀ ଦାନ୍ତ ଖଚିତ ଶବାଧାର ବନ୍ଦୀତ୍ୱରୁ ଶରୀରକୁ ମୋର ବାହାର କରି

କମଳା ରଂଗର ପୁଷ୍ପରେ ସଜ୍ଜିତ ତକିଆ ଉପରେ ବିଶ୍ରାମ କରିବାକୁ ଦିଅ ମୋତେ।

ଦୁଃଖ କର ନାହିଁ ମୋ ପାଇଁ, ବରଂ ଗୀତ ଗାଅ ଯୌବନ ଏବଂ ଆନନ୍ଦର।

ଅଶ୍ରୁପାତ କର ନାହିଁ ମୋ ପାଇଁ, ବରଂ ଗୀତ ଗାଅ, ବିଜୟ ଓ ଶସ୍ୟ ଅମଳର।

ନିଅ ନାହିଁ ଦୀର୍ଘ ଶ୍ୱାସ ମୋ ପାଇଁ, ବରଂ ଅଂଗୁଳି ଦ୍ୱାରା ଆଂକି ଦିଅ ପ୍ରେମ ଓ ଆନନ୍ଦର ଚିତ୍ର, ମୋର ଚେହେରା ଉପରେ।

ବିଳାପ ଓ କ୍ରନ୍ଦନ କରି ଭଂଗ କର ନାହିଁ ବାୟୁ ମଣ୍ଡଳରେ ବିରାଜି ଥିବା ଶାନ୍ତି, ବରଂ, ଗୀତ ଗାଅ ମୋ ସହିତ, ଅବିନଶ୍ୱରତାର।

କୃଷ୍ଣଟ ବସ୍ତ୍ର ପରିଧାନ କରି, କର ନାହିଁ ତୁମର ଶୋକର ପରିପ୍ରକାଶ,

ବରଂ ରଂଗଯୁକ୍ତ ବସ୍ତ୍ରର ପରିଧାନ କରି ମୋ ସହିତ ଉପଭୋଗ କର ଆନନ୍ଦ ଉଲ୍ଲାସ।

କୁହ ନାହିଁ, ମୋର ବିଦାୟ କଥା, ବରଂ ଆଖି ବନ୍ଦ କର, ଦେଖି ପାରିବ ତୁମେ ମୋତେ ଅନନ୍ତ କାଳ ପର୍ଯ୍ୟନ୍ତ।

ପତ୍ର ଶଯ୍ୟା ଉପରେ ମୋତେ ରଖି, ତୁମର ବନ୍ଧୁତ୍ୱପୂର୍ଣ୍ଣ କାନ୍ଧରେ ଧାରଣ କରି ଏକାନ୍ତ ଜଂଗଲକୁ ଚାଲ, ଧୀରେ ଧୀରେ।
ନିଅ ନାହିଁ ମୋତେ କୋଳାହଳ ପୂର୍ଣ୍ଣ କବରକୁ, କାଳେ, ହାଡ଼ ଓ ଖପୁରୀର ଖଡ୍ ଖାଡ୍ ଶବ୍ଦରେ ଭାଂଗି ଯିବ ମୋର ସୁଖମୟ ନିଦ୍ରା।
ସାଇପ୍ରେସ୍ ବୃକ୍ଷର ଜଂଗଲକୁ ନେଇ, ଏପରି ଜାଗାରେ ଖୋଳ ମୋର କବର,
ଯେଉଁଠାରେ ସୁନ୍ଦର ପସ୍ପି ଫୁଲ ମାନ ଫୁଟନ୍ତି ନାହିଁ ଅନ୍ୟ ମାନଂକର ଛାୟା ତଳେ।
ଏତେ ଗଭୀର କରି ଖୋଳ ମୋର କବର, ଯେପରି, ମୋର ଅସ୍ଥିକୁ ବନ୍ୟା ନେଇ ନ ଯାଉ ଉନ୍ମୁକ୍ତ ଉପତ୍ୟକାର ବକ୍ଷକୁ।
କବରକୁ ମୋର ଏତେ ଓସାରିଆ କର ଯେପରି, ଗୋଧୂଳିର ଛାୟା ଆସି ବସି ପାରିବ ମୋ ପାଖରେ।
ନେଇ ଯାଅ ମୋର ସମସ୍ତ ପାର୍ଥୀବ ପରିଚ୍ଛଦ ଏବଂ ନେଇ ଯାଅ ମୋତେ,
ପୃଥିବୀ ମାତାର ଗଭୀରତାକୁ ତଥା ମୋର ମାତାର ବକ୍ଷରେ ଯତ୍ନ ସହକାରେ ରଖି ଦିଅ ମୋତେ।
ଆବୃତ କର ମୋତେ, କୋମଳ ମୃତ୍ତିକାରେ ଏବଂ ପ୍ରତ୍ୟେକଟି ମୁଠା ମାଟି, ମିଶ୍ରିତ ହେଉ,
ଜୁଈ-ଜାଈ, ମଲ୍ଲୀ-ମାଳତୀ ପୁଷ୍ପ ଦ୍ୱାରା, ଏବଂ ଯେବେ ବୃଦ୍ଧି ପାଇବେ ସେମାନେ, ମୋର ଶରୀରର ଉପାଦାନରେ,
ସେତେବେଳେ, ମୋର ସୁଗନ୍ଧ ବିସ୍ତାର କରିବେ, ବାୟୁ ପବନରେ, ସେହି ସୁଗନ୍ଧ,
ସୂର୍ଯ୍ୟକୁ ମଧ୍ୟ ଜଣାଇବ ମୋର ଅନନ୍ତ ଶାନ୍ତିର ଗୋପନୀୟତା,
ତତ୍‌ସହିତ ମଳୟ ସହିତ ବୋହି ଯାଇ ପଥଚାରୀ ମାନଂକୁ ପ୍ରଦାନ କରିବ ଆନନ୍ଦ।
ଛାଡ଼ି ଯାଅ ତେବେ ମୋର ବନ୍ଧୁଗଣ, ନିସ୍ତବ୍ଧତା, ପରିତ୍ୟକ୍ତ ଉପତ୍ୟକାକୁ ଛାଡ଼ି ଯିବା ପରି
ତୁମେ ମୋତେ ଛାଡ଼ି, ଚାଲି ଯାଅ ନିସ୍ତବ୍ଧ ପଦରେ।
ଈଶ୍ୱରଂକ ପାଖରେ ଛାଡ଼ି ଦିଅ ମୋତେ ଏବଂ ଚାଲି ଯାଅ ଅତି ଧୀର ପଦରେ।
ଫେରି ଯାଅ ତୁମର ସୁଖମୟ ବାସ ସ୍ଥଳୀକୁ, ସେଠାରେ ଦେଖି ପାରିବ, ମୃତ୍ୟୁ ଭିନ୍ନ କରି
ପାରି ନାହିଁ ମୋତେ, ତୁମ୍ଭ ମାନଂକ ଠାରୁ, ଛାଡ଼ି ଚାଲି ଯାଅ ଏହି ସ୍ଥାନ, କାରଣ
ଏଠାରେ ଯାହା ସବୁ ତୁମ୍ଭେ ଦେଖୁଛ, ଅର୍ଥହୀନ ଏହି ପାର୍ଥୀବ ସଂସାର ପାଇଁ।
ଛାଡ଼ି ଯାଅ ମୋତେ, ଅନନ୍ତ କାଳ ପର୍ଯ୍ୟନ୍ତ।

20. ମୋର ହୃଦୟର ଗଭୀରତା ମଧ୍ୟରୁ

ମୋର ହୃଦୟର ଗଭୀରତା ମଧ୍ୟରୁ ପକ୍ଷୀଟି ଉଠି ଆସି, ଉଡ଼ି ଗଲା ଆକାଶକୁ।
ଉଚ୍ଚରୁ ଉଚ୍ଚତର ଉଡ଼ି ଯାଇ ହେଉ ଥିଲା ବୃହତ୍ ରୁ ବୃହତ୍ତର।
ପ୍ରଥମେ ଥିଲା ଚାତକ, ପରେ ରୂପ ପରବର୍ତ୍ତନ କରି, କାଉ ହୋଇ, ପୁଣି ହୋଇଗଲା ଇଗଲ୍।
ଶେଷରେ ବର୍ଷା ଋତୁର ମେଘ ପରି ସର୍ବବ୍ୟାପ୍ତ ହୋଇ, ତାରକାଚ୍ଛାଦିତ ସ୍ୱର୍ଗକୁ କରି ଦେଲା ପରିପୂର୍ଣ୍ଣ
ହୃଦୟରୁ ମୋର, ପକ୍ଷୀଟି ବାହାରି ଆସି ଉଡ଼ି ଗଲା ଆକାଶ ମାର୍ଗକୁ।
ଉଡ଼ି ଯାଇ ହୋଇଗଲା ଆହୁରି ବୃହତ୍ତର। ତଥାପି ଛାଡ଼ି ପାରିଲା ନାହିଁ ସେ ମୋର ହୃଦୟକୁ।
ହେ ମୋର ବିଶ୍ୱାସ!
ହେ ମୋର ଅନିୟନ୍ତ୍ରିତ ଜ୍ଞାନ।
କିପରି ଉଡ଼ି ପାରିବି ମୁଁ ତୁମର ଉଚ୍ଚତାକୁ, ଏବଂ ଦେଖି ପାରିବି, ଆକାଶରେ ଅଂକିତ ହୋଇଥିବା ମନୁଷ୍ୟର ବୃହତ୍ତର ସତ୍ତାକୁ।
ମୋର ଅନ୍ତର ସାଗର କୁ କୁହୁଡ଼ିରେ ପରିବର୍ତ୍ତନ କରି, କିପରି ବୁଲି ପାରିବି ମୁଁ, ତୁମ ସହିତ, ଅପରିମାପ ମହାକାଶରେ।
ମନ୍ଦିର ଭିତରେ ଥିବା ବନ୍ଦୀଟି କିପରି ଦେଖି ପାରିବ, ମନ୍ଦିରର ସ୍ୱର୍ଣ୍ଣ ଚୂଡ଼ା।
ଫଳର ହୃଦୟ ବିସ୍ତାରିତ ହୋଇ କିପରି କରି ପାରିବ, ଫଳକୁ ଆଚ୍ଛାଦିତ।
ହେ ମୋର ବିଶ୍ୱାସ!
ସୁନା-ରୂପା ନିର୍ମିତ ବନ୍ଦୀଶାଳାରେ ବେଡ଼ି ଦ୍ୱାରା ମୁଁ ଆବଦ୍ଧ ଏବଂ ଉଡ଼ି ପାରିବି ନାହିଁ ମୁଁ ତୁମ ସହିତ।
ତଥାପି ଉଠି ଆସ ତୁମେ, ମୋର ହୃଦୟର ଗଭୀରତାରୁ ଏବଂ ଉଡ଼ି ଯାଅ ଆକାଶ ମାର୍ଗକୁ।
ମୋର ହୃଦୟ ହିଁ ଧରି ରଖିଛି ତୁମକୁ ଏବଂ ସେଇଥିରେ ସେ ରହିଛି ସଂତୁଷ୍ଟ।

21. ପ୍ରେମ

ପ୍ରେମର ମାର୍ଗ କଠିନ ଓ ଅଗମ୍ୟ ଜାଣି ମଧ୍ୟ ଇଂଗିତ କରି ସେ ଆହ୍ୱାନ କରିଲେ ଅନୁସରଣ କରି ଯାଅ ତୁମେ, ତାହାର।
ତାହାର ତୀକ୍ଷ୍ଣ ତରବାରୀ, ତୁମକୁ ଆହତ କରିପାରେ,
ଏହା ଜାଣି ମଧ୍ୟ, ତାହାର ଡେଣାରେ ଆବଦ୍ଧ କରି ନେଲେ, ସମର୍ପଣ କର ତୁମେ ନିଜକୁ।
ଦକ୍ଷିଣା ପବନ, ଉଦ୍ୟାନକୁ ଧ୍ୱଂସ କରିବା ପରି ତାହାର ଶବ୍ଦ ଦ୍ୱାରା,
ତୁମର ସ୍ୱପ୍ନ ଭଂଗ କରୁ ଥିଲେ ମଧ୍ୟ, ସେ କିଛି କହିଲେ, ବିଶ୍ୱାସ କରି ନିଅ ତାହାର।
ପ୍ରେମ ହୁଏତ ରାଜମୁକୁଟ ପିନ୍ଧାଇ ପାରେ ଅବା ଛୁରିକାଘାତ ମଧ୍ୟ କରିପାରେ ତୁମକୁ।
ବୃକ୍ଷ ରୂପରେ ତୁମକୁ ବୃଦ୍ଧି କରାଇବା ସହିତ, ଡାଳ ମଧ୍ୟ କାଟି ଦେଇପାରେ, ସେ ତୁମର।
ତୁମର ଉଚ୍ଚତାକୁ ଆରୋହଣ କରି, ସ୍ପର୍ଶ କରିପାରେ ତୁମର କୋମଳତାକୁ।
ପୁଣି ଅବରୋହଣ କରି, ମାଟିକୁ ଧରି ଥିବା ତୁମର ଚେରକୁ ମଧ୍ୟ ଦୋହଲାଇ ପାରେ ସେ।
ଶସ୍ୟ ରୂପରେ ତୁମକୁ ସଂଗ୍ରହ କରି, ବିଡ଼ା ବାନ୍ଧି ରଖିପାରେ ତୁମକୁ ଅତି ଯତ୍ନରେ।
ପୁଣି ଧାନର ଚୋପା ଛଡ଼ାଇବା ପରି କରିପାରେ ତୁମକୁ ସଂପୂର୍ଣ୍ଣ ଉଲଗ୍ନ।
ଚାଲୁଣୀରେ ଚସୁକୁ ଚାଉଳ ଠାରୁ ଅଲଗା କରିବା ପରି, ପ୍ରଚଣ୍ଡ ଆଘାତ କରିପାରେ।
ଅଟା କରିବା ପାଇଂ ଚକିରେ ପେଷି ତୁମକୁ ଅତ୍ୟନ୍ତ ନରମ କରି,
ତାହାର ପବିତ୍ର ନିଆଁରେ ରୁଟି ତିଆରି କରେ ଈଶ୍ୱରଂକର ଭୋଜିରେ ବ୍ୟବହାର ପାଇଁ।
ଏହି ସବୁ କାର୍ଯ୍ୟ ପ୍ରେମ କରେ, ଯେପରି କି ତୁମେ ବୁଝି ପାରିବ,
ହୃଦୟର ଗୋପନୀୟତା ଏବଂ ସେହି ଜ୍ଞାନ, ଅବିଚ୍ଛେଦ୍ୟ ଅଂଶ ହୋଇ ରହିବ ତୁମର ମୂଲ୍ୟବାନ୍ ଜୀବନର।
ମାତ୍ର ଭୟଭୀତ ହୋଇ ଯଦି, କେବଳ ଖୋଜିବ ପ୍ରେମର ଶାନ୍ତି
ଏବଂ ପ୍ରେମର ଆନନ୍ଦ, ତେବେ, ଉଚିତ ହେବ, ତୁମର ନଗ୍ନତାକୁ ଆବରଣ କରି, ଶସ୍ୟ ଖଳାରୁ ବାହାରି ଆସ।
ଏବଂ ଚାଲି ଯାଅ, ଋତୁବିହୀନ ସଂସାରକୁ,
ଯେଉଁଠି ତୁମେ ହୁଏତ ହସିବ, ମାତ୍ର ଅସମ୍ପୂର୍ଣ୍ଣ ଏବଂ କାନ୍ଦିବ, ମାତ୍ର ତାହା ମଧ୍ୟ ଅସମ୍ପୂର୍ଣ୍ଣ।
ପ୍ରେମ ଦିଏ କେବଳ ମାତ୍ର ନିଜକୁ ଏବଂ ଯାହା କିଛି ନିଏ, କେବଳ ମାତ୍ର ନିଜ ଠାରୁ,
ପ୍ରେମର ନାହିଁ କିଛି ନିଜ ଅଧିକାରରେ ଅବା ସେ ହୁଏ ନାହିଁ, କାହାରି ଦ୍ୱାରା ଅଧିକୃତ।
କାରଣ ପ୍ରେମ ପାଇଁ ପ୍ରେମ ହିଁ ଯଥେଷ୍ଟ।
ଯେତେବେଳେ ତୁମେ ପ୍ରେମ କରୁଛ,
କୁହ ନାହିଁ, ଈଶ୍ୱର ମୋର ହୃଦୟ, ବରଂ କୁହ, ମୁଁ ରହିଛି, ଈଶ୍ୱରଂକ ହୃଦୟରେ।
ଭାବ ନାହିଁ, ପ୍ରେମକୁ କରିବ ପରିଚାଳିତ,

କାରଣ, ତୁମକୁ ଉପଯୁକ୍ତ ମନେ କରିଲେ ସେ ତୁମକୁ କରିବ ପରିଚାଳିତ।
ନିଜକୁ ସଂପୂର୍ଣ୍ଣ କରିବା ବ୍ୟତୀତ ପ୍ରେମର ନାହିଁ କିଛି ଆକାଂକ୍ଷା।
ମାତ୍ର ତୁମେ ଯଦି ପ୍ରେମ କରୁଛ ଏବଂ ତଦ୍ ସଂଗେ ଇଚ୍ଛା ମଧ୍ୟ କିଛି କରୁଛ,
ତେବେ, ଏହି ସବୁ ହେଉ ତୁମର ଇଚ୍ଛା,
ତରଳି ଯାଇ, ଏକ ଏପରି ଝରଣା ହେବାକୁ ଯେ ବୋହି ଯାଇ, ରାତ୍ରୀରେ ଗାଏ ମଧୁର ସଂଗୀତ।
ଅତ୍ୟଧିକ କୋମଳତାରେ ଥିବା ଯନ୍ତ୍ରଣା ଜାଣିବାକୁ।
ପ୍ରେମ ସମ୍ବନ୍ଧରେ ନିଜର ଧାରଣା ଦ୍ୱାରା ଆହତ ହେବାକୁ।
ସ୍ୱ-ଇଚ୍ଛା ଏବଂ ଆନନ୍ଦରେ ରକ୍ତାକ୍ତ ହେବାକୁ।
ପକ୍ଷଯୁକ୍ତ ହୃଦୟ ନେଇ, ପ୍ରଭାତରେ ଜାଗୃତ ହୋଇ
ଆଉ ଏକ ପ୍ରେମ ପୂର୍ଣ୍ଣ ଦିବସ ପାଇଁ ଧନ୍ୟବାଦ ଦେବାକୁ।
ମଧ୍ୟାହ୍ନରେ ବିଶ୍ରାମ ରତ ଥାଇ, ପ୍ରେମର ଉଲ୍ଲାସରେ ଧ୍ୟାନ ମଗ୍ନ ହେବାକୁ।
ସଂଧ୍ୟାରେ କୃତଜ୍ଞ ହୋଇ ଘର ବାହୁଡ଼ିବାକୁ।
ଅନ୍ତରେ, ପ୍ରେୟସୀ ପାଇଁ ପ୍ରାର୍ଥନା କରି ଈଶ୍ୱରଂକର
ପ୍ରଶଂସା ଗାନ କରି ନିଦ୍ରା ଦେବୀଂକ କୋଳରେ ଆଶ୍ରୟ ନେବାକୁ

22. ସନ୍ତାନ

ତୁମର ସନ୍ତାନ ନୁହନ୍ତି, ତୁମ ନିଜର।
ସେମାନେ, ସନ୍ତାନ ଜୀବନର ଆକାଂକ୍ଷାର।
ତୁମ ମଧ୍ୟରୁ ନୁହେଁ, ବରଂ ଆସନ୍ତି ସେମାନେ, କେବଳ ମାତ୍ର ତୁମ ମାଧ୍ୟମରେ।
ଏବଂ ଯଦିଓ ସେମାନେ ରହନ୍ତି ତୁମ ସଂଗରେ କଦାଚିତ୍ ନୁହନ୍ତି ସେମାନେ, ତୁମର।
ତୁମେ ହୁଏତ ଦେଇପାର, ପ୍ରେମ ତୁମର, ମାତ୍ର କଦାଚିତ୍ ଦେଇ ନ ପାର,
ତୁମର ଭାବନା, କାରଣ, ତାଂକର ନିଜର ରହିଛି, ନୂତନ ଭାବନା।
ଶରୀରକୁ ତାଂକର ଦେଇପାର ଆଶ୍ରୟ, ମାତ୍ର ଆତ୍ମାକୁ ନୁହେଁ, କଦାଚିତ୍।
କାରଣ ଆତ୍ମା ତାଂକର ବାସ କରେ, ଆସନ୍ତା କାଲିର ନୂତନ ଗୃହରେ,
ଯେଉଁ ଠାକୁ ତୁମେ ସ୍ୱପ୍ନରେ ସୁଦ୍ଧା ଯାଇ ପାରିବ ନାହିଁ କେବେହେଲେ।
ତାଂକ ପରି ହେବାକୁ ହୁଏ ତ ଭାବିପାର,
ମାତ୍ର ନିଜ ପରି ସେମାନଂକୁ କରିବା ପାଇଁ ଚିନ୍ତା ମଧ୍ୟ କର ନାହିଁ କଦାଚିତ୍
କାରଣ, ଜୀବନ କେବେହେଲେ ପଛକୁ ଯାଏ ନାହିଁ,
ଅବା ବିଗତ କାଲି ପାଇଁ ଅପେକ୍ଷା କରି ରହି ନ ଥାଏ।
ତୁମେ ମାତ୍ର ଏକ ଧନୁ ସଦୃଶ୍ୟ ଏବଂ ସନ୍ତାନ ମାନେ,
ଜୀବନ୍ତ ତୀର ରୂପେ ବାହାରି ଆସିଛନ୍ତି ସେହି ଧନୁରୁ।
ଧନୁର୍ଦ୍ଧାରୀ, ତାହାର ଲକ୍ଷ୍ୟକୁ ଦେଖେ ଅନିର୍ଦ୍ଦିଷ୍ଟତାର ପଥ ମଧ୍ୟରେ।
ଈଶ୍ୱର ତାଂକର ଶକ୍ତି ବଳରେ, ତୁମକୁ ପଶ୍ଚାଦ୍ ବକ୍ର ସ୍ଥିତିକୁ ନିଅନ୍ତି,
ଯେପରି କି ତୀର ତାଂକର କ୍ଷୀପ୍ର ଗତିରେ ଯାଇ ପାରିବ ଅନେକ ଦୂରକୁ।
ସେହି ଈଶ୍ୱର ରୂପୀ ଧନୁର୍ଦ୍ଧାରୀଂକ ହସ୍ତରେ ନଇଁ ପଡୁ ଥିବାର କଷ୍ଟ, ହେଉ, ତୁମ ପାଇଁ ଆନନ୍ଦ,
କାରଣ, କ୍ଷୀପ୍ର ଗତି ଗାମୀ ତୀରକୁ ଧନୁର୍ଦ୍ଧାରୀ ଆଦର କରେ,
ତଥା, ସ୍ଥିର ସ୍ଥିତ ଧନୁକୁ ସ୍ୱୟଂ ଈଶ୍ୱର ଅତ୍ୟନ୍ତ ଆଦର କରନ୍ତି।

23. ଦାନ

ଦାନ ହୁଏ ତ ତୁମେ ଦିଅ ଅନ୍ୟକୁ।
ମାତ୍ର ନିଜର ସମ୍ପତ୍ତି ହେଲେ, ଦିଅ ଅଳ୍ପ ମାତ୍ର।
ଯେତେବେଳେ ତୁମର ନିଜସ୍ୱକୁ ଦେଇପାର, ତାହା ହିଁ ତୁମର ପ୍ରକୃତ ଦାନ।
କାରଣ ଭବିଷ୍ୟତର ଆବଶ୍ୟକତାର ଆଶଂକାକୁ ରକ୍ଷା କରିବା ବସ୍ତୁ
ବ୍ୟତୀତ ଆଉ କିଛି ନୁହେଁ, ତୁମର ଅଧିକୃତ ସମ୍ପତ୍ତି।
ଆସନ୍ତା କାଲି ବିଷୟରେ ତୁମେ ଚିନ୍ତିତ ନା?
ତୀର୍ଥ ଯାତ୍ରୀ ମାନଂକ ପଛରେ ଯାଉଥିବା ଚତୁର କୁକୁର,
ବାଲି ସ୍ତୁପ ତଳେ, ହାଡ଼ ଖଣ୍ଡିଏ ଲୁଚାଇ ରଖେ ଯେଉଁ ଆସନ୍ତା କାଲି ପାଇଁ,
କଣ ଆଣିବ, ସେହି ଆସନ୍ତା କାଲି, ତାହା ପାଇଁ।
ଆବଶ୍ୟକତାର ଭୟ, ସ୍ୱୟଂ ଏକ ଆବଶ୍ୟକତା ବ୍ୟତୀତ ଆଉ କଣ ହୋଇପାରେ?
ତୁମର କୂପରେ ଜଳ ପୂର୍ଣ୍ଣ ଥାଇ ସୁଦ୍ଧା ଯଦି ତୁମର ତୃଷ୍ଣା ନ ମେଣ୍ଟିଲା,
ତେବେ ସେହି ତୃଷ୍ଣା ସଦା ଅତୃପ୍ତନୀୟ ନୁହେଁ କି?
ଅନେକ ଦାନ କରନ୍ତି, ତାଂକର ଅପର୍ଯାପ୍ତ ସମ୍ପତ୍ତିର ସ୍ୱଳ୍ପାଂଶ ମାତ୍ର,
ଏବଂ ସେମାନେ ଦାନ କରନ୍ତି, ନିଜର ପରିଚୟ ଅନ୍ୟକୁ
ଜଣାଇବା ପାଇଁ ଏବଂ ତାଂକର ଏହି ଲୁକ୍କାୟିତ ଆକାଂକ୍ଷା ଅପରିପୂରକ କରେ, ଦାନକୁ।
ଅନେକ ଅଛନ୍ତି, ତାଂକର ଅଳ୍ପ ସମ୍ପତ୍ତିର ସବୁ କିଛି ଦେଇ ଦିଅନ୍ତି ଦାନରେ।
ଏହି ପରି ବ୍ୟକ୍ତି ମାନେ ବିଶ୍ୱାସ କରନ୍ତି ଜୀବନର ମୂଲ୍ୟ ତଥା ଦାନଶୀଳତା ଉପରେ।
ସେମାନଂକର ଭଣ୍ଡାର ଶୂନ୍ୟ ହୁଏ ନାହିଁ କଦାଚିତ୍।
ଆଉ କେତେ ବ୍ୟକ୍ତି ଅଛନ୍ତି, ଦାନ କରନ୍ତି ଆନନ୍ଦରେ, ଏବଂ ତାହା ହିଁ ତାଂକର ପୁରସ୍କାର।
ଆହୁରି କେତେ ଅଛନ୍ତି, ଦାନ କରନ୍ତି ଦୁଃଖରେ, ଏବଂ ସେହି ଦୁଃଖ ହିଁ ସେମାନଂକର ଧର୍ମ।
ଅନ୍ୟ କେତେକ ବ୍ୟକ୍ତି ମାନେ ଦାନ କରି ଦୁଃଖିତ ଅବା ଆନନ୍ଦିତ ମଧ୍ୟ ହୁଅନ୍ତି ନାହିଁ,
ଏବଂ ଆତ୍ମସନ୍ତୋଷରେ ଗର୍ବିତ ହୁଅନ୍ତି ନାହିଁ।
ଉପତ୍ୟକାରେ ଥିବା ସଦା ସୁଗନ୍ଧିତ ଶୁଭ୍ର ପୁଷ୍ପ, ଅଜାଚିତ ଭାବରେ ନିଜର ସୁଗନ୍ଧ ଦାନକରୁ ଥିବା
ସଦୃଶ୍ୟ ଏହି ବ୍ୟକ୍ତି ମାନେ।
କେହି ମାଗିଲେ ଦାନ କରିବା ଉତ୍ତମ।
ଏବଂ ନ ମାଗିଲେ ମଧ୍ୟ, ନିଜେ ବୁଝି ପାରି ଦାନ କରିବାରେ ଅଛି ଅଧିକ ଆନନ୍ଦ।
ମୁକ୍ତ ହସ୍ତ ବ୍ୟକ୍ତି ପାଇଁ, ଗ୍ରହିତାର ଅନ୍ୱେଷଣ ଦାନ ଠାରୁ ଦିଏ ଅଧିକ ଆନନ୍ଦ।
ଏଣୁ, ସଂଚିତ କରି ରଖିବା ଉଚିତ କି?
ଯାହା କିଛି ତୁମର ଅଛି, ସରି ଯିବ ଦିନେ।

ଏଣୁ, ଏହି ମୁହୂର୍ତ୍ତରେ କରି ଦିଅ ଦାନ, ଯେପରି କି ଦାନ କରିବା ଋତୁ, ତୁମର ବଂଶଧରଂକର ନ ହୋଇ, ତୁମର ହୋଇ ରହୁ।

ଅନେକ କ୍ଷେତ୍ରରେ ତୁମେ କହି ଥାଅ, କେବଳ ଯୋଗ୍ୟ ବ୍ୟକ୍ତି କୁ ହିଁ ମୁଁ ଦାନ କରିବି।

ତୁମର ଉଦ୍ୟାନର ବୃକ୍ଷ, ଅବା ତୁମର ଗୋ-ଛାଗଳାଦି ଏପରି କହନ୍ତି ନାହିଁ।

ନିଜେ ବଂଚି ରହିବା ପାଇଁ ସେମାନେ ତାଂକର ସବୁ କିଛି ଅନ୍ୟ ମାନଂକୁ ଦାନ କରନ୍ତି।

ଏହା ସୁନିଶ୍ଚିତ ଯେ, ଯେଉଁ ବ୍ୟକ୍ତି, ତାହାର ଦିବା-ରାତ୍ରୀ ପାଇବା ପାଇଁ ଯୋଗ୍ୟ, ସେ ତୁମର ସବୁ କିଛି ପାଇବା ପାଇଁ ମଧ୍ଯ ଯୋଗ୍ୟ।

ଏବଂ ଯେଉଁ ବ୍ୟକ୍ତି, ଜୀବନ ସମୁଦ୍ର ଠାରୁ ପାନ କରିବାକୁ ଯୋଗ୍ୟ, ସେ ତୁମର କ୍ଷୁଦ୍ର ଝରଣାରୁ ତାହାର ପାତ୍ର ପୂର୍ଣ୍ଣ କରିବାକୁ ଯୋଗ୍ୟ।

ଗ୍ରହଣ କରିବାର ଦାନରେ ଥିବା ସାହସ ଏବଂ ବିଶ୍ୱାସ, ଠାରୁ ବୃହତ୍, ମରୁଭୂମି ଆଉ କଣ ହୋଇପାରେ।

ଏବଂ ତୁମେ କିଏ, ସେମାନଂକର ଆବେଗକୁ ବିଦୀର୍ଣ୍ଣ କରି ତାଂକର ଆତ୍ମ ଗୌରବକୁ
ଅନାବୃତ କରି ସେମାନଂକର ଯୋଗ୍ୟତା, ପରୀକ୍ଷଣ କରିବା ପାଇଁ।

ପ୍ରଥମେ, ନିଜକୁ ପରୀକ୍ଷା କରି ଦେଖ ଯେ ତୁମେ ପ୍ରକୃତରେ ଯୋଗ୍ୟ, ଦାନ ଦେବା ପାଇଁ ଏବଂ ଦାନ ଦେବାର ମାଧ୍ୟମ ପାଇଁ।

ଏବଂ ହେ ଗ୍ରହୀତା ଗଣ !

ଦାନ ଗ୍ରହଣ କରି, କୃତଜ୍ଞତାର ବୋଝ ନିଜ ଉପରକୁ ନିଅ ନାହିଁ,

ନତୁବା, ଦାନ କରି ଥିବା ବ୍ୟକ୍ତି ତଥା ତୁମ ନିଜ ପାଇଁ ଜୁଆଳି ନେଇ ବୁଲୁଥିବ।

ବରଂ ଦାତା ସହିତ, ତାହାର ଦାନରେ ପକ୍ଷଯୁକ୍ତ ହେଲା ପରି, ଉପରକୁ ଉଠିଯାଅ।

କାରଣ ତୁମର ଋଣ ପ୍ରତି ଅତ୍ୟଧିକ ସଚେତନତା ତାହାର ଦାନଶୀଳତାକୁ ସନ୍ଦେହ ଜନକ କରିଦେବ।

ଏବଂ ତୁମେ ବୋଧ ହୁଏ ଜାଣ ନାହିଁ ଯେ, ପ୍ରକୃତ ଦାତାଂକର ମାତା, ଏହି ପୃଥିବୀ
ଏବଂ ସ୍ୱୟଂ ଈଶ୍ୱର ସେମାନଂକର ପିତା।

24. କାର୍ଯ୍ୟ

ପୃଥିବୀ ତଥା ପୃଥିବୀର ଆତ୍ମା ସହିତ ତାଳ ଦେଇ ଚାଲିବା ପାଇଁ ତୁମେ କର କାର୍ଯ୍ୟ।
କାରଣ ଆଳସ୍ୟର ବଶବର୍ତ୍ତୀ ହେଲେ ଅପରିଚିତ ହେବ, ଜୀବନର ଋତୁ ମାନଂକ ସହିତ, ଏବଂ ଜୀବନର ଶୋଭାଯାତ୍ରା ଠାରୁ ନିଜକୁ ପୃଥକ୍ କରାଇ ଏକାନ୍ତରେ ରହିଯିବ।
କାର୍ଯ୍ୟ ନିୟୋଜିତ ରହିଲେ, ତୁମେ ନିଜେ ହୋଇଯାଅ ଏକ ବଂଶୀ ସଦୃଶ୍ୟ, ଯାହା ମଧ୍ୟ ଦେଇ ହୃଦୟର ମୃଦୁ ବାର୍ତ୍ତା, ରୂପ ନିଏ ସଂଗୀତର।
ଅନ୍ୟ ସମସ୍ତେ ଏକ ସ୍ୱରରେ ଗୀତ ଗାନ କରୁଥିବା ସମୟରେ, ତୁମେ ରହି ପାରିବ କି, ମୁକ, ବଧୀର, ନୀରବ ହୋଇ।
ତୁମକୁ ସର୍ବଦା କୁହା ଯାଇ ଥାଏ ଯେ, କାର୍ଯ୍ୟ ବ୍ୟସ୍ତତା ଏକ ଅଭିଶାପ,ଏବଂ ପରିଶ୍ରମ କରିବା ଏକ ଦୁର୍ଭାଗ୍ୟ।
ମାତ୍ର ମୁଁ ତୁମକୁ କୁହେଁ ଯେ, ତୁମେ କାର୍ଯ୍ୟ ବ୍ୟସ୍ତ ରହିଲେ, ମନୁଷ୍ୟ ଉଦ୍ଦ୍ୟେଶିତ ସ୍ୱପ୍ନର ଜନ୍ମ ଠାରୁ ଈଶ୍ୱରଂକ ଠାରୁ ପୃଥିବୀକୁ ଦିଆ ଯାଇ ଥିବା ସ୍ୱପ୍ନର କିଛି ଅଂଶକୁ ପୂରଣ କରି ଥାଅ।
ଏବଂ ପରିଶ୍ରମ କରିବାରେ ନିୟୋଜିତ ରହିଲେ, ତୁମେ, ଜୀବନକୁ ପ୍ରେମ କରୁଥିବା ସତ୍ୟ ସହିତ ସର୍ବଦା ରହି ଥାଅ।
ଏବଂ ପରିଶ୍ରମ ମାଧ୍ୟମରେ ଜୀବନକୁ ଭଲ ପାଇବା ଅର୍ଥ, ତୁମେ ଜୀବନର ନିବିଡ଼ ତମ ଗୋପନୀୟତା ସହିତ ରହିଛ।
ଦୁଃଖ ପ୍ରାପ୍ତ ହେଲେ, ଯଦି କୁହ ଯେ ଜୀବନଟା ମାତ୍ର ଯନ୍ତ୍ରଣା ପୂର୍ଣ୍ଣ ଏବଂ ହାଡ଼ ମାଂସର ଆବରଣ, କପାଳରେ ଲିଖିତ ଏକ ଅଭିଶାପ ମାତ୍ର।
ତେବେ ମୁଁ କହିବି, ନାଁ, ବରଂ ତୁମ ଭୁଲତାର ଝାଳ, ସେହି କପାଳ ଲିଖନକୁ ଧୋଇ ନେଇ ଯିବ।
ତୁମକୁ ଆହୁରି ମଧ୍ୟ କୁହା ଯାଇଛି ଯେ ଜୀବନଟା କେବଳ ଅନ୍ଧକାର ମୟ, ଏବଂ ତୁମେ କ୍ଳାନ୍ତ ହୋଇଗଲେ,
ସେହି ଚେତାବନୀ, ପ୍ରତିଦ୍ୱନ୍ଦିତ ହୁଏ ତୁମ୍ଭର ଅନ୍ତର୍ଆତ୍ମା ମଧ୍ୟରେ।
ମୁଁ ମଧ୍ୟ କହେଁ, ଉତ୍ସାହ, ଉଦ୍ଦୀପନା ବିହୀନ ଜୀବନ ନିଶ୍ଚିତ ରୂପେ ଅନ୍ଧକାର ମୟ।
ଏବଂ ଜ୍ଞାନ ବିହୀନ ଉତ୍ସାହ, ଅନ୍ଧ ସଦୃଶ୍ୟ, ଏବଂ କାର୍ଯ୍ୟ ବିହୀନ ଜ୍ଞାନ, ବୃଥା, ଏବଂ ପ୍ରେମ ବିହୀନ କାର୍ଯ୍ୟ, ଏକ ଶୂନ୍ୟତା।
ଏବଂ ପ୍ରେମ ସହିତ କାର୍ଯ୍ୟରତ ହେଲେ, ତୁମେ ନିଜ ସହିତ ନିଜକୁ ବାନ୍ଧି ନେବା ସହିତ,
ଅନ୍ୟ ମାନଂକ ସହିତ ତଥା ଈଶ୍ୱରଂକ ସହିତ ବାନ୍ଧି ହୋଇଯାଅ।
ତେବେ, ମନ ଦେଇ କାର୍ଯ୍ୟ କରିବା ଅର୍ଥ କଣ?
ଏହାର ଅର୍ଥ, ତୁମର ପ୍ରେମିକା ପିନ୍ଧିବାକୁ ଥିବା କପଡ଼ା, ନିଜ ହୃଦୟରୁ ତନ୍ତୁ ବାହାର କରି ନିଜ ହସ୍ତରେ ଉତ୍ତମ ରୂପେ ବୁଣିବା।

ଏହାର ଅର୍ଥ, ତୁମର ପ୍ରେମିକା ରହିବାକୁ ଥିବା ଗୃହଟିକୁ ନିଜେ, ସ୍ନେହରେ ନିର୍ମାଣ କରିବା,

ଏହାର ଅର୍ଥ, ତୁମର ପ୍ରେମିକା ଖାଇବାକୁ ଥିବା ଶସ୍ୟ, କୋମଳତା ସହିତ ରୋପଣ କରି, ନିଜ ହସ୍ତରେ ଯତ୍ନ ସହକାରେ ଅମଳ କରିବା।

ଏହାର ଅର୍ଥ, ଯେ କୌଣସି କାର୍ଯ୍ୟ ତୁମେ କରୁଛ, ତାହାକୁ ଅନ୍ତର ସହିତ କରିବା।

ଏବଂ କାର୍ଯ୍ୟ ସମୟରେ ମନରେ ରଖ ଯେ, ସମସ୍ତ ଆଶୀର୍ବାଦ ପ୍ରାପ୍ତ ମୃତକ ମାନେ ତୁମ ପାଖରେ ଥାଇ,

ତୁମ କାର୍ଯ୍ୟ ଉପରେ ଦୃଷ୍ଟି ରଖୁଛନ୍ତି ସେମାନଂକର।

ଅନେକ ଥର, ତୁମର ନିଦ୍ରାବସ୍ଥାରେ କହିବାର ଶୁଣେ,

ଯେଉଁ ବ୍ୟକ୍ତି ପଥର କାମ କରୁଥିବା ସମୟରେ ସେହି ପଥର ମଧ୍ୟରେ

ନିଜର ଆତ୍ମାର ଆକାର ଦେଖିପାରେ, ସେପରି ବ୍ୟକ୍ତି, ମାଟିକୁ ଚାଷ କରୁଥିବା ବ୍ୟକ୍ତି ଠାରୁ ମଧ୍ୟ ଅଧିକ ମହତ୍।

ତୁମେ ହୁଏତ କହିପାର,

ଯେଉଁ ବ୍ୟକ୍ତି ଇନ୍ଦ୍ରଧନୁକୁ ନେଇ ଆସି ଏକ ମନୁଷ୍ୟ ରୂପରେ, ସଜ୍ଜିତ କରିପାରେ ଏକ ସୁନ୍ଦର ବସ୍ତ୍ର ଉପରେ, ସେହ ବ୍ୟକ୍ତି

ଆମ ପାଦ ପାଇଁ ପାଦୁକା ପ୍ରସ୍ତୁତ କରୁଥିବା ବ୍ୟକ୍ତି ଠାରୁ ଅନେକ ଗୁଣରେ ଭଲ।

ମାତ୍ର ମୁଁ, ତୁମ ପରି ନିଦ୍ରାରେ ନୁହେଁ,

ବରଂ ସମ୍ପୂର୍ଣ୍ଣ ସଚେତନତାରେ କହେ,

ପବନ, ସୁଉଚ୍ଚ ଓକ ବୃକ୍ଷକୁ ଯେତେ ମଧୁର ଭାବରେ କଥା କହେ, ନିମ୍ନ ସ୍ଥିତ କ୍ଷୁଦ୍ର ତୃଣ ରାଶିକୁ ତାହା ଠାରୁ କମ୍ ମଧୁର ବାର୍ତ୍ତା ଶୁଣାଏ ନାହିଁ।

ଏବଂ ସେହି ବ୍ୟକ୍ତି ପ୍ରକୃତରେ ମହାନ୍, ଯେ ପବନର ସେହି ବାର୍ତ୍ତାକୁ ନିଜର ପ୍ରେମରେ ମିଶ୍ରଣ କରି, ତାହାକୁ କରିପାରେ ଅଧିକ ମଧୁର ଓ ଉତ୍ତମ।

କାର୍ଯ୍ୟ, ମାତ୍ର ଦୃଶ୍ୟମାନ ପ୍ରେମ ବ୍ୟତୀତ ଆଉ କିଛି ନୁହେଁ।

ଏବଂ ଯଦି ତୁମେ ବିତୃଷ୍ଣା ବ୍ୟତୀତ ଆନନ୍ଦରେ କାର୍ଯ୍ୟ କରି ନ ପାର ତେବେ ତୁମ ପାଇଁ ଭଲ ହେବ, ମନ୍ଦିର ଦ୍ୱାର ସମ୍ମୁଖରେ ବସି ରହି, ଆନନ୍ଦରେ କାର୍ଯ୍ୟ କରୁଥିବା ବ୍ୟକ୍ତି ମାନଂକ ଠାରୁ ନିଜ ପାଇଁ ଭିକ୍ଷା ଆବେଦନ କର।

କାରଣ ଯଦି ତୁମେ ବିରକ୍ତି ସହିତ ରୁଟି ତିଆରି କର, ତେବେ ତାହା ଅର୍ଦ୍ଧ-କ୍ଷୁଧା ତୃପ୍ତ କରୁଥିବା ଏକ ଅରୁଚିକର ରୁଟି ହେବ।

କାରଣ ଯଦି ଅନନ୍ୟ ମନରେ ତୁମେ ଅଂଗୁରକୁ ଚିପୁଡ଼ିବ ତେବେ, ବିଷ ବାହାରିବ ସୁରା ପାତ୍ରରେ।

ଏବଂ ଯଦି ତୁମେ ଦେବଦୂତ ମାନଂକ ପରି ଗାନ କରି ମଧ୍ୟ, ଗୀତ ଗାଇବାକୁ ଭଲ ନ ପାଅ,

ତେବେ ଦିବା-ରାତ୍ରୀର ମଧୁର ବାର୍ତ୍ତା ପାଇଁ ମନୁଷ୍ୟ ମାନଂକର କର୍ଣ୍ଣକୁ ରୁଦ୍ଧ କରି ଥାଅ।

25. ସୁଖ ଓ ଦୁଃଖ

ଦୁଃଖର ମୁଖା ଖୋଲିଗଲେ, ଆମେ ତାହାକୁ କହୁଁ ସୁଖ।
ତୁମ୍ଭର ସେହି କୂପ, ଯେଉଁ ଠାରୁ ଏବେ ହାସ୍ୟର ଧାରା ନିଃସୃତ ହେଉ ଅଛି
ଅନେକ ସମୟରେ ତାହା ଦୁଃଖ ରୂପୀ ଜଳ ଦ୍ୱାରା ପରିପୂର୍ଣ୍ଣ ରହିଥିଲା।
ଏବଂ ତାହା ବ୍ୟତୀତ ଆଉ କଣ ବା ହୋଇ ପାରେ ସୁଖ-ଦୁଃଖର ଅର୍ଥ।
ଦୁଃଖ, ତୁମର ଯେତେ ଗଭୀରତାକୁ ଭେଦ କରିଥାଏ, ସେତିକି ମାତ୍ରାରେ ଧାରଣ କରି ପାରିବ ତୁମେ ସୁଖ।
ଯେଉଁ ସୁରା ପାତ୍ର ତୁମେ ହାତରେ ଧରିଛ, ତାହା ଏକଦା, କୁମ୍ଭାର ଶାଳାର ନିଆଁରେ ହୋଇ ନ ଥିଲା କି ଦଗ୍ଧୀଭୁତ।
ଏବଂ ଯେଉଁ ବାଦ୍ୟଯନ୍ତ୍ର ତୁମ ମନକୁ ଶାନ୍ତ କରି ପାରୁଛି, ଏକଦା ତାହା ଛୁରିକା ଦ୍ୱାରା ଖୋଦିତ କାଷ୍ଠ ନ ଥିଲା କି।
ଯେତେବେଳେ ତୁମେ ଅତ୍ୟନ୍ତ ଆନନ୍ଦିତ, ସେତେବେଳେ ନିଜର ହୃଦୟ ମଧ୍ୟକୁ ଚାହିଁ ଦେଖ,
ଦେଖି ପାରିବ, ଯାହା ତୁମକୁ ଦୁଃଖ ଦେଉ ଥିଲା, ତାହା ହିଁ ତୁମକୁ ବର୍ତ୍ତମାନ, ଅପାର ଆନନ୍ଦ ଦେଉଛି।
ସେହି ପରି, ଅତ୍ୟନ୍ତ ଦୁଃଖିତ ସମୟରେ ପୁନର୍ବାର ନିଜ ହୃଦୟ ମଧ୍ୟକୁ ଚାହିଁ ଦେଖ,
ଦେଖି ପାରିବ, ଯାହା ତୁମର ଆନନ୍ଦର କାରଣ ଥିଲା, ତାହାରି ପାଇଁ ତୁମେ ଦୁଃଖିତ।
ତୁମ ମାନଂକ ମଧ୍ୟରୁ ଅନେକ କହନ୍ତି ଦୁଃଖ ଠାରୁ ସୁଖ ସବୁ ଗୁଣରେ ମହାନ୍।
ଅନ୍ୟ ମାନେ କହନ୍ତି, ନାଁ, ଦୁଃଖ ହିଁ ମହାନ୍।
ମୁଁ ତୁମକୁ କହିବାକୁ ଚାହେଁ,
ଉଭୟେ, ଏକ ଆରକ ଠାରୁ ଅବିଚ୍ଛେଦନୀୟ, ସେମାନେ ଆସନ୍ତି ଏକ ସଂଗରେ, ତୁମ ପାଖକୁ।
ଜଣେ ଏକୁଟିଆ ବସି ଥାଏ ତୁମ ପାଖରେ, ଏବଂ ଅନ୍ୟ ଜଣକ, ଶୋଇ ଥାଏ, ତୁମ ଶେଯରେ।
ଏଣୁ ପ୍ରକୃତ ଅର୍ଥରେ, ତରାଜୁର ଦୁଇଟି ପଲା ରୂପରେ ଥିବା ସୁଖ-ଦୁଃଖ ମଧ୍ୟରେ ତୁମେ ସର୍ବଦା ଝୁଲି ରହିଛ।
କେବଳ ତୁମର ଶୂନ୍ୟାବସ୍ଥାରେ ହିଁ ତୁମେ ସ୍ଥିର ତଥା ସଂତୁଳିତ ଅବସ୍ଥାରେ ରହି ଥାଅ।
ଯେତେବେଳେ ସେହି ବଣିଆ ରୂପୀ ଈଶ୍ୱର ତାହାର ସୁନା-ରୂପା ଓଜନ କରିବାକୁ ତୁମକୁ ଉପରକୁ ଉଠାଏ, ସେତେବେଳେ
ନିଶ୍ଚିତ ରୂପେ, ତୁମର ସୁଖ ଅବା ଦୁଃଖ, ହୁଏତ, ଉଠି ପାରେ ଅବା ପଡ଼ି ପାରେ।

26. ଗୃହ

ନଗରୀର ପ୍ରାଚୀର ମଧ୍ୟରେ ନିଜର ଏକ ଗୃହ ନିର୍ମାଣ ପୂର୍ବରୁ ଅରଣ୍ୟର ଏକ ନିର୍ଜନ ସ୍ଥଳୀରେ, ନିଜ ଭାବନାର ଏକ କୁଞ୍ଜ ନିର୍ମାଣ କରିବାର ପଦକ୍ଷେପ ନିଅ।

କାରଣ ଗୋଧୂଳି ରେ ତୁମେ ଘର ବାହୁଡ଼ିଲେ ମଧ୍ୟ, ତୁମ ମଧ୍ୟରେ ଥାଏ ଦୂରତା ଏବଂ ଏକାନ୍ତ।

ତୁମର ବାହ୍ୟ ଶରୀର ହିଁ ତୁମର ଗୃହ।

ସୂର୍ଯ୍ୟାଲୋକରେ ଏହା ବୃଦ୍ଧି ପାଇ, ରାତ୍ରୀର ନୀରବତା ମଧ୍ୟରେ ଶୁପ୍ତ ରହେ ଏବଂ ଏହି ନିଦ୍ରା, ସ୍ୱପ୍ନ ଶୂନ୍ୟ ନୁହେଁ।

ତୁମର ଗୃହ କଣ ସ୍ୱପ୍ନ ଦେଖେ ନାହିଁ?

ଏବଂ ସ୍ୱପ୍ନ ଦେଖି ଦେଖି, ନଗରୀକୁ ଛାଡ଼ି ଚାଲି ଯାଅ କୌଣସି ତୋଟା ତଳକୁ ଅବା ପର୍ବତ ଶିଖରକୁ।

ପାରନ୍ତି କି ତୁମର ଗ୍ରହ ଗୁଡ଼ିକୁ ସଂଗ୍ରହ କରି, ମୋର ହାତ ମୁଠା ମଧ୍ୟରେ,

ଏବଂ ଏକ ଚାଷୀ ପରି ବିଂଛି ଦେଇ ପାରନ୍ତି ସମସ୍ତ ଅରଣ୍ୟ ତଥା ଉପତ୍ୟକାରେ।

ଉପତ୍ୟକା ହୁଅନ୍ତା କି ଚଲାପଥ ତୁମର ଏବଂ ଛୋଟ ଗଳି ହୁଅନ୍ତା, ସବୁଜ ପଥ ଯେପରି କି, ତୁମର ପୋଷାକରେ ପୃଥିବୀର ସୁଗନ୍ଧି ନେଇ, ଅଂଗୁର ବଗିଚା ମଧ୍ୟ ଦେଇ ଦେଖି ପାରନ୍ତି, ଏକ ଅନ୍ୟ ଜଣକୁ।

ମାତ୍ର ଏ ଯାବତ୍ ଏପରି କିଛି ହେବାର ନାହିଁ କୌଣସି ସଂଭାବନା।

ତୁମର ପୂର୍ବପୁରୁଷ ମାନେ, ଭବିଷ୍ୟତର ଆଶଂକାରେ ତୁମ ମାନଂକୁ ଖୁବ୍ ନିକଟବର୍ତ୍ତୀ କରି ରଖାଇ ଥିଲେ।

ଏବଂ ସେହି ଆଶଂକା କିଛି କାଳ ରହିଥିବ, ଆହୁରି କିଛି କାଳ ପାଇଁ।

ନଗରୀ ପ୍ରାଚୀର ତୁମର ଶସ୍ୟ କ୍ଷେତ୍ରକୁ ଦୂରେଇ ରଖିବ ତୁମର ଖାଦ୍ୟ ପ୍ରସ୍ତୁତି ପାଇଁ ଉଦ୍ଦିଷ୍ଟ ଚୁଲ୍ଲା ଠାରୁ।

କହ ମୋତେ ହେ ମାନବ ଜାତି! କଣ ଅଛି ତୁମର ସେହି ଗୃହ ମାନଂକ ମଧ୍ୟରେ।

ଯେଉଁ ଉତ୍ସାହ ତୁମର ଶକ୍ତି, ଅଛି କି ତାହା ସେହି ଆବଦ୍ଧ ଗୃହ ମଧ୍ୟରେ?

ତୁମର ମନ ଭିତରେ ଥିବା ଅଭୁଲା ସ୍ମୃତି ବାସ କରେ କି ସେହି ଗୃହ ମଧ୍ୟରେ?

ହୃଦୟକୁ ପ୍ରସ୍ତର ତଥା କାଷ୍ଠ ଉଦ୍‌ଭବ ବସ୍ତୁ ଠାରୁ ପବିତ୍ର ପର୍ବତ କୁ ନେଇ ଯାଉଥିବା ସୌନ୍ଦର୍ଯ୍ୟ, ଅଛି କି ସେହି ଗୃହ ମଧ୍ୟରେ?

କୁହ ମୋତେ, ଅଛି କି ସେ ସବୁ, ତୁମର ସେହି ଗୃହରେ?

ମୁଁ ତୁମକୁ କହିବାକୁ ଚାହେଁ,

ଲୁଚ୍ଛାୟିତ ଭାବରେ ଗୃହ ମଧ୍ୟକୁ ପ୍ରବେଶ କରି, ପ୍ରଥମେ ଅତିଥି, ପରେ ଆମନ୍ତ୍ରକ ଏବଂ ପରିଶେଷରେ,

ତୁମର ମାଲିକ ହେଉଥିବା ଆରାମ ତଥା ତାହାର ଲାଳସା ହିଁ ରହିଛି ତୁମର ସେହି ରୁଦ୍ଧ ଗୃହ ମଧ୍ୟରେ।

କେବଳ ସେତିକ ନୁହେଁ, ସର୍କସର ସିଂହକୁ ଖେଳାଇବା ପରି, ତୁମର ଅତ୍ୟାକାଂକ୍ଷାକୁ,

କଣ୍ଢେଇ କରି ନିଜର ନିର୍ମମ ଚାବୁକ ସାହାଯ୍ୟରେ, ଦିବା-ରାତ୍ରୀ ନଚାଉ ଥାଏ।

ତାହାର ହସ୍ତ କୋମଳ ହେଲେ ସୁଦ୍ଧା ହୃଦୟ ତାହାର ଲୌହ ପରି କଠିନ।

ଗୀତ ଗାଇ ଶୁଆଇ ଦିଏ ତୁମକୁ, ମାତ୍ର ତୁମର ଶଯ୍ୟା ପାଖରେ ଠିଆ ହୋଇ, ଲୋଲୁପ ଦୃଷ୍ଟିରେ ଦେଖୁ ଥାଏ, ତୁମର ଶରୀରର ମାଂସ ଆବରଣକୁ।

ତୁମର ଲାଳସାର ଉପହାସ କରେ ସେ।

ଆରାମ ପାଇଁ ତୁମର ଲାଳସା, ନିର୍ମମ ହତ୍ୟା କରେ ତୁମର ଆତ୍ମାର ଏବଂ ହସି ହସି ଚାଲି ଯାଏ ଶ୍ମଶାନ ଗୃହକୁ।

ମାତ୍ର ହେ ମହାକାଶର ସନ୍ତାନ! ବିଶ୍ରାମରେ ଥାଇ ସୁଦ୍ଧା ତୁମେ ଅସ୍ଥିର।

ଏଣୁ କବଳିତ ତୁମେ ହୋଇ ପାରିବ ନାହିଁ କେବେ ଅବା ହୋଇ ପାରିବ ନାହିଁ ଶୃଂଖଳିତ।

ଜାହାଜର ଲଂଗର ସଦୃଶ୍ୟ ସ୍ଥିର ହୋଇ ରହିବ ନାହିଁ ତୁମର ଗୃହ।

ବରଂ, ମାସ୍ତୁଲ ସଦୃଶ୍ୟ, ହେବ ଗତିଶୀଳ।

କ୍ଷତ କୁ ମାତ୍ର ଆବୃତ କରୁଥିବା ପ୍ରଲେପ ସଦୃଶ୍ୟ ହେବ ନାହିଁ ତୁମର ଗୃହ, ବରଂ ଚକ୍ଷୁକୁ ରକ୍ଷା କରୁଥିବା ଆଖି ପତା

ସଦୃଶ୍ୟ ହେବ ତୁମର ଆକାଂକ୍ଷିତ ଗୃହ।

ତୁମ ଗୃହର ଦ୍ୱାର ଦେଇ ପ୍ରବେଶ କରିବା ପାଇଁ ସଂକୁଚିତ କରିବାକୁ ପଡ଼ିବ ନାହିଁ ଡେଣା, ଅବା ଛାତରେ ନ ବାଜିବା ପାଇଁ,

ନତ କରିବାକୁ ପଡ଼ିବ ନାହିଁ ମସ୍ତକ। କାନ୍ଥ ଯେପରି ଫାଟି ନ ଯାଏ, ତାହା ପାଇଁ ରହିବ ନାହିଁ ଭୟ ନିଶ୍ୱାସ ନେବାରେ।

ଜୀବନ୍ତ ମାନେ, ମୃତକ ମାନଂକ ପାଇଁ ନିର୍ମାଣ କରିଥିବା ସମାଧିରେ ବାସ କରିବ ନାହିଁ, ତୁମେ କଦାଚିତ୍।

ଯେତେ ଚମତ୍କାର ଓ ସୁନ୍ଦର ହେଲେ ମଧ୍ୟ, ଗୃହ ତୁମର ଗୋପନୀୟତା ରଖି ପାରିବ ନାହିଁ,

ଅବା ଆଶ୍ରୟ ଦେଇ ପାରିବ ନାହିଁ ତୁମର ଆଶା ଆକାଂକ୍ଷାକୁ।

କାରଣ ତୁମ ମଧ୍ୟରେ ଥିବା ଅସୀମତା ବାସ କରେ, ଆକାଶର ବିରାଟ ଅଟ୍ଟାଳିକାରେ।

ଏବଂ ପ୍ରଭାତର କୁହୁଡ଼ି ଏହାର, ଦ୍ୱାର ଏବଂ ରାତ୍ରୀର ଗୀତ ଏବଂ ନୀରବତା ଏହାର ଝରକା।

27. ବସ୍ତ୍ର

ତୁମର ଅନେକଟା ସୁନ୍ଦରତାକୁ ଲୁଚାଇ ରଖିପାରେ, ତୁମର ବସ୍ତ୍ର।
ତଥାପି, ତୁମର କୁତ୍ସିତ ରୂପକୁ ଲୁଚାଇବାକୁ ସଂପୂର୍ଣ୍ଣ ଅକ୍ଷମ ସେ।
ପୋଷାକ ମଧ୍ୟରେ ତୁମେ ଖୋଜି ଥାଅ, ସ୍ୱ-ନିଭୃତା,
ମାତ୍ର ପାଇ ଥାଅ ଶିକୁଳି ଓ ଲଗାମର ବନ୍ଧନ।
ଏଣୁ ଭଲ ହୁଅନ୍ତା ଯଦି, ସ୍ୱଳ୍ପ ବସ୍ତ୍ର ପରିଧାନ କରି
ଶରୀରର ଅନେକାଂଶ ଉନ୍ମୁକ୍ତ ହୋଇ ପାରନ୍ତା ସୂର୍ଯ୍ୟାଲୋକ
ତଥା ମୁକ୍ତ ବାୟୁର କୋମଳ ସ୍ପର୍ଶ ପାଇଁ,
କାରଣ, ସୂର୍ଯ୍ୟାଲୋକରେ ଅଛି,
ଜୀବନର ଶ୍ୱାସ ତଥା, ବାୟୁ, ଜୀବନର ହସ୍ତ ସଦୃଶ୍ୟ।
ତୁମ ମଧ୍ୟରେ ଅନେକ କୁହ ଯେ,
ଆମେ ପିନ୍ଧି ଥିବା ବସ୍ତ୍ରକୁ ବୁଣିଥାଏ ଉତ୍ତରା ପବନ।
ମୁଁ ମଧ୍ୟ କହେ ଯେ, କୋମଳ ମାଂସପେସୀ ସଦୃଶ୍ୟ ତନ୍ତୁ ନେଇ,
ଲଜ୍ଯା ରୂପକ ତନ୍ତ ଦ୍ୱାରା ସେ ପ୍ରସ୍ତୁତ କରି ଥିଲା ତୁମର ବସ୍ତ୍ର।
ଏବଂ ତାହାର ପ୍ରସ୍ତୁତ କାର୍ଯ୍ୟ ଅନ୍ତରେ,
ନ ହସି ରହି ପାରିଲା ନାହିଁ ନିଜ କାର୍ଯ୍ୟ ପାଇଁ।
ମନେ ରଖ ଯେ, ଯେଉଁ ଶାଳୀନତା ପାଇଁ ତୁମେ ବସ୍ତ୍ର ପରିଧାନ କରୁଛ,
ତାହା ମାତ୍ର ଅପରିଷ୍କୃତ ଚକ୍ଷୁ ଠାରୁ ନିଜକୁ ରକ୍ଷା କରିବା ପାଇଁ ଉଦ୍ଦିଷ୍ଟ।
ଏବଂ ଯଦି ଅପରିଷ୍କୃତା ହିଁ ନ ରହିବ,
ତେବେ ଶାଳୀନତା, ମନର ଏକ ଭ୍ରମ ମାତ୍ର ନୁହେଁ କି।
ଏବଂ ଭୁଲି ଯାଅ ନାହିଁ ଯେ, ତୁମର ପାଦର ସ୍ପର୍ଶରେ
ପୃଥିବୀ ହୁଏ ଅଧିକ ଆନନ୍ଦିତ ଏବଂ ପବନ ସଦା ଆକାଂକ୍ଷିତ, ତୁମର
ମୁକ୍ତ କେଶ ରାଶି ସହିତ ଖେଳିବା ପାଇଁ।

୨8. କ୍ରୟ ଓ ବିକ୍ରୟ

ପୃଥିବୀ ମାତା ତାହାର ଫଳ ଦେଇଛି ତୁମକୁ।
ସେହି ଫଳ ଗୁଡ଼ିକ ଦ୍ୱାରା କିପରି ନିଜର ହସ୍ତ ପୂର୍ଣ୍ଣ କରାଯାଏ, ଏହି ଜ୍ଞାନ ନ ଥିଲେ, ତାହା ପାଇବାକୁ ଇଚ୍ଛା କରନ୍ତ ନାହିଁ ତୁମେ।
ପୃଥିବୀର ଏହି ଉପହାର ପ୍ରଚୁର ପରିମାଣରେ ଉପଲବ୍ଧ ଏହି ସଂସାରରେ, ତଥା ଏହାର ଅଦଳ ବଦଳ ଦିଏ ତୁମକୁ ଅପାର ଆନନ୍ଦ।
ତଥାପି, ଏହି ବିନିମୟରେ ପ୍ରେମ ତଥା ଦୟା ନ ରହିଲେ, ତାହା କେତେକଂକୁ ଲୋଭ, ତଥା ଆଉ କେତେକଂକୁ କ୍ଷୁଧାକୁ ଆକୃଷ୍ଟ କରେ।
ହେ ସମୁଦ୍ର ଯାତ୍ରା କରୁଥିବା ବଣିକ ଗଣ।
ହେ କ୍ଷେତରେ ପରିଶ୍ରମ କରୁଥିବା ଚାଷୀ ଗଣ।
ଯଦି, ବିକ୍ରୟ ସ୍ଥଳୀରେ, ତନ୍ତୀ, କୁମ୍ଭାର, ମସଲା ସଂଗ୍ରହକାରୀ, ବା କେଉଟ ମାନଂକ ସହିତ ତୁମର ଦେଖା ହୁଏ, ତେବେ,
ପୃଥିବୀର ମୁଖ୍ୟ ଆତ୍ମାକୁ ପ୍ରାର୍ଥନା କର, ସେ ତୁମ ମାନଂକ ମଧ୍ୟକୁ ଆସି ତରାଜୁ କୁ ସଠିକ୍ ଭାବରେ ରଖୁ ଯେପରି,
ଠିକ୍ ବସ୍ତୁର ସଠିକ୍ ମୂଲ୍ୟ ମିଳି ପାରିବ, ସମସ୍ତଂକୁ।
ଯେଉଁ ମାନେ, ତୁମର ପରିଶ୍ରମ ବଦଳରେ, କେବଳ ତାଂକର ଶବ୍ଦ ବିକ୍ରୟ କରିବାକୁ ଚାହାନ୍ତି, ସେପରି ଶୂନ୍ୟହସ୍ତ
ବ୍ୟକ୍ତି ମାନଂକୁ ତୁମର କାରବାରରେ ଅନ୍ତର୍ଭୁକ୍ତ କରି ହଇରାଣ ହୁଅ ନାହିଁ ନିଜେ।
ଏପରି ବ୍ୟକ୍ତି ମାନଂକୁ ତୁମେ କହିପାର,
ଆମ ସହିତ ଆସ ଶସ୍ୟ କ୍ଷେତ୍ରକୁ, କିମ୍ବା, ଆମ୍ଭର ଅନ୍ୟ ଭାଇ ମାନଂକ ସହିତ ଯାଅ, ସମୁଦ୍ରକୁ ଏବଂ ଜାଲ ପକାଅ ସେଠାରେ, ଏବଂ ସମୁଦ୍ର ଓ ଶସ୍ୟ କ୍ଷେତ୍ର
ଆମ ପ୍ରତି ଯେପରି ଦାନଶୀଳ, ତୁମକୁ ମଧ୍ୟ ଦେଖାଇବେ ବଦାନ୍ୟତା।
ଏବଂ ଯଦି ବିକ୍ରୟ ସ୍ଥଳୀକୁ ଆସନ୍ତି, ଗାୟକ, ନର୍ତ୍ତକୀ ଅବା ବଂଶୀବାଦକ, ତେବେ ସେମାନଂକର ଦ୍ରବ୍ୟକୁ କ୍ରୟ କରି ନିଅ।
କାରଣ ସେମାନେ ମଧ୍ୟ, ସଂଗ୍ରାହକ, ଫଳ ତଥା ସୁଗନ୍ଧ ଯୁକ୍ତ ଝୁଣାର,
ଏବଂ ସେହି ବସ୍ତୁ ଗୁଡ଼ିକ ତୁମର ସ୍ୱପ୍ନର ସୁନ୍ଦର ପରିଚ୍ଛଦର ତଥା ତୁମର ଆତ୍ମାର ଉପଯୁକ୍ତ ଖାଦ୍ୟ।
ଏବଂ ତୁମର ବିକ୍ରୟ ସ୍ଥଳୀ ଛାଡ଼ିବା ପୂର୍ବରୁ ଭଲ ଭାବରେ ଦେଖି ନିଅ ଯେପରି ଶୂନ୍ୟ ହସ୍ତରେ ଫେରି ନ ଯାଆନ୍ତୁ କେହି।
କାରଣ, ତୁମ ମାନଂକ ମଧ୍ୟରୁ ନ୍ୟୁନତମଂକର ଆବଶ୍ୟକତା ପୂରଣ ନ ହେବା ପର୍ଯ୍ୟନ୍ତ,
ପୃଥିବୀର ମୁଖ୍ୟ ଆତ୍ମା, ଶାନ୍ତିରେ ଶୋଇପାରିବ ନାହିଁ, ତାହାର ବାୟୁର ଶେଯରେ।

29. ଅପରାଧ ଓ ଶାସ୍ତି

ବାଟ ଭୁଲା ହୋଇ, ବାୟୁ ମଣ୍ଡଳକୁ ଆତ୍ମା ତୁମର ଚାଲିଗଲେ,
ସେହି କ୍ଷଣରେ ତୁମେ ଉପଦେଷ୍ଟା ବିହୀନ ପରିଚାଳକ ଭାବରେ
ଭୁଲ୍ କରି ବସ ଅନ୍ୟ ମାନଂକ ପ୍ରତି, ଏବଂ ପରିଣାମ ସ୍ୱରୂପ, ନିଜ ପ୍ରତି ମଧ୍ୟ।
ଏବଂ ତୁମର ସେହି ଭୁଲ୍ କାର୍ଯ୍ୟ ପାଇଁ ଆଶୀର୍ବାଦ ପ୍ରାପ୍ତ ମାନଂକର
କବାଟ ବାଡ଼େଇ ଉତ୍ତର ନ ପାଇ ସୁଦ୍ଧା, ଅପେକ୍ଷା କରିବାକୁ ପଡ଼ିବ, ଧୈର୍ଯ୍ୟର ସହିତ।
ତୁମର ଦେବ ତୂଲ୍ୟ ବ୍ୟକ୍ତିତ୍ୱ ଏକ ସମୁଦ୍ର ସଦୃଶ୍ୟ।
ସର୍ବଦା ପବିତ୍ର ହୋଇ ରହିଥାଏ ତାହା।
ବାୟୁ ସଦୃଶ୍ୟ ଏହା କେବଳ ପକ୍ଷଯୁକ୍ତ ମାନଂକୁ ଉପରକୁ ଉଠାଇ ନିଏ,
ଏପରିକି ସୂର୍ଯ୍ୟ ସଦୃଶ୍ୟ, ତୁମର ଦେବ ତୁଲ୍ୟ ବ୍ୟକ୍ତିତ୍ୱକୁ ମଧ୍ୟ।
ବୁଚୁନ୍ଦ୍ରାର ପଥ ସେ ଜାଣେ ନାହିଁ, ଅବା ଖୋଜେ ନାହିଁ ତାହାକୁ, ସେ ସାପ ଗାତରେ।
ମାତ୍ର ତୁମର ସେହି ଦେବ ତୂଲ୍ୟ ବ୍ୟକ୍ତିତ୍ୱ ଏକୁଟିଆ ବାସ କରେ ନାହିଁ ତୁମ ମଧ୍ୟରେ।
ତୁମ ମଧ୍ୟର ଅନେକାଂଶ ମନୁଷ୍ୟ ହେଲେ ହେଁ, ଅନେକାଂଶ ଏବେ ସୁଦ୍ଧା ମନୁଷ୍ୟତ୍ୱ ପ୍ରାପ୍ତ ନୁହେଁ।
ସେହି ଅପ୍ରାପ୍ତ ମନୁଷ୍ୟ, ଏକ ଆକାର ବିହୀନ ବାମନ ସଦୃଶ୍ୟ,
ନିଦ୍ରାବସ୍ଥାରେ ଚାଲି ଚାଲି ଖୋଜୁଥାଏ ତାହାର ନିଜର ଜାଗ୍ରତାବସ୍ଥା।
ଏବଂ ତୁମ ମଧ୍ୟରେ ଥିବା ମନୁଷ୍ୟ ବିଷୟରେ ମୁଁ ଏବେ ଯାହା କହିବି, ଶୁଣ।
କାରଣ ତୁମ ମଧ୍ୟରେ ଥିବା ସେହି ମନୁଷ୍ୟ ହିଁ ଭଲ ଭାବରେ ଜାଣେ
ଅପରାଧ କଣ ଏବଂ ଅପରାଧର ଶାସ୍ତି କଣ, ଯାହା ତୁମେ ଅବା ସେହି ବାମନ ବ୍ୟକ୍ତି ଜାଣ ନାହିଁ।
ଅନେକ ସମୟରେ ତୁମେ କହିବାର ମୁଁ ଶୁଣେ, ଅପରାଧ କରିଥିବା ଜଣକ ବିଷୟରେ,
ସତେ ଅବା ସେ ତୁମ ମାନଂକ ମଧ୍ୟରୁ ନୁହଁ, ବରଂ ତୁମର ସଂସାର ମଧ୍ୟକୁ ଅନଧିକାର ପ୍ରବେଶ କରୁଥିବା ଜଣେ ଅଜ୍ଞାତ ବ୍ୟକ୍ତି।
ତେଣୁ, ଦୁଷ୍ଟ ଏବଂ ଦୁର୍ବଳ ମାନେ ମଧ୍ୟ ତୁମର ସେହି ବ୍ୟକ୍ତିତ୍ୱର ନିମ୍ନାବସ୍ଥାର ଆଉ ନିମ୍ନକୁ ଯାଇ ପାରିବେ ନାହିଁ କଦାଚିତ୍।
ଯେପରି କି ସମଗ୍ର ବୃକ୍ଷର ନୀରବ ଜ୍ଞାତସାର ବ୍ୟତିରକେ,
ଗୋଟିଏ ମାତ୍ର ପତ୍ର ହଳଦିଆ ହୋଇପାରେ ନାହିଁ, ସେହିପରି,
ତୁମ ସମସ୍ତଂକର ଲୁକ୍କାୟିତ ଇଚ୍ଛା ବ୍ୟତିରକେ, ଦୁଷ୍କର୍ମ କରୁଥିବା ବ୍ୟକ୍ତି, କରି ପାରିବ ନାହିଁ କୌଣସି ଅପରାଧ।
ଏକ ଶୋଭାଯାତ୍ରାରେ ଯାଉଥିବା ପରି ତୁମେ ମାନେ ମିଳିତ ହୋଇ ଚାଲି ଥାଅ, ତୁମର ସେହି ଦେବ ତୂଲ୍ୟ ବ୍ୟକ୍ତିତ୍ୱ ଆଡ଼କୁ।
ତୁମେ ନିଜେ ପଥ ଏବଂ ପଥିକ ମଧ୍ୟ।

ଏବଂ ତୁମ ମାନଂକ ମଧ୍ୟରୁ ଜଣେ କେହି; ପଡ଼ିଗଲେ, ତାହା ପଛରେ ଥିବା ବ୍ୟକ୍ତି ମାନଂକ ପାଇଁ, ଆଗରେ ଥିବା ପଥର ବିଷୟରେ ସତର୍କ କରାଇ ଦିଏ।
କେବଳ ସେତିକି ନୁହେଁ, ଯେଉଁ କ୍ଷିପ୍ରତର ବ୍ୟକ୍ତି ଆଗକୁ ଚାଲି ଯାଇ ସୁଦ୍ଧା,
ପଥରକୁ ବାଟରୁ ଅଲଗା ନ କରିଛନ୍ତି, ସେମାନଂକୁ ମଧ୍ୟ ସତର୍କ କରାଇ ଥାଏ, ଭବିଷ୍ୟତ ପାଇଁ।
କଥାଟି ତୁମ ଉପରେ ଭାରୀ ହେଲେ ମଧ୍ୟ, ଏହା ସର୍ବୋତ ରୂପେ ସତ୍ୟ ଯେ,
ହତ୍ୟାର ଶୀକାର ବ୍ୟକ୍ତିଟି ତାହାର ନିଜର ହତ୍ୟା ପାଇଁ ଉତ୍ତରଦାୟୀ ନୁହେଁ ବୋଲି କହି ପାରିବା ନାହିଁ ଆମେ ମାନେ।
ଲୁଂଠିତ ବ୍ୟକ୍ତିଟି ତାହାର ଲୁଂଠନ ପାଇଁ ଆନନ୍ଦିତ ହୋଇ ନ ପାରେ।
ସେହିପରି, ସତ୍ୟନିଷ୍ଠ ବ୍ୟକ୍ତିଟି, ଦୁଷ୍ଟ ମାନଂକର କାର୍ଯ୍ୟ ବିଷୟରେ ଅଜ୍ଞ ବୋଲି କୁହାଯାଇ ପାରିବ ନାହିଁ।
ଉତ୍ତମ ବ୍ୟକ୍ତି ଜଣକ, ଅପରାଧ ମୂଳକ କାର୍ଯ୍ୟରେ ଅଲିପ୍ତ ବୋଲି କୁହା ଯାଇ ନ ପାରେ।
ହଁ, ଅନେକ ସମୟରେ ଅପରାଧୀ ମଧ୍ୟ ଶୀକାର ହୋଇ ଥାଏ,
ଆଘାତପ୍ରାପ୍ତ ବ୍ୟକ୍ତିଟିର, ଏବଂ ତାହା ଠାରୁ ମଧ୍ୟ ଅଧିକ ସମୟରେ ନିନ୍ଦିତ ବ୍ୟକ୍ତି ଜଣକ,
ଅନିନ୍ଦିତ ତଥା ଦୋଷମୁକ୍ତ ବ୍ୟକ୍ତି ମାନଂକର ଗୁରୁ ଦାୟୀତ୍ୱ ବହନ କରିଥାଏ।
ଅନ୍ୟାୟ ଠାରୁ ନ୍ୟାୟ ଏବଂ ଦୃଷ୍ଟ ଠାରୁ ଉତ୍ତମକୁ ପୃଥକ୍ କରି ପାରିବ ନାହିଁ।
କାରଣ, କଳା ଓ ଧଳା ତନ୍ତୁ ଦ୍ୱାରା ବୁଣା ଯାଇଥିବା ବସ୍ତ୍ର ପରି, ଉଭୟେ, ସୂର୍ଯ୍ୟ ସମ୍ମୁଖରେ ଦଣ୍ଡାୟମାନ ଏକ ସଂଗରେ।
ଏବଂ ଯେବେ କଳା ତନ୍ତୁଟି ଛିଣ୍ଡି ଯାଏ, ତେବେ, ବୁଣାଳୀ,
ସମଗ୍ର ବସ୍ତ୍ରର ଅନୁକ୍ଷଣ କରେ ଏବଂ ତନ୍ତକୁ ମଧ୍ୟ ପରୀକ୍ଷା କରି ଦେଖେ।
ତୁମ ମାନଂକ ମଧ୍ୟରୁ ଯଦି କେହି ଅବିଶ୍ୱାସ ଯୋଗୀ ପତ୍ନି କୁ ନ୍ୟାୟ ପାଇଁ ଆଣି ଛିଡ଼ା କରାଇଲେ,
ତାହାର ସ୍ୱାମୀର ହୃଦୟକୁ ମଧ୍ୟ ପରୀକ୍ଷା କରି ଦେଖାଯାଉ।
ଅପମାନ କରିବା ବ୍ୟକ୍ତିକୁ ଶାସ୍ତି ଦେବା ପୂର୍ବରୁ ଅପମାନିତ ବ୍ୟକ୍ତିର ହୃଦୟକୁ ପରୀକ୍ଷା କରାଯାଉ।
ନୈତିକତା ନାମରେ, ଟାଂଗିଆରେ କୁ-ବୃକ୍ଷକୁ କାଟିବା ପୂର୍ବରୁ ତାହାର ଚେରକୁ ପରୀକ୍ଷା କରାଯାଉ।
ଏବଂ ଅନେକ କ୍ଷେତ୍ରରେ ଦେଖା ଯିବ, ଉଭୟ ଭଲ ଓ ମନ୍ଦ
ତଥା ଫଳପ୍ରସୁ-ନିଷ୍ଫଳା ସମସ୍ତଂକର ଚେର ଗୁଛି ହୋଇ ରହିଛନ୍ତି।
ହେ ବିଚାରକ ବୃନ୍ଦ! କିଏ ନ୍ୟାୟିକ?
ଯେଉଁ ବ୍ୟକ୍ତି, ରକ୍ତ-ମାଂସରେ ସଚ୍ଚୋଟ, ମାତ୍ର ହୃଦୟ ମଧ୍ୟରେ ଚୋର।
କେଉଁ ପ୍ରକାରର ନିଷ୍ପତ୍ତି ଘୋଷଣା କରିବ ତୁମେ?
ଯେଉଁ ବ୍ୟକ୍ତି ଅନ୍ୟ ଜଣକୁ ହତ୍ୟା କରି ନିଜର ଅନ୍ତରର ଆତ୍ମାକୁ ହତ୍ୟା କରେ,
କଣ ଦଣ୍ଡ ଦେବ ସେପରି ବ୍ୟକ୍ତିକୁ?

ଯେଉଁ ବ୍ୟକ୍ତି କାର୍ଯ୍ୟରେ ଠକ ଓ ଅତ୍ୟାଚାରୀ, କେଉଁ ଭିତ୍ତିରେ ଦଣ୍ଡିତ କରିବ ତାହାକୁ?
କେବଳ ସେତିକି ନୁହେଁ, ହେ ବିଚାରକ ବୃନ୍ଦ!
ଯେଉଁ ବ୍ୟକ୍ତିର ଅନୁଶୋଚନା, ତାହାର ଦୁଷ୍କର୍ମ ଠାରୁ ମଧ୍ୟ ଅଧିକ, ସେପରି ବ୍ୟକ୍ତିକୁ କେଉଁ ପ୍ରକାରର ଦଣ୍ଡ ଦେବ?
ଯେଉଁ ଆଇନ୍ ଭିତ୍ତିରେ ତୁମେ ଦଣ୍ଡ ଦିଅ, ଅନୁଶୋଚନା, ତାହା ପାଇଁ ନୁହେଁ କି ଯଥେଷ୍ଟ?
ତଥାପି ନିର୍ଦୋଷ ମନରେ ଅନୁତାପ ରଖି ଦେଇ ପାରିବ ନାହିଁ,
ଅବା ଦୋଷୀର ମନ ମଧ୍ୟରୁ ତାହା ଉଠାଇ ପାରିବ ନାହିଁ।
ଅନାହୂତ ଭାବରେ ରାତ୍ରୀରେ ଆସ ଡାକେ
ଏବଂ ମନୁଷ୍ୟ ମାନେ ହୁଏତ ଜାଗୃତ ହୋଇ, ନିଜ ମନ ମଧ୍ୟକୁ ଅନାଇଁ ଦେଖିବେ।
ଏବଂ ତୁମେ, ସଂପୂର୍ଣ୍ଣ ଆଲୋକ ମଧ୍ୟରେ ସମସ୍ତ କାର୍ଯ୍ୟାବଳୀକୁ ନିରୀକ୍ଷଣ ନ କରିଲେ,
କିପରି ନ୍ୟାୟ ଦେଇ ପାରିବ ସମସ୍ତଙ୍କୁ?
ତେବେ ତୁମେ ଜାଣି ପାରିବ ଯେ, ଠିଆ ହୋଇ ଥିବା ତଥା ପଡ଼ି ଯାଇଥିବା ଉଭୟ ସେହି ଜଣେ ବ୍ୟକ୍ତି,
ଯେ ଗୋଧୂଳି ଆଲୋକରେ, ତାହାର ବାମନ ରୂପର ରାତ୍ରୀ ତଥା
ଦେବତା ରୂପର ଦିବା ମଧ୍ୟରେ ଠିଆ ହୋଇ ରହିଅଛି।
ତେବେ ତୁମେ ବୁଝି ପାରିବ ଯେ
ମନ୍ଦିରର ଚୂଡ଼ା-ପ୍ରସ୍ତର, ତାହାର ମୂଳଦୁଆ ପ୍ରସ୍ତର ଠାରୁ ନୁହେଁ ଉଚ୍ଚତମ।

30. ଆଇନ

ଆଇନ ତିଆରି କରିବାରେ ତୁମେ ଆନନ୍ଦିତ।
ତଥାପି, ତାହାକୁ ଭଂଗ କରିବାରେ, ତୁମେ ଅଧିକ ଆନନ୍ଦିତ,
ଯେପରି ଶିଶୁ ମାନେ ସମୁଦ୍ର ତଟରେ ଖେଳିବା ସମୟରେ,
ବାଲିର ଦୁର୍ଗ ନିର୍ମାଣ କରୁ ଥାଆନ୍ତି, ପୁଣି ହସି ହସି ତାହାକୁ ଭାଂଗି ଦିଅନ୍ତି।
ମାତ୍ର ତୁମେ ବାଲି ଦୁର୍ଗ ନିର୍ମାଣ କରିଲେ ସମୁଦ୍ର ଆହୁରି ବାଲି ଆଣି ପକାଇ ଦିଏ,
ଏବଂ ଯେତେବେଳେ ତୁମେ ତାହା ଭାଂଗି ଦିଅ, ସମୁଦ୍ର ତୁମ ପ୍ରତି ବିଦ୍ରୁପ କରେ।
ଅଧିକାଂଶ ସମୟରେ ସମୁଦ୍ର, ହସେ ଅଜ୍ଞ ମାନଂକର ଅହେତୁକ କାର୍ଯ୍ୟ ପାଇଁ।
ମାତ୍ର ଯେଉଁ ମାନଂକ ପାଇଁ ଜୀବନ, ସମୁଦ୍ର ନୁହେଁ ଅବା ମନୁଷ୍ୟକୃତ ଆଇନ,
ବାଲିର ଦୁର୍ଗ ନୁହେଁ, ସେମାନଂକ କଥା କଣ?
ଜୀବନ ସେମାନଂକ ପାଇଁ ଏକ ବିରାଟ ପଥର,
ଏବଂ ଆଇନ ତାଂକ ପାଇଁ ଏକ ଲୌହ ବାରିସି,
ଯାହା ସାହାଯ୍ୟରେ ନିଜ ପସନ୍ଦରେ ଆଇନ ତିଆରି କରନ୍ତି ସେମାନେ।
ନୃତ୍ୟ କରୁଥିବା ବ୍ୟକ୍ତି ମାନଂକୁ ଘୃଣା କରୁଥିବା
ଛୋଟା ଲୋକଟି ବିଷୟରେ କଣ କୁହା ଯାଇପାରେ?
ଯେଉଁ ବଳଦ ନିଜର ଜୁଆଳିକୁ ପସନ୍ଦ କରେ ଏବଂ
ଅରଣ୍ୟରେ ବାସ କରୁଥିବା ହରିଣ ମାନଂକୁ
ବାସହୀନ ମନେ କରେ, ତାକୁ କଣ କହିବା?
ଯେଉଁ ବୃଦ୍ଧ ସର୍ପଟି ନିଜର କାତି ଛାଡ଼ି ପାରେ ନାହିଁ ଏବଂ
ଅନ୍ୟ ମାନଂକୁ ଉଲଗ୍ନ ତଥା ଲଜ୍ଜ୍ୟାହୀନ ବୋଲି ମନେ କରେ ତାହାକୁ କଣ କହିବା?
ଯେଉଁ ବ୍ୟକ୍ତି ଭୋଜିର ପୂର୍ବରୁ ଆସି ଅତ୍ୟଧିକ ଭୋଜନ ପରେ
ଯିବା ସମୟରେ, ଭୋଜି ଉତ୍ସବ, ଆଇନର ଉଲଂଘନ
ଏବଂ ଆମନ୍ତ୍ରକକୁ ଆଇନ ଭଂଗକାରୀ ବୋଲି ଭତ୍ସନା କରେ
ସେମାନଂକୁ କିପରି ବିଚାର କରିବା?
ସେମାନଂକ ପାଇଁ ମୁଁ ଏତିକି କହି ପାରିବି ଯେ,
ସେ ସମସ୍ତେ ମଧ୍ୟ ସୂର୍ଯ୍ୟାଲୋକରେ ଦଣ୍ଡାୟମାନ, ମାତ୍ର ସୂର୍ଯ୍ୟକୁ ପଛ କରି।
ଏବଂ ସେମାନଂକ ପାଇଁ ସୂର୍ଯ୍ୟ,
ମାତ୍ର ଛାୟାର ସୃଷ୍ଟି କର୍ତ୍ତା ବ୍ୟତୀତ, ଆଉ କିଛି ନୁହେଁ।
ଏବଂ ଆଇନ କୁ ଗ୍ରହଣ କରି, ପରେ ତଳକୁ ଖସି ଯିବା ଏବଂ
ତାହାର ଛାୟା, ପୃଥିବୀ ଉପରେ ପକାଇବାର ଅର୍ଥ ବା କଣ?

ମାତ୍ର ତୁମେ, ଯେଉଁ ମାନେ, ସୂର୍ଯ୍ୟକୁ ସାମନା କରି ଚାଲି ପାରୁଛ,
ପୃଥିବୀର କେଉଁ ବସ୍ତୁ ତୁମକୁ ଧରି ରଖି ପାରିବ?
ତୁମେ, ଯେଉଁ ମାନେ, ପବନ ମଧ୍ୟରେ ଭ୍ରମଣ କରି ପାରୁଛ,
କେଉଁ ପାଗ-ମାପକ ଯନ୍ତ୍ର ତୁମର ପଥ ପରିଚାଳିତ କରି ପାରିବ?
ଯଦି ତୁମେ ନିଜର କାନ୍ଧର ଜୁଆଳିକୁ ଭଂଗ କରୁଥାଅ,
ମାତ୍ର କୌଣସି ବନ୍ଦୀ ଗୃହର ଦ୍ୱାରକୁ ଭଂଗ କରୁ ନାହଁ, ତେବେ,
କେଉଁ ଆଇନ ତୁମକୁ ବାନ୍ଧି ରଖି ପାରିବ?
ତୁମେ ଯଦି ନିଜର ପୋଷାକ ଚିରି ପକାଅ, ମାତ୍ର,
କାହାରି ଚଲା ବାଟରେ ନ ପକାଅ, ତେବେ କିଏ ତୁମକୁ ନ୍ୟାୟାଳୟକୁ
ନେଇ ପାରିବ ନ୍ୟାୟ ବିଚାର ପାଇଁ?
ହେ ଓରଫାଲେଜଂକ ସନ୍ତାନ ଗଣ!
ଢୋଲକର ଶବ୍ଦ ତୁମେ କମ୍ କରିପାର, ବାଦ୍ୟ ଯନ୍ତ୍ରର ତାର ତୁମେ ଢିଲା କରିପାର,
ମାତ୍ର ମୁକ୍ତାକାଶରେ ମନଖୋଲା ଗୀତ ନ ଗାଇବା ପାଇଁ
ଚାତକ ପକ୍ଷୀଟିକୁ କିଏ ଦେଇ ପାରିବ ଆଦେଶ?

31. ସ୍ୱାଧୀନତା

ନଗରୀର ଦ୍ୱାର ଦେଶରେ ଏବଂ ତୁମର ଜୀବନ ସ୍ଥଳୀରେ, ତୁମକୁ ମୁଁ ଦେଖୁଛି, ସାଷ୍ଟାଂଗ ପ୍ରଣିପାତ ଭଂଗୀରେ, ତୁମର
ନିଜର ସ୍ୱାଧୀନତାର ପୂଜା ଅର୍ଚ୍ଚନା କରିବାର, ଠିକ୍ ଯେପରି କ୍ରୀତ ଦାସ ମାନେ, ଅତ୍ୟାଚାରୀ ମାଲିକ ସେମାନଂକୁ
ହତ୍ୟା କରୁଥିଲେ ହେଁ, ତାହାର ଗୁଣ ଗାନ କରୁ ଥାଆନ୍ତି ସେମାନେ।
କେବଳ ସେତିକି ନୁହେଁ, ମନ୍ଦିର ପରିସରରେ ତଥା ଦୁର୍ଗର ଛାୟାରେ ମୁଁ ଦେଖିଛି,
ତୁମ ମାନଂକ ମଧ୍ୟରେ ସର୍ବୋତ୍ତମ ସ୍ୱାଧୀନ ବ୍ୟକ୍ତି ମଧ୍ୟ,
ସ୍ୱାଧୀନତାର ପୋଷାକ ପରିଧାନ କରି ତାହାକୁ, ଜୁଆଳି ଅବା ହାତର ବେଡ଼ି ରୂପେ ମନେ କରନ୍ତି।
ତାହା ଦେଖି, ରକ୍ତାକ୍ତ ହୁଏ ମୋର ହୃଦୟ,
କାରଣ, ସ୍ୱାଧୀନତା ପ୍ରାପ୍ତିର ଇଚ୍ଛାକୁ ସଂପୂର୍ଣ୍ଣ ରୂପେ ପରିହାର କରିବା ସହିତ,
ସ୍ୱାଧୀନତାର ଲକ୍ଷ୍ୟ ହାସଲ ବିଷୟରେ କହିବାର
ବନ୍ଦ କରି ପାରିଲେ ହିଁ ତୁମେ ପାଇ ପାରିବ ପ୍ରକୃତ ସ୍ୱାଧୀନତା।
ତୁମର ଦିବା, ଦାୟୀତ୍ୱ ବିହୀନ ନ ଥିଲେ,
ଅବା ରାତ୍ରୀ ଦୁଶ୍ଚିନ୍ତା ବିହୀନ ନ ଥିଲେ ହିଁ ତୁମେ ପ୍ରକୃତରେ ସ୍ୱାଧୀନ ହୋଇ ପାରିବ।
ବରଂ ସେହି ବିଘ୍ନକାରୀ ପରିସ୍ଥିତିରେ ଆବେଷ୍ଟିତ ଥାଇ ସୁଦ୍ଧା ଯଦି ତୁମେ,
ତାହା ଦ୍ୱାରା ବନ୍ଦୀ ନ ହୋଇ, ତାହାର ଉଚ୍ଚକୁ ଉଠି ଯାଇ ପାରିବ।
ମାତ୍ର ତୁମର ଚେତନା ଶକ୍ତିର ଉଷା କାଳରେ,
ମଧ୍ୟାହ୍ନ ସମୟର ଚତୁର୍ଦିଗରେ ଯେଉଁ ଲୌହ ଶିକୁଳି ବାନ୍ଧି ଦେଇଛ,
ତାହାକୁ ଛିନ୍ନ ନ କରିବା ପର୍ଯ୍ୟନ୍ତ,
କିପରି ଉଠି ଯାଇ ପାରିବ ତୁମେ, ତାହା ଉପରକୁ?
ପ୍ରକୃତରେ ଦେଖିବାକୁ ଗଲେ, ତୁମେ ଯାହାକୁ ସ୍ୱାଧୀନତା ବୋଲି କହୁଛ,
ତାହା ସୂର୍ଯ୍ୟାଲୋକରେ ଚମକୁ ଥିଲେ ମଧ୍ୟ,
ସେହି ଲୌହ ଶିକୁଳି ମଧ୍ୟରେ ସବୁ ଠାରୁ ଅଧିକ ଶକ୍ତ ତଥା ଅଭଂଗୁର ତାହା।
ଏବଂ ସ୍ୱାଧୀନ ହେବା ପାଇଁ, ତୁମ ମଧ୍ୟରେ ଯାହା କିଛିଟା ବର୍ଜନ କରିବାକୁ ପଡ଼େ,
ସେହି ବର୍ଜିତ ଅଂଶ ବ୍ୟତୀତ, ଆଉ କଣ ବା ହୋଇପାରେ, ତୁମର ସେହି ସ୍ୱାଧୀନତା?

ତାହା ଯଦି ଏକ ଅଯଥାର୍ଥ ଆଇନ ବୋଲି ବିବେଚିତ ହୁଏ, ତାହାକୁ ହୁଏ ତ ବନ୍ଦ କରି ଦେଇପାର।
ସେହି ଆଇନ, ତୁମର ନିଜ ହସ୍ତ ଦ୍ୱାରା ନିଜ କପାଳରେ ଲିଖିତ ହୋଇଥିଲା।
ସେହି ଆଇନ ବହି ଗୁଡ଼ିକୁ ପୋଡ଼ି ଦେଲେ କିମ୍ବା ବିଚାରପତି ମାନଂକର କପାଳରେ
ସମଗ୍ର ସାଗର ଜଳ ଢାଳି ଦେଲେ ମଧ୍ୟ, ତୁମେ ତାହାକୁ ଲିଭେଇ ପାରିବ ନାହିଁ ତାହା।
ଅତ୍ୟାଚାରୀକୁ ସିଂହାସନରୁ ବିଚ୍ୟୁତ କରିବା ପୂର୍ବରୁ,
ତୁମ ଭିତରେ ସ୍ଥାପିତ ଥିବା ସିଂହାସନକୁ ସବୁ ଦିନ ପାଇଁ ଧ୍ୱଂସ କରି ଦିଅ।
କାରଣ, ନିଜର ସ୍ୱାଧିନତା ମଧ୍ୟରେ ଅତ୍ୟାଚାର ଅବା
ନିଜର ଗର୍ବ ମଧ୍ୟରେ ଲଜ୍ୟା ଥିବା ବ୍ୟକ୍ତି ମାନଂକୁ ଛାଡ଼ି ଦେଇ,
ସ୍ୱାଧୀନ ଚେତା ଏବଂ ଗର୍ବିତ ବ୍ୟକ୍ତି ମାନଂକୁ କିପରି ଶାସନ କରି ପାରିବ ଜଣେ ଅତ୍ୟାଚାରୀ ରାଜା?
ଏବଂ ଯଦି ତୁମେ ତୁମର ଦାୟୀତ୍ୱକୁ ପରିହାର କରିବାକୁ ଚାହଁ, ତେବେ,
ସେହି ଦୁଶ୍ଚିନ୍ତା ତ ଅନ୍ୟ କାହା ଦ୍ୱାରା ଧାର୍ଯ୍ୟ କରା ନ ଯାଇ ବରଂ ତୁମେ ନିଜେ ଆଣିଛ, ନିଜ ମୁଣ୍ଡ ଉପରକୁ।
ଏବଂ ଯଦି ତୁମେ ଭୟକୁ ଦୂରେଇ ଦେବାକୁ ଚାହଁ ତେବେ,
ମୁଁ କହିବି, ତାହା ଭୟଭୀତର ହାତରେ ନ ଥାଇ,
ବରଂ ନିଜର ହୃଦୟ ମଧ୍ୟରେ ବାସ କରେ।
ସବୁ ସମୟରେ, ଏହି ସମସ୍ତ କାର୍ଯ୍ୟାବଳୀ, ତୁମର ଅନ୍ତର ମଧ୍ୟରେ,
ଅନବରତ ଭାବରେ ଦ୍ୱନ୍ଦାତ୍ମିକ ଅବସ୍ଥାରେ ଚାଲି ଥାଏ,
ଯେପରି କି ଆକାଂକ୍ଷିତ ତଥା ଆଶଂକିତ ମଧ୍ୟରେ, ଆଦୃତ ତଥା
ଅପ୍ରୀତିକାରକ ମଧ୍ୟରେ, ଏବଂ ପ୍ରଚଳିତ କାର୍ଯ୍ୟ ତଥା ନିଜକୁ ବଂଚିତ କରିବାକୁ ଥିବା କାର୍ଯ୍ୟ ମଧ୍ୟରେ।
ଏହି ସବୁ କାର୍ଯ୍ୟ, ଆଲୋକ ତଥା ଛାୟା ରୂପରେ ତୁମ ଅନ୍ତରରେ ଚାଲି ଥାଏ,
ଏବଂ ଛାୟା ଉଭେଇ ଗଲେ, ସନ୍ନିକଟସ୍ଥ ଆଲୋକ,
ଆଉ ଏକ ଆଲୋକର ଛାୟାର ରୂପ ଧାରଣ କରି ଉଭା ହୋଇଯାଏ।
ଏହିପରି ଭାବରେ, ତୁମର ସ୍ୱାଧୀନତା ଗୋଟିଏ
ଶିକୁଳିରୁ ମୁକ୍ତ ହେଲେ, ଆଉ ଏକ ସ୍ୱାଧୀନତାର ଶିକୁଳି ଯୁକ୍ତ ବେଡ଼ି ହୋଇଯାଏ।

32. ଭାଗ୍ୟ ର ଗ୍ରହ

ମୋର କ୍ଳାନ୍ତ ହୃଦୟ, ମୋତେ ବିଦାୟ ଦେଇ, ଚାଲିଗଲା ଭାଗ୍ୟର ଗୃହ ଅଭିମୁଖେ।
ଯେଉଁ ପବିତ୍ର ନଗରୀକୁ ସର୍ବଦା ନିଜ ଅନ୍ତରରେ ପୂଜା କରି ଆସୁଥିଲା,
ସେଠାରେ ଉପନୀତ ହୋଇ ସେ ସ୍ତମ୍ଭୀଭୂତ ହୋଇଗଲା, କାରଣ, ସେ ଯାହା ସବୁ ଥିବାର ଆଶା କରି ଥିଲା, ସେପରି କିଛି ନ ଥିଲା ସେଠାରେ।
ନଗରୀ ଟି ଧନ, ସମ୍ପତ୍ତି, କ୍ଷମତା ଏବଂ କର୍ତ୍ତୃତ୍ୱ ଶୂନ୍ୟ ଥିଲା।
ଏବଂ ମୋର ହୃଦୟ, ପ୍ରେମର କନ୍ୟାକୁ ପଚାରିଲା,
ହେ ପ୍ରେମ କନ୍ୟା, କେଉଁଠି ପାଇବି ମୁଁ ସନ୍ତୋଷକୁ?
ମୁଁ ଶୁଣିଲି, ସେ ଆସିଛି ଏଠାକୁ, ତୁମ ସଂଗେ ମିଶିବାକୁ?
ପ୍ରେମ କନ୍ୟା ଉତ୍ତର ଦେଲା, ଯେଉଁ ନଗରୀରେ ଲୋଭ ଏବଂ ଭ୍ରଷ୍ଟାଚାର
ରାଜତ୍ୱ କରନ୍ତି, ସେଠାକୁ ଯାଇଛି, ସନ୍ତୋଷ।
ଆମେ ଆବଶ୍ୟକୀୟ ମନେ କରୁଁ ନାହୁଁ ତାହାକୁ।
ଆତ୍ମସନ୍ତୋଷ ପାଇଁ ଆକାଂକ୍ଷିତ ନୁହେଁ ଭାଗ୍ୟ,
କାରଣ ତାହା ଏକ ପାର୍ଥୀବ ବସ୍ତୁ ଏବଂ ବସ୍ତୁବାଦିତା ସହିତ ରହିଛି ତାହାର ଘନିଷ୍ଠ ସମ୍ବନ୍ଧ,
ଏବଂ ସନ୍ତୋଷ, କେବଳ ହୃଦୟଂଗମ କରା ଯାଇପାରେ।
ଅବିନଶ୍ୱର ଆତ୍ମା କଦାଚିତ୍ ସନ୍ତୁଷ୍ଟ ହୁଏ ନାହିଁ ଏବଂ ସର୍ବଦା ଥାଏ ଆନନ୍ଦର ଅନ୍ୱେଷଣରେ।
ତତ୍ ପରେ ମୋର ହୃଦୟ, ସୌନ୍ଦର୍ଯ୍ୟର ଜୀବନକୁ ପଚାରିଲା; "ତୁମେ ତ ସର୍ବଜ୍ଞାନୀ" ଦୟା ପୂର୍ବକ ମୋତେ ନାରୀର ରହସ୍ୟ ବିଷୟରେ କୁହ।
ସେ ଉତ୍ତରରେ କହିଲା,
ନାରୀ ତୁମ ନିଜର ପ୍ରତିବିମ୍ବ, ଏବଂ ତୁମେ ଯାହା କିଛି, ସେ ମଧ୍ୟ ସେହି ସବୁ, ଯେଉଁଠି ତୁମେ ବାସ କର, ସେ ମଧ୍ୟ ରହେ ସେଠାରେ,
ଅଜ୍ଞାନୀ ମାନଂକ ଦ୍ୱାରା ବୋଧ ନ ହେଲେ ହେଁ ସେ ହିଁ ହେଉଛି ଧର୍ମ ସଦୃଶ୍ୟ,
ମେଘ ଦ୍ୱାରା ଆବୃତ ନ ହେଉଥିଲେ ହେଁ ସେ ଚନ୍ଦ୍ର ସଦୃଶ୍ୟ,ଏବଂ ଅଶୁଦ୍ଧତା ଦ୍ୱାରା ଦୁଷିତ ହେଉ ନ ଥିଲେ ମଧ୍ୟ ସେ ମୃଦୁ ମଳୟ ସଦୃଶ୍ୟ।
ଏବଂ ମୋର ହୃଦୟ, ପ୍ରେମ ଓ ସୌନ୍ଦର୍ଯ୍ୟର କନ୍ୟା, ଜ୍ଞାନ ପାଖକୁ ଯାଇ ପଚାରିଲା,
"ମୋତେ ଏପରି ଜ୍ଞାନ ପ୍ରଦାନ କର ଯାହାକୁ ମୁଁ ଲୋକ ମାନଂକ ସହିତ ବାଣ୍ଟି ପାରିବି।"
ସେ ଉତ୍ତର ଦେଲା, "ଜ୍ଞାନ ନ କହି ବରଂ ଭାଗ୍ୟ କହ, କାରଣ ପ୍ରକୃତ ଭାଗ୍ୟ ଆସେ ଜୀବନର ପବିତ୍ରତମ ପବିତ୍ରତାରୁ।
ଏଣୁ ତୁମର ନିଜକୁ ହିଁ ଲୋକ ମାନଂକ ମଧ୍ୟରେ ବାଣ୍ଟିବାକୁ ଚେଷ୍ଟା କର।"

33. ଜୀବନ ର ଖେଳ ପଡ଼ିଆ

ଜୀବନରେ ସୌନ୍ଦର୍ଯ୍ୟ ଓ ପ୍ରେମ ପାଇଁ ମାତ୍ର ଏକ ଘଣ୍ଟାର ଉପାସନା,
ଦୁର୍ବଳ ତଥା ଭୟଭୀତ ମାନଂକ ଦ୍ୱାରା, ବଳବାନ ମାନଂକୁ ଦେଇ ଥିବା ଏକ ଶତାବ୍ଦୀର ଗୌରବ ସହିତ ସମାନ।
ସେହି ମୁହୂର୍ତ୍ତରୁ ଆସେ ମନୁଷ୍ୟର ସତ୍ୟତା, ଏବଂ ସେହି ଶତାବ୍ଦୀ ପାଇଁ, ବିଶୃଂଖଳିତ ସ୍ୱପ୍ନ ମଧ୍ୟରେ ଶୁପ୍ତ ରହିଥାଏ ମନୁଷ୍ୟର ସତ୍ୟତା।
ସେହି ଏକ ଘଣ୍ଟା ମଧ୍ୟରେ, ଆତ୍ମା, ତାହାର ନିଜ ପାଇଁ ଦେଖିଥାଏ, ପ୍ରକୃତିର ନିୟମାବଳୀ, ଏବଂ ସେହି
ଶତାବ୍ଦୀ ପାଇଁ ସେ ନିଜକୁ ବନ୍ଦୀ କରି ରଖି ଥାଏ, ମନୁଷ୍ୟର ନିୟମାବଳୀର ବନ୍ଦୀ ଗୃହରେ, ଏବଂ ଅତ୍ୟାଚାରର ଲୌହ ଶିକୁଳି ଦ୍ୱାରା ଆବଦ୍ଧ।
ସେହି ଘଣ୍ଟାଟି ଥିଲା ସୋଲୋମନଂକ ଗୀତ ପାଇଁ ପ୍ରେରଣା ଏବଂ ସେହି ଶତାବ୍ଦୀ, ବାଲବେକ ମନ୍ଦିରକୁ ଧ୍ୱଂସ କରିଥିବା ଅନ୍ଧ କ୍ଷମତା।
ସେହି ଏକ ଘଣ୍ଟା ଥିଲା, ପାହାଡ଼ ଶିଖରରେ ଧର୍ମ ଉପଦେଶ ବାଣୀର ଜନ୍ମ ଏବଂ
ସେହି ଶତାବ୍ଦୀ ପାଲମ୍ୟାରାର ଦୁର୍ଗ ଏବଂ ବାବିଲୋନର ମିନାରକୁ ଧ୍ୱଂସ କରିଥିଲା।
ଦୁର୍ବଳ ମାନଂକର ସମାନ ଅଧିକାର ପାଇଁ ଏକ ଘଣ୍ଟା ଦୁଃଖ ପ୍ରକାଶ କରିବା,
ଶତାବ୍ଦୀ ବ୍ୟାପୀ ଲୋଭ ଏବଂ ଶଠତା ଠାରୁ ଅଧିକ ମହତ।
ଏହା ସେହି ଏକ ଘଣ୍ଟା ଯେତେବେଳେ, ଦୁଃଖାଭୀଭୁତ ହୋଇ,
ହୃଦୟ ପାଇ ଥିଲା ବିଶୁଦ୍ଧତା ଏବଂ ଆଲୋକିତ ହୋଇଥିଲା ପ୍ରେମର ଦୀପ ଦ୍ୱାରା,
ଏବଂ ସେହି ଶତାବ୍ଦୀରେ ସତ୍ୟ ପାଇଁ ଆକାଂକ୍ଷା ସମାଧି ପ୍ରାପ୍ତ ହୋଇଥିଲା।
ସେହି ଏକ ଘଣ୍ଟା, ପ୍ରାର୍ଥନାର ଏକ ଘଣ୍ଟା, ଧ୍ୟାନର ଏକ ଘଣ୍ଟା ଏବଂ
ନୂତନ ଯୁଗର ଆରମ୍ଭର ଏକ ଘଣ୍ଟାକୁ ଅଧିକ ସମୃଦ୍ଧ କରି ପାରିଛି।
ସେହି ଏକ ଘଣ୍ଟାରେ ନୀରୋର ଜୀବନର ଏକ ଘଣ୍ଟା ଯେତେବେଳେ ସେ,
ପାର୍ଥୀବ ବସ୍ତୁରୁ ସଂଗ୍ରହ କରି ଆତ୍ମ ବିନିଯୋଗରେ ବ୍ୟସ୍ତ ଥିଲା।
ଏହା ହିଁ ଜୀବନ, ଯାହା ଯୁଗାନ୍ତ ଧରି ଚିତ୍ରିତ ହୋଇ ରହିଛି ରଂଗ ମଂଚ ଉପରେ,
ଶତାବ୍ଦୀ ଧରି ଲିପିବଦ୍ଧ ହୋଇ ରହିଛି ପାର୍ଥୀବ ରୂପରେ, ଅନେକ ବର୍ଷ ଧରି ବଂଚି ରହିଛି
ଅପରିଚିତ ଭାବରେ, ଶ୍ଲୋକ ରୂପରେ ଗାନ କରା ଯାଇଛି ଅନେକ ଦିନ ଧରି,
ପ୍ରଶଂସିତ ହୋଇଛି ମାତ୍ର ଏକ ଘଣ୍ଟା ପାଇଁ,
ମାତ୍ର ସେହି ଘଣ୍ଟାଟି ଏକ ଅମୂଲ୍ୟ ଅଳଂକାର ରୂପରେ ସଂରକ୍ଷିତ ହୋଇ ରହିଛି ଅବିନଶ୍ୱରତା ମଧ୍ୟରେ।

34. ପରାଜୟ

'ପରାଜୟ, ହେ ମୋର ପରାଜୟ!, ମୋର ଏକାନ୍ତ ଏବଂ ମୋର ସଂପର୍କ ବିହୀନତା!
ହଜାରେ ସଫଳତା ଠାରୁ ମଧ୍ଧ ଅଧିକ ପ୍ରିୟ ତୁମେ ମୋ ପାଇଁ।
ଏବଂ ପୃଥିବୀର ସମସ୍ତ ଗୌରବ ଠାରୁ ମଧ୍ଧ ଅଧିକ ମଧୁର ତୁମେ ମୋ ହୃଦୟ ପାଇଁ।
ପରାଜୟ, ହେ ମୋର ପରାଜୟ! ମୋର ଅବଜ୍ଞା।
ମୁଁ ଜାଣେ, ତୁମରି ପାଇଁ ମୁଁ ଏବେ ମଧ୍ଧ ଯୁବକ ଏବଂ ଚଂଚଳ ପାଦ ଯୁକ୍ତ।
ତୁମ ପାଇଁ ମୁଁ ହ୍ରାସ ପାଉ ଥିବା ଖ୍ୟାତିର ଜାଲରୁ ମୁକ୍ତ।
ତୁମ ମଧ୍ଧରେ ମୁଁ ପାଇଛି, ନିଭୃତତା, ଏବଂ ପରିତ୍ୟକ୍ତ ଓ ଲଜ୍ଜିତ ହେବାର ଆନନ୍ଦ।
ପରାଜୟ, ହେ ମୋର ପରାଜୟ, ମୋର ତରବାରୀ ଓ ଢାଳ,
ତୁମର ଆଖିରେ ମୁଁ ପଢ଼ିଛି, ଯେ ସିଂହାସନାରୂଢ଼ ହେବାର ଅର୍ଥ, ଦାସତ୍ୱର ବନ୍ଧନରେ ବାନ୍ଧି ହେବା।
ଏବଂ ଅନ୍ୟ ଦ୍ୱାରା ଅନୁମତ ହେବା ଅର୍ଥ, ନିଜ ମାନରେ ତଳକୁ ଖସି ଯିବା।
ବିପଦକୁ ସମାଧାନ କରିବା ଅର୍ଥ, ସଂପୂର୍ଣ୍ଣତା ପ୍ରାପ୍ତି କରିବା
ଏବଂ ପାଚିଲା ଫଳ ସଦୃଶ୍ୟ, ତଳେ ପଡ଼ି ଯାଇ ଅନ୍ୟର ଆହାର ହେବା।
ପରାଜୟ, ହେ ମୋର ପରାଯୟ! ମୋର ସାହାସୀ ସହଚର!
ତୁମେ ଶୁଣି ପାରିବ ମୋର ଗୀତ, ମୋର କ୍ରନ୍ଦନ ଏବଂ ମୋର ନୀରବତା।
ତୁମ ବ୍ୟତୀତ ଆଉ କେହି କହି ପାରିବେ ନାହିଁ, ଡେଣା ହଲାଇବାର ଶବ୍ଦ ଏବଂ ସମୁଦ୍ରର ପ୍ରୋତ୍ସାହନ।
ରାତ୍ରୀରେ ଜଳୁଥିବା ପର୍ବତ ବିଷୟରେ ତୁମେ ହିଁ କହି ପାରିବ ମୋତେ।
କେବଳ ତୁମେ ହିଁ ଆରୋହଣ କରି ପାରିବ ମୋର ଅତିପ୍ରବଣ ଆତ୍ମା ଉପରକୁ।
ପରାଜୟ, ହେ ମୋର ପରାଜୟ, ମୋର ଅମରତ୍ୱ ପ୍ରାପ୍ତ ସାହସ!
ତୁମେ ଓ ମୁଁ ଏକା ସଂଗରେ ମିଶି, ତୋଫାନ ମଧ୍ଧରେ ହସିବା।
ଏବଂ ଆମ ଭିତରେ, ଯେଉଁ ମାନେ ମରି ଯିବେ, ତାଂକ ପାଇଁ କବର ଖୋଳିବା।
ଏବଂ, ଏକ ଦୃଢ଼ ଇଚ୍ଛା ନେଇ, ଠିଆ ହେବା ସୂର୍ଯ୍ୟ ସମ୍ମୁଖରେ,
ଏବଂ ଆମ୍ଭେ ହେବା ଅତ୍ୟନ୍ତ ବିପଦ୍ଜନକ।

35. ଯଥାର୍ଥତା ଓ ଆବେଗ

ତୁମର ଆବେଗ ଓ ପ୍ରବଣତା ବିରୁଦ୍ଧରେ, ତୁମର ଯଥାର୍ଥତା ଓ ତୁମର ବିଚାର, ସର୍ବଦା ତୁମର ହୃଦୟର ରଣଭୂମିରେ ଯୁଦ୍ଧ କରୁ ଥାଆନ୍ତି।

ତୁମର ଆତ୍ମାର ଶାନ୍ତି ପ୍ରସ୍ତାବକ ହୋଇ ପାରନ୍ତି କି ମୁଁ ଏବଂ ତୁମ ଅନ୍ତରରେ ଥିବା ଶତ୍ରୁତାକୁ ଏକତାକୁ ରୂପାୟିତ କରି ପାରନ୍ତି କି?

ମାତ୍ର କପରି ହୋଇ ପାରିବି ମୁଁ ତାହା, ଯେତେବେଳ ପର୍ଯ୍ୟନ୍ତ ତୁମେ ନିଜେ ଶାନ୍ତି ପ୍ରସ୍ତାବକ ନ ହୋଇଛ

ଏବଂ ତୁମର ସେହି ସମସ୍ତ ଅନ୍ତର୍ଉପାଦାନ ଗୁଡ଼ିକୁ ନିଜେ ଭଲ ନ ପାଇଛ।

ତୁମର ଯଥାର୍ଥତା ଜ୍ଞାନ ଏବଂ ଆବେଗ, ସମୁଦ୍ର ଯାତ୍ରା କରୁ ଥିବା ତୁମର ଜାହାଜ ରୂପୀ ଅତ୍ମାର ପାଲ ତଥା ଗତି ନିୟଂତ୍ରକ ଯନ୍ତ୍ର ସଦୃଶ୍ୟ।

ଯଦି ତୁମର ଜାହାଜର ପାଲ ଅବା ଗତି ନିୟଂତ୍ରକ ଯନ୍ତ୍ର ଭାଂଗି ଯାଏ,

ତେବେ ତୁମକୁ ସମୁଦ୍ର ମଧ୍ୟକୁ ଡେଇଁ ପଡ଼ି ଭାସି ଯିବାକୁ ପଡ଼ିବ ନଚେତ୍ ମଝି ସମୁଦ୍ରରେ ସ୍ଥିର ହୋଇ ରହିବାକୁ ପଡ଼ିବ।

କାରଣ କେବଳ ଯଦି ଯଥାର୍ଥତାର ଉପଯୋଗ କରାଯାଏ, ତେବେ ତାହା ବାଧ୍ୟତା ରୂପ ଧାରଣ କରିବ ଏବଂ

ଆବେଗ ପ୍ରତି ଧ୍ୟାନ ନ ଦେଲେ, ତାହାର ନିଜେ ସୃଷ୍ଟି କରିଥିବା ବହ୍ନିରେ ନିଜେ ଧ୍ୱଂସ ପାଇଯିବ।

ଏଣୁ ତୁମର ଆତ୍ମା, ତୁମର ଯଥାର୍ଥତା ଜ୍ଞାନକୁ ପ୍ରଶଂସା କରି ଏପରି ଉଚ୍ଚ ସ୍ଥାନକୁ ନେଇ ଯାଉ, ଯେପରି କି ସେ ଗାଇ ପାରିବ ଗୀତ।

ପରେ ସେହି ଉନ୍ନୀତ ଯଥାର୍ଥତା ସହିତ ତୁମର ଆବେଗକୁ ଏପରି ବାଟରେ ପରଚାଳିତ କରୁ ଯେପରି କି

ସେ ଫୋଏନିକ୍ସ ପକ୍ଷୀ ପରି ପୁର୍ନଃଜୀବନ ପ୍ରାପ୍ତ ହୋଇ ନିଜର ଦୈନନ୍ଦିନ ଜୀବନ ଅତିବାହିତ କରୁ,

ମୁଁ ତ ଚାହିଁବି, ତୁମର ବିଚାର ଏବଂ ତୁମର ଲାଳସାକୁ ଗୃହ ମଧ୍ୟକୁ ଦୁଇ ଜଣ ଅତିଥିଂକର ଆଗମନ ରୂପେ ବିଚାର କରିବା ଉଚିତ।

ଏବଂ ନିଶ୍ଚିତ ଯେ ତୁମେ, ଜଣକୁ ଅନ୍ୟ ଜଣଂକ ଠାରୁ ଅଧିକ ଧ୍ୟାନ ଦେବ ନାହିଁ, କାରଣ ସେ କ୍ଷେତ୍ରରେ ଉଭୟଂକର ବିଶ୍ୱାସ ହରାଇ ବସିବ।

ପର୍ବତ ମଧ୍ୟରେ, ବୃକ୍ଷର ଶୀତଳ ଛାୟା ତଳେ ବସି, ସୁଦୂର ବିସ୍ତାରିତ ଉପତ୍ୟକାର ଶାନ୍ତିମୟ ଉଦ୍ଦେଶ୍ୟ ଉପଭୋଗ କରିବା ସମୟରେ,

ତୁମର ଆତ୍ମା, ନୀରବରେ କହୁ, ଈଶ୍ୱର ବିଶ୍ରାମ କରନ୍ତି ଯଥାର୍ଥତା ମଧ୍ୟରେ।

ଏବଂ ଝଡ଼ ବତାସର ଆଗମନରେ, ଶକ୍ତିଶାଳୀ ପବନ ଅରଣ୍ୟକୁ ଦୋହଲାଏ ଏବଂ

ଘଡ଼ ଘଡ଼ି ବିଜୁଳି, ଆକାଶର ଗରିମାକୁ କ୍ଷୁନ୍ନ କରେ, ସେତେବେଳେ ତୁମର ଆତ୍ମା କହୁ, ଈଶ୍ୱର ଗତିଶୀଳ ହୁଅନ୍ତି ଆବେଗ ମଧ୍ୟରେ।

ଏବଂ ଯେହେତୁ ତୁମେ, ଈଶ୍ୱରଂକ ପରିସରର ଶ୍ୱାସ ଏବଂ ଈଶ୍ୱରଂକର ଜଂଗଲର ଏକ ପତ୍ର, ତୁମେ ମଧ୍ୟ, ଯଥାର୍ଥତା ମଧ୍ୟରେ

ବିଶ୍ରାମ ନେଇ, ଆବେଗ ମଧ୍ୟରେ ଗତିଶୀଳ ହେବା ଉଚିତ।

36. ଯନ୍ତ୍ରଣା

ଭଲ ମନ୍ଦ ହୃଦୟଂଗମ କରିବା କ୍ଷମତାକୁ ଆବୃତ
କରିଥିବା ଖୋଳପାକୁ ଭଂଗ କରିବା ଶବ୍ଦସ୍ୟ ତୁମର ଯନ୍ତ୍ରଣା।
ଅଂକୁରୋଦଗମ ପାଇଁ ବୀଜଟିର ଖୋଳପା ଭାଂଗିବାର ଅବଶ୍ୟମ୍ଭାବୀ,
ଯେପରି କି ତାହାର ହୃଦୟ ସୂର୍ଯ୍ୟର ଉତ୍ତାପ ସମ୍ମୁଖରେ ଠିଆ ହୋଇ ପାରିବ,
ଠିକ୍ ସେହିପରି, ଯନ୍ତ୍ରଣା କଣ, ତାହା ଜାଣିବା ଅତ୍ୟନ୍ତ ଆବଶ୍ୟକୀୟ।
ଦୈନନ୍ଦିନ ଜୀବନର ଅସାଧାରଣ ଘଟଣାବଳୀ ଗୁଡ଼ିକରେ ତୁମର
ହୃଦୟ ଅଭ୍ୟସ୍ତ ହୋଇ ଗଲେ, ସୁଖ ଠାରୁ କମ୍ ଆନନ୍ଦ ମୟ ହୁଅନ୍ତା ନାହିଁ ତୁମର ଯନ୍ତ୍ରଣା।
ତୁମର ଶସ୍ୟ କ୍ଷେତ୍ରକୁ ଆସୁ ଥିବା ବିଭିନ୍ନ ଋତୁ ମାନଂକୁ ଗ୍ରହଣ କରିବା ପରି,
ତୁମର ହୃଦୟର ବିଭିନ୍ନ ଋତୁ ମାନଂକୁ ମଧ୍ୟ ତୁମେ ଗ୍ରହଣ କରି ପାରିବ।
ଏବଂ ତୁମର ଦୁଃଖର ଶୀତ ଋତୁକୁ ଶାନ୍ତ ମନରେ ଦେଖି ପାରିବ।
ତୁମର ଦୁଃଖର ଅନେକାଂଶକୁ ତୁମେ ନିଜେ ହିଁ ବାଛି ଆଣିଛ।
ତୁମର ଭିତରର ଅସୁସ୍ଥତାକୁ ନିରୋଗ୍ୟ କରିବା ପାଇଁ,
ତୁମର ଚିକିତ୍ସକ ଦେଉଥିବା ତିକ୍ତ ନିଶାଦ୍ରବ୍ୟ ସଦୃଶ୍ୟ ସେହି ଯନ୍ତ୍ରଣା।
ଏଣୁ, ଚିକିତ୍ସକକୁ ବିଶ୍ୱାସ କରି, ନୀରବ ତଥା ଶାନ୍ତିରେ ପାନ କରି ଯାଅ ତାହାର ଔଷଧ।
କାରଣ, ହାତ ତାହାର, କର୍କଶ ତଥା ଭାରୀ ହେଲେ ମଧ୍ୟ,
ଐଶ୍ୱରୀକ ଅଜ୍ଞାତ ହସ୍ତ ଦ୍ୱାରା ପରିଚାଳିତ।
ଏବଂ ଯେଉଁ ପାତ୍ରରେ ତୁମକୁ ପାନ କରିବା ପାଇଁ ଦିଏ,
ତାହା ତୁମର ଓଷ୍ଠକୁ ନିଆଁ ପରି ଲାଗୁଥିଲେ ହେଁ,
ଐଶ୍ୱରୀକ କୁମ୍ଭାରର ଅଶ୍ରୁ ଦ୍ୱାରା କମନୀୟ ହୋଇଥିବା କାଦୁଅ ଦ୍ୱାରା ତାହା ପ୍ରସ୍ତୁତ।

37. ଆତ୍ମ ଜ୍ଞାନ

ନୀରବତା ମଧ୍ୟରେ ତୁମର ହୃଦୟ ଜାଣି ପାରେ, ଦିବା ଓ ରାତ୍ରୀର ଗୋପନୀୟତା।
ମାତ୍ର ତୁମର କର୍ଣ୍ଣ, ତୃଷାର୍ତ୍ତ, ଜାଣିବାକୁ ତୁମର ହୃଦୟର ଜ୍ଞାନ।
ଚିନ୍ତା ମଧ୍ୟରେ ତୁମେ ଯାହା କିଛି ଜାଣିଛ, ସେହି ସବୁକୁ ଶବ୍ଦରେ ମଧ ତୁମେ ଜାଣି ପାରିବ,
ତୁମର ସ୍ୱପ୍ନର ନଗ୍ନ ଶରୀରକୁ ତୁମେ ନିଜ ଅଂଗୁଳି ଦ୍ୱାରା ସ୍ପର୍ଶ କରି ପାରିବ।
ତୁମେ ଏହା କରି ପାରିଲେ, ଅତି ଉତ୍ତମ।
ତୁମର ଆତ୍ମା ମଧ୍ୟରେ ଲୁକ୍କାୟିତ ସୁନ୍ଦର ଝରଣା ବାହାରି ଆସି,
କୁଳୁ କୁଳୁ ନାଦ କରି ସମୁଦ୍ର ଅଭିମୁଖେ ବୋହି ଯିବା ଦରକାର।
ତେବେ, ତୁମ ଅସୀମ ଗଭୀରତାର ଅମୂଲ୍ୟ ସଂପଦ,
ଉନ୍ମୋଚିତ ହେବ ତୁମର ଚକ୍ଷୁ ସମ୍ମୁଖରେ।
ମାତ୍ର ସେହି ଅଜଣା ସମ୍ପଦ ଆକଳନ କରିବା ପାଇଁ
କୌଣସି ତରାଜୁର କର ନାହିଁ ବ୍ୟବହାର।
ଏବଂ ଧମକ ପୂର୍ଣ୍ଣ ଶବ୍ଦ ଅବା ଦଣ୍ଡ ଧାରଣ କରି
ଅନ୍ୱେଷଣ କର ନାହିଁ, ତୁମର ଜ୍ଞାନର ଗଭୀରତାର।
କାରଣ ଅସୀମ ଏବଂ ଅମାପନୀୟ, ନିଜର ବ୍ୟକ୍ତିତ୍ୱ।
କୁହ ନାହିଁ ସତ୍ୟକୁ ପାଇଛି, ବରଂ କୁହ ସତ୍ୟଟିଏ ପାଇଛି।
କୁହ ନାହିଁ, ଆତ୍ମାର ପଥ ମୁଁ ପାଇଛି,
ବରଂ କୁହ, ମୋର ପଥରେ ଆତ୍ମା ଯାଉ ଥିବାର ଦେଖିଲି।
କାରଣ, ସମସ୍ତ ପଥରେ ଭ୍ରମଣ କରି ଥାଏ, ଆତ୍ମା।
ଆତ୍ମା ଏକ ସରଳ ରେଖା ଉପରେ ଚାଲେ ନାହିଁ,
ବରଂ ସେ ବୃଦ୍ଧି ପାଏ, ଏକ ବୃକ୍ଷର ଡେଂଗା ସିଧା କାଣ୍ଡ ପରି।
ଅସଂଖ୍ୟ ପାଖୁଡ଼ା ଥିବା କଇଁ ଫୁଲ ପରି,
ଆତ୍ମା ନିଜକୁ ଉନ୍ମୋଚିତ କରାଇ ଥାଏ।

୩୪. ଶିକ୍ଷା ପ୍ରଦାନ

ତୁମର ଜ୍ଞାନର ଉଷା କାଳରେ, ଅର୍ଦ୍ଧ-ଶୁପ୍ତ ଅବସ୍ଥାରେ ଯାହା ଥାଏ,
ତାହା ଠାରୁ ଅଧିକ, କେହି ତୁମକୁ ଦେଖାଇ ପାରିବ ନାହିଁ।
ଯେଉଁ ଶିକ୍ଷକ, ତାଂକର ଅନୁଗାମୀ ମାନଂକ ସହିତ,
ମନ୍ଦିରର ଛାୟା ମଧ୍ୟରେ ଚାଲୁ ଥାଆନ୍ତି,
ସେମାନେ, ଜ୍ଞାନ ନୁହେଁ, ବରଂ ଦିଅନ୍ତି, ନିଜର ବିଶ୍ୱାସ ତଥା ଅନୁରାଗ।
ସେ ଯଦି ପ୍ରକୃତରେ ଶିକ୍ଷକ, ତେବେ ସେ,
ତାଂକର ଜ୍ଞାନର ଗୃହକୁ ଆମନ୍ତ୍ରଣ ନ କରି ବରଂ
ତୁମର ବୋଧଶକ୍ତିର ଦ୍ୱାରବନ୍ଧ ଆଡ଼କୁ ବାଟ କଢ଼ାଇ ନେବେ।
ଜଣେ ଯୋତିର୍ବିତ୍ ହୁଏତ ମହାକାଶ ବିଷୟରେ
ତାଂକର ବୋଧଶକ୍ତି ବିଷୟରେ କହି ପାରିବ,
ମାତ୍ର ସେ ତାହାର ସେହି ବୋଧଶକ୍ତିକୁ ଦେଇ ପାରିବ ନାହିଁ କାହାକୁ।
ଜଣେ ସଂଗୀତଜ୍ଞ ହୁଏତ, ମହାକାଶର ସର୍ବତ୍ର ବିରାଜୁ ଥିବା,
ତାଳ ଓ ଲୟ ଗାଇ ତୁମକୁ ଶୁଣାଇ ପାରିବ,
ମାତ୍ର, ସେହି ଲୟକୁ ଧରି ରଖି ପାରୁଥିବା କର୍ଣ୍ଣ ଅବା
ତାହାକୁ ପ୍ରତିଧ୍ୱନିତ କରୁଥିବା ଶବ୍ଦ, ଦେଇ ପାରିବ ନାହିଁ ତୁମକୁ।
ଜଣେ ଅଂକ ବିଶେଷଜ୍ଞ ହୁଏତ କହି ପାରିବ,
ଓଜନ ଓ ମାପର ପରିସୀମା, ମାତ୍ର ସେହି ସୀମା ମଧ୍ୟକୁ ନେଇ ପାରିବ ନାହିଁ ତୁମକୁ।
ଏବଂ ଜଣକର ଦୃଷ୍ଟି ଭଂଗୀ, ଅନ୍ୟ ଜଣକୁ ଉଡ଼ି ଯିବା ପାଇଁ
କରି ପାରିବ ନାହିଁ ଦାନ, ନିଜ ଡେଣାର।
ତୁମେ ପୃଥକ୍ ଭାବରେ ଈଶ୍ୱରଂକ ଜ୍ଞାତସାରରେ ରହିଥିବା ସଦୃଶ୍ୟ,
ତୁମ ମାନଂକ ମଧ୍ୟରୁ ପ୍ରତ୍ୟେକ, ଈଶ୍ୱର ତଥା ପୃଥିବୀ
ସମ୍ବନ୍ଧରେ ଜ୍ଞାନ ବିଷୟରେ ପୃଥକ୍ ହୋଇ ରହି ଥାଅ।

39. ବନ୍ଧୁତା

ତୁମର ପ୍ରୟୋଜନୀତାର ଉତ୍ତର, ତୁମର ବନ୍ଧୁ।
ଯେଉଁ କ୍ଷେତରେ ତୁମେ ପ୍ରେମ ସହିତ ବୀଜ ରୋପଣ କର ତଥା ଧନ୍ୟବାଦ ଅର୍ପଣ ସହକାରେ ଫସଲ ଆମଦାନୀ କର,
ତଦ୍ ସଦୃଶ୍ୟ ତୁମର ବନ୍ଧୁ ସେ ତୁମର ଆବାସ ସ୍ଥଳୀ ଏବଂ ପାକଶାଳା ମଧ୍ୟ,
କାରଣ ତୁମେ କ୍ଷୁଧା ନେଇ ଆସ ତାଂକ ପାଖକୁ ଏବଂ, ଶାନ୍ତି ଅନ୍ୱେଷଣ କର ତାଂକ ପାଖରେ।
ଯେବେ ସେ ତାଂକର ମନ କଥା ଖୋଲି କୁହନ୍ତି ତୁମ ପାଖରେ,
ତୁମ ମନ ଭିତରେ ନାଁ କହିବାକୁ ଭୟ କର ନାହିଁ, କିମ୍ବା, ହଁ କହିବାକୁ ଧରି ରଖି ପାର ନାହିଁ।
ସେ ନୀରବ ହୋଇ ଗଲେ ମଧ୍ୟ ତୁମର ହୃଦୟ ତାଂକର ହୃଦୟକୁ ଶୁଣିବାର ବନ୍ଦ କରେ ନାହିଁ।
କାରଣ ବନ୍ଧୁତାରେ, ଅପ୍ରଶଂସିତ ଆନନ୍ଦ ମଧ୍ୟରେ, ଜନ୍ମିତ ହୋଇଥାଏ, ସମସ୍ତ ପ୍ରକାରର ଚିନ୍ତା, ସମସ୍ତ ଆଶା ଏବଂ ସମସ୍ତ ଆକାଂକ୍ଷା |
ବନ୍ଧୁ ଠାରୁ ବିଚ୍ଛେଦ ହେଲେ ଦୁଃଖିତ ହୁଅ ନାହିଁ, କାରଣ,
ସମତଳ ଅଂଚଳରେ ଥିବା ପର୍ବତାରୋହୀ ଜଣକ ପର୍ବତକୁ ଅଧିକ ସୁନ୍ଦର ଓ ସ୍ପଷ୍ଟ ରୂପେ ଦେଖି ପାରିବା ପରି,
ତୁମେ ଅତ୍ୟନ୍ତ ଭଲ ପାଉଥିବା ବ୍ୟକ୍ତିଟିର ଅନୁପସ୍ଥିତିରେ ତାହାକୁ ଅଧିକ ଭଲ ଭାବରେ ବୁଝି ପାରିବ।
ଆତ୍ମାକୁ ଗଭୀରତମ କରିବା ବ୍ୟତୀତ, ଆଉ ଅନ୍ୟ କିଛି ନ ଥାଉ, ବନ୍ଧୁତାରେ।
ନିଜର ରହସ୍ୟର ଉନ୍ମୋଚନ ନ କରି କେବଳ ହଁ ର ଅନ୍ୱେଷଣରେ ଥିବା ପ୍ରେମ,
ପ୍ରକୃତ ଅର୍ଥରେ ପ୍ରେମ ନୁହେଁ ବରଂ, ପାଣିକୁ ଜାଲ ଫିଂଗି, କେବଳ, ଅଲାଭକାରୀ ମାଛ ଧରିବା ସଦୃଶ୍ୟ।
ତୁମ ପାଇଁ ଯେ ସର୍ବୋତ୍ତମ, ସେ ହିଁ ହେଉ ତୁମର ବନ୍ଧୁ।
ତୁମର ଭିତରର ଜୁଆର ଭଟ୍ଟା ଜାଣିବା ଯେପରି ଦରକାର ତାହା ପାଇଁ, ସେ ଏହାର ବନ୍ୟା ବିଷୟରେ ମଧ୍ୟ ଜାଣୁ।
କାରଣ ଏପରି ବନ୍ଧୁର ମୂଲ୍ୟ କଣ ଯାହାକୁ ମାତ୍ର ସମୟର ଅପଚୟ କରିବା ପାଇଁ ମାତ୍ର ତୁମେ ଖୋଜ।
ଏଣୁ ପ୍ରତ୍ୟେକଟି ଘଣ୍ଟା ବଂଚି ରହିବା ପାଇଁ ତାକୁ ଖୋଜ।
କାରଣ, ତୁମର ଶୂନ୍ୟତା ନୁହେଁ, ବରଂ ତୁମର ପ୍ରୟୋଜନୀତାକୁ ପୁର୍ଣ୍ଣ କରିବାକୁ ସେ ଉଦ୍ଦେଶିତ।
ଏବଂ, ବନ୍ଧୁତାର ମାଧୁର୍ଯ୍ୟ ମଧ୍ୟରେ ରହି ଥାଉ, ହାସ୍ୟ ରୋଳ ତଥା ଆନନ୍ଦର ଭାଗ ବଣ୍ଟା।
କାରଣ କ୍ଷୁଦ୍ରତାର ଶିଶିର ମଧ୍ୟରେ, ତାହର ପ୍ରଭାତ ପ୍ରାପ୍ତ କରି, ହୃଦୟ ଥାଏ ସଜୀବ।

40. ବାର୍ତ୍ତାଳାପ

ତୁମର ଚିନ୍ତା ସହିତ ଶାନ୍ତିରେ ରହି ନ ପାରିଲେ ତୁମେ କୁହ କଥା।
ଏବଂ ହୃଦୟର ଏକାନ୍ତ ମଧ୍ୟରେ ଆଉ ରହି ନ ପାରିଲେ,
ତୁମର ଜିହ୍ୱରେ ଆସି ବାସ କରେ,
ଏବଂ ଶବ୍ଦ ଚିତ୍ତ ବିନୋଦନର ଏକ ପନ୍ଥା ମାତ୍ର।
ଏବଂ ତୁମର ବାର୍ତ୍ତାଳାପର ଅନେକାଂଶରେ,
ତୁମର ଭାବନାର ହୋଇଥାଏ ହତ୍ୟା।
କାରଣ ଭାବନା, ମହାକାଶର ଏକ ସ୍ୱାଧୀନ ପକ୍ଷୀ,
ଏବଂ ଶବ୍ଦର ପଞ୍ଜୁରୀରେ ତାହାର ଡେଣା ହୁଏତ
ସେ ଖୋଲି ପାରେ, ମାତ୍ର, ଉଡ଼ି ପାରେ ନାହିଁ କଦାଚିତ୍।
ତୁମ ମାନଂକ ମଧ୍ୟରେ ଅନେକ ଏପରି ଅଛ, ଯେ କି,
ଏକୁଟିଆ ହୋଇ ଯିବାର ଭୟରେ, ଗପୁଡ଼ି ମାନଂକୁ ଖୋଜ।
ଏକାନ୍ତର ନୀରବତା, ତାଂକର ପ୍ରକୃତ ରୂପର ନଗ୍ନତା
ଉନ୍ମୋଚନ କରି ଦିଏ, ଏବଂ ସେମାନେ,
ଏହାର ଭୟାବହତା ଠାରୁ, ବଂଚି ରହିବାକୁ ଚାହାନ୍ତି।
ଏବଂ ଅନେକ ଅଛନ୍ତି, ଯେଉଁ ମାନେ କି, ଅଜ୍ଞାନତା ତଥା ପୂର୍ବ ଚିନ୍ତା ବ୍ୟତିରକେ,
ନିଜେ ମଧ୍ୟ ଜାଣି ନ ଥିବା ସତ୍ୟତାର ଉନ୍ମୋଚନ କରି ଥାଆନ୍ତି।
ଏବଂ ଏପରି ବ୍ୟକ୍ତି ମଧ୍ୟ ଅଛନ୍ତି, ଯେଉଁ ମାନଂକର ଅନ୍ତରରେ
ସତ୍ୟତା ଥିଲେ ମଧ୍ୟ, ତାହକୁ ପ୍ରକାଶ କରି ପାରନ୍ତି ନାହିଁ ସେମାନେ।
ଏହିପରି ବ୍ୟକ୍ତି ମାନଂକର ବକ୍ଷରେ ଛନ୍ଦମୟ ନୀରବତା ବାସ କରେ।
ପଥପାର୍ଶ୍ୱରେ ଅବା ବଜାର ମଧ୍ୟରେ ବନ୍ଧୁ ଜଣକ ଦେଖା ହେଲେ,
ତୁମର ଆତ୍ମା, ଓଷ୍ଠକୁ ଗତିଶୀଳ କରାଉ ଏବଂ ଜିହ୍ୱାକୁ ପରିଚାଳିତ କରୁ।
ତୁମର ଶବ୍ଦ ମଧ୍ୟରେ ଥିବା ଶବ୍ଦ କଥା କହୁ, ତାହାର କର୍ଣ୍ଣ ମଧ୍ୟରେ ଥିବା କର୍ଣ୍ଣ ସହିତ।
କାରଣ, ସୁରାର ସ୍ୱାଦ ମନେ ରହିବା ପରି, ତାହାର ହୃଦୟ, ତୁମର ହୃଦୟର ସତ୍ୟତାକୁ ସବୁ ଦିନ ପାଇଁ ମନେ ରଖୁ ଥିବ।

41. ସମୟ

ଅକଳନୀୟ ତଥା ଅପରିମେୟ ସମୟର ଆକଳନ ତୁମେ କରିବ।
ପ୍ରତ୍ୟେକ ଘଣ୍ଟା ଏବଂ ଋତୁ ଅନୁଯାୟୀ, ତୁମର କାର୍ଯ୍ୟ କଳାପ ଗୁଡ଼ିକୁ ମେଳ କରାଅ,
ଯେପରି କି ତୁମର ଆତ୍ମାର ପଥକୁ ସେ ନିୟନ୍ତ୍ରିତ କରି ପାରିବ।
ସମୟର ଏକ ଝରଣା ନିର୍ମାଣ କରି, କୂଳରେ ବସି ତାହାର, ପ୍ରବାହକୁ ଅନୁଧ୍ୟାନ କର।
ତଥାପି, ତୁମ ମଧ୍ୟରେ ଥିବା ଅପରିବର୍ତ୍ତନୀୟ ସମୟ,
ମୁକ୍ତ ଚେତନା, ଜୀବନର ସମୟ ମୁକ୍ତ ଅବସ୍ଥା ବିଷୟରେ ଉତ୍ତମ ରୂପେ ଅବଗତ।
ଏବଂ ସେ ଉତ୍ତମ ରୂପେ ଜାଣେ ଯେ,
ବିଗତ କାଲି ହେଉଛି ଆଜିର ମୃତ୍ୟୁ ଏବଂ ଆସନ୍ତା କାଲି, ହେଉଛି ଆଜିର ସ୍ୱପ୍ନ।
ସେ ଏହା ମଧ୍ୟ ଜାଣେ ଯେ, ତୁମ ମଧ୍ୟରେ ଯାହା ଚିନ୍ତା କରୁଛି ଅବା ଗୀତ ଗାଉଛି,
ତାହା ଏବେ ସୁଦ୍ଧା ବାସ କରେ ସେହି ପ୍ରଥମ ମୁହୂର୍ତ୍ତ ମଧ୍ୟରେ
ଯେତେବେଳେ, ଏହି ବିଶ୍ୱ ବ୍ରହ୍ମାଣ୍ଡର ସୃଷ୍ଟି ହୋଇ ଥିଲା।
ତୁମ ମାନଂକ ମଧ୍ୟରୁ କିଏ ହୃଦୟଂଗମ କର ନାହିଁ ଯେ,
ତାହାର ପ୍ରେମ କରିବାର ଶକ୍ତି ସୀମାହୀନ।
ଏବଂ କିଏ ନ ଜାଣେ ଯେ,
ଅସୀମ ପ୍ରେମ ତାହାର କେନ୍ଦ୍ର ସ୍ଥଳୀରେ ଥିଲେ ମଧ୍ୟ,
ସେ ପ୍ରେମ ଚିନ୍ତା ଠାରୁ ପ୍ରେମ ଚିନ୍ତାକୁ ଯାଏ ନାହିଁ
ଅବା ପ୍ରେମ କାର୍ଯ୍ୟ ଠାରୁ ପ୍ରେମ କାର୍ଯ୍ୟକୁ ଯାଏ ନାହିଁ।
ଏବଂ ପ୍ରେମ ପରି ସମୟ ମଧ୍ୟ ଅବିଭକ୍ତ ଏବଂ ପାହୁଣ୍ଡ ବିହୀନ ଅଟେ।
ଏବଂ ଯଦି ଋତୁ ଅନୁଯାୟୀ ସମୟକୁ ମାପିବାକୁ ଚାହଁ,
ତେବେ, ପ୍ରତ୍ୟେକ ଋତୁ, ଅନ୍ୟ ସମସ୍ତ ଋତୁକୁ ବଞ୍ଚିତ କରୁ।
ଏବଂ ପରିଶେଷରେ, ଆଜି, ବିଗତ କାଲିକୁ ଆଲିଂଗନ କରୁ ସ୍ମୃତି ସହିତ,
ଏବଂ ଆସନ୍ତା କାଲିକୁ ଆକାଂକ୍ଷା ସହିତ।

42. ଉତ୍ତମ ଓ ମନ୍ଦ

ତୁମ ମଧ୍ୟରେ ଥିବା ମନ୍ଦ ନୁହେଁ, ବରଂ ଉତ୍ତମ ବିଷୟରେ ମୁଁ ତୁମକୁ କହିବି।
ତୁମ ଭିତରେ ଥିବା ଉତ୍ତମ ଗୁଣ,
କ୍ଷୁଧା ଏବଂ ତୃଷା ଦ୍ୱାରା ନିର୍ଯାତିତ ଅବସ୍ଥା ହିଁ ମନ୍ଦ ବୋଲି କୁହା ଯାଇପାରେ।
କ୍ଷୁଧାରେ ଉତ୍ତମ ଗୁଣ, ଅନ୍ଧକାର ଗୁଂଫାରେ ମଧ୍ୟ ଖାଦ୍ୟ ଅନ୍ୱେଷଣ କରେ,
ଏବଂ ତୃଷାରେ ମରୁତ ଜଳକୁ ମଧ୍ୟ ପାନ କରେ।
ତୁମେ ନିଜ ମଧ୍ୟରେ ରହି ଥିଲେ, ସଦ୍‌ଗୁଣ ସଂପନ୍ନ ହୋଇ ରହି ଥାଅ।
ତଥାପି ତୁମେ ନିଜ ମଧ୍ୟରେ ନ ରହିଲେ ମଧ୍ୟ, ମନ୍ଦ ଗୁଣ ସଂପନ୍ନ ହୋଇ ନ ପାର।
କାରଣ ବିଭାଜିତ ଗୃହକୁ ଚୋର ମାନଂକର ଆଡ୍ଡାସ୍ଥଳୀ
ବୋଲି କୁହା ଯାଇ ନ ପାରେ, କାରଣ ଏହା ଏକ ବିଭାଜିତ ଗୃହ ମାତ୍ର।
ଏବଂ ନିୟନ୍ତ୍ରକ ଯନ୍ତ୍ର ନ ଥିବା ଜାହାଜ, ହୁଏ ତ
ବିପଦପୂର୍ଣ୍ଣ ଦ୍ୱୀପରେ ଲକ୍ଷ୍ୟହୀନ ଭାବରେ ବୁଲୁ ଥାଇ ପାରେ, ମାତ୍ର ତାହା, ସମୁଦ୍ର ଗର୍ଭରେ ବୁଡ଼ି ତ ଯିବ ନାହିଁ।
ତୁମର ନିଜର ଦେବାକୁ ଚେଷ୍ଟା କରିଲେ, ତୁମେ ସଦ୍‌ଗୁଣ ସଂପନ୍ନ।
ତଥାପି ନିଜ ପାଇଁ ଲାଭର ଅନ୍ୱେଷଣ କରୁଥିଲେ, ତୁମେ ମନ୍ଦ ବୋଲି କୁହା ଯାଇ ପାରବ ନାହିଁ।
କାରଣ, ଯେତେବେଳେ ତୁମେ ନିଜ ଲାଭ ପାଇଁ ଚେଷ୍ଟା କର,
ସେତେବେଳେ, ପୃଥିବୀକୁ ଲାଖି ରହି, ତାହାର ବକ୍ଷକୁ ଶୋଷଣ କରୁଥିବା ଚେର ସଦୃଶ୍ୟ, ତୁମେ।
ନିଶ୍ଚିତ ଭାବରେ, ଚେରକୁ ଫଳ କହି ପାରିବ ନାହିଁ,
ମୋ ପରି ହୁଅ, ସଂପୂର୍ଣ୍ଣତା ପ୍ରାପ୍ତି ପରେ ପାଚି ଯାଇ ନିଜର ସବୁ କିଛି ଅନ୍ୟକୁ ଦେଇ ଦିଅ।
କାରଣ ଅନ୍ୟକୁ ଦେବାର, ଫଳ ପାଇଁ ଏକ ଆବଶ୍ୟକତା,
ସେହି ପରି, ଚେର ପାଇଁ, ଗ୍ରହଣ କରିବା ଏକ ଆବଶ୍ୟକତା।
ତୁମର ପ୍ରତ୍ୟେକ କଥାରେ ସଜାଗ ଥିଲେ, ଜାଣ ଯେ ତୁମେ ଠିକ୍ ଅଛ।
ତଥାପି, ତୁମର ଜିହ୍ୱା ଲକ୍ଷ୍ୟବିହୀନ ଭାବରେ ଏପଟ ସେପଟ ହେବା ସମୟରେ
ତୁମେ ଶୁପ୍ତ ଥିଲେ ମଧ୍ୟ ତୁମକୁ ମନ୍ଦ ବୋଲି କୁହା ଯାଇ ପାରିବ ନାହିଁ।
ଏପରି କି ଭୁଲ କଥାଟିଏ ମଧ୍ୟ ହୁଏତ ଦୁର୍ବଳ ଜିହ୍ୱାକୁ ଦୃଢ଼ୀଭୂତ କରି ପାରିବ।
ତୁମର ଲକ୍ଷ୍ୟ ସ୍ଥଳ ଅଭିମୁଖେ, ଦୃଢ଼ତାର ସହିତ ଆଗଉ ଥିଲେ, ତୁମେ ଠିକ୍ ଅଛ।
ତଥାପି, ଛୋଟେଇ ଛୋଟେଇ ଆଗଉ ଥିଲେ ମଧ୍ୟ
ତୁମେ ମନ୍ଦ ବୋଲି କୁହା ଯାଇ ନ ପାରେ।
ଛୋଟେଇ କି ଆଗଉ ଥିବା ବ୍ୟକ୍ତି, ପଶ୍ଚାତ୍ ମୁଖି ନୁହେଁ।
ମାତ୍ର ତୁମେ, ଯେଉଁ ମାନେ ବଳିଷ୍ଠ ଏବଂ ଦ୍ରୁତଗାମୀ, ମନେ ରଖ ଯେ,

ଦୟା ଦେଖାଇବା ପାଇଁ, ଛୋଟା ମାନଂକ ସମ୍ମୁଖରେ ଛୋଟାଇ ଚାଲ ନାହିଁ।
ଅନେକ ଭାବରେ ତୁମେ ଉତ୍ତମ,
ତଥାପି ସବୁ କ୍ଷେତ୍ରରେ ଉତ୍ତମ ନ ହେଲେ ମଧ୍ୟ ତୁମେ ମନ୍ଦ ହୋଇ ନ ପାର।
ତୁମେ କେବଳ ଉଦ୍ଦେଶ୍ୟ ହୀନ ଭାବରେ ବୁଲୁଛ।
ଦୟାର ବିଷୟ ଯେ, ଘୋଡ଼ା ମାନେ,
କଚ୍ଛପ ମାନଂକୁ କ୍ଷୀପ୍ରତା ଶିଖାଇ ପାରିବେ ନାହିଁ।
ତୁମ ମଧ୍ୟରେ ଏକ ମହାନ୍ ବ୍ୟକ୍ତିତ୍ୱର ଆକାଂକ୍ଷା ମଧ୍ୟରେ
ଥାଏ ତୁମର ଉତ୍ତମତା, ଏବଂ ଆକାଂକ୍ଷା ସମସ୍ତଂକ ମଧ୍ୟରେ ରହିଛି।
ମାତ୍ର ତୁମ ମାନଂକ ମଧ୍ୟରୁ ଅନେକଂକ ମଧ୍ୟରେ
ତାହା ସମୁଦ୍ର ମଧ୍ୟକୁ କ୍ଷୀପ୍ର ଗତିରେ ଯାଉଥିବା ଏକ ସ୍ରୋତ ସଦୃଶ୍ୟ ବଳିଷ୍ଠ।
ମାତ୍ର ଅନ୍ୟ ମାନଂକ ମଧ୍ୟରେ ସମୁଦ୍ରକୁ ପହଂଚିବା ପୂର୍ବରୁ
ନିଜର ସ୍ରୋତ ହରାଇ ବସୁଥିବା ଏକ କ୍ଷୁଦ୍ର ଝରଣା ସଦୃଶ୍ୟ।
କିନ୍ତୁ, ଉଚ୍ଚ ଆକାଂକ୍ଷିତ ବ୍ୟକ୍ତି, ଅଳ୍ପ ଆକାଂକ୍ଷିତକୁ ଯେପରି ନ କହୁ,
କାହିଁକି ତୁମେ ଧୀରେ ଏବଂ ରହି ରହି ଚାଲୁଛ?
କାରଣ ଯେ ପ୍ରକୃତରେ ଭଲ,
ସେ କେବେହେଲେ ନଗ୍ନ ବ୍ୟକ୍ତିକୁ ପଚାରେ ନାହିଁ,
ତୁମର ବସ୍ତ୍ର କାହିଁ, କିମ୍ବା
ଗୃହ ହୀନକୁ ପଚାରେ ନାହିଁ, ତୁମର ଘର କାହିଁ?

43. ପ୍ରାର୍ଥନା

ପ୍ରାର୍ଥନା କର ତୁମେ, ଦୁର୍ଦ୍ଦଶା କିମ୍ବା ଆବଶ୍ୟକଜନିତ ସ୍ଥିତିରେ, କେତେ ଭଲ ହୁଅନ୍ତା ଯଦି ତୁମେ କରି ପାରନ୍ତ, ତୁମର ପ୍ରଚୁରତା ଏବଂ ଆନନ୍ଦ ମୟ ସ୍ଥିତିରେ ମଧ୍ୟ।

କାରଣ, ଆକାଶ ମଧ୍ୟରେ ନିଜକୁ ସଂପ୍ରସାରିତ କରିବା ବ୍ୟତୀତ ଆଉ କଣ ହୋଇ ପାରେ ପ୍ରାର୍ଥନା?

ତୁମର ଅନ୍ଧକାରକୁ ମହାକାଶ ମଧ୍ୟକୁ କ୍ଷେପଣ କରି ଦୈହିକ ଆନନ୍ଦ ପ୍ରାପ୍ତି ପାଇଁ ଯେପରି ପ୍ରାର୍ଥନା ଦରକାର, ତୁମର ହୃଦୟ ମଧ୍ୟରେ ଉଷାର ଆଗମନ ପାଇଁ ମଧ୍ୟ ସେହପରି ଆବଶ୍ୟକ।

ତୁମର ଆତ୍ମା ପ୍ରାର୍ଥନା ଆହ୍ୱାନ କରିଲେ ଯଦି କାନ୍ଦିବା ବ୍ୟତୀତ ଆଉ କିଛି ନ କରି ପାର, ତେବେ କ୍ରନ୍ଦନ ରତ ଥିଲେ ମଧ୍ୟ, ତୁମେ ନ ହସିବା ପର୍ଯ୍ୟନ୍ତ ଆତ୍ମା, ତୁମକୁ ଉସାହିତ କରୁ ଥାଉ।

ପ୍ରାର୍ଥନା କରିବା ସମୟରେ, ତୁମେ ଉପରକୁ ଉଠି ଯାଇ, ସେହି ମୁହୂର୍ତ୍ତରେ ଏପରି ପ୍ରାର୍ଥନା ରତ ବ୍ୟକ୍ତି ମାନଂକୁ ଦେଖା କରି ପାରିବ, ଯେଉଁ ମାନଂକୁ ତୁମେ ପ୍ରାର୍ଥନା ବ୍ୟତୀତ ଅନ୍ୟ କୌଣସି ସ୍ଥିତିରେ ଦେଖା କରି ପାରିବ ନାହିଁ।

ଏଣୁ, ସେହି ଅଦୃଶ୍ୟ ମନ୍ଦିର କୁ ତୁମର ପରିଦର୍ଶନ ହେଉ, ମହାନନ୍ଦ ତଥା ମଧୁର ଆଦାନ ପ୍ରଦାନର ଉତ୍ସ।

କାରଣ ମନ୍ଦିରକୁ କିଛି ନ ମାଗିବାର ଆଶା ନେଇ ପ୍ରବେଶ କରିଲେ, କିଛି ପାଇବ ନାହିଁ ତୁମେ।

ଏବଂ ଯଦି କେବଳ ବିନମ୍ର ହେବା ପାଇଁ ଏହା ଭିତରକୁ ପ୍ରବେଶ କରିଲେ, ଉପରକୁ ଉନ୍ନୀତ ହେବ ନାହିଁ ତୁମେ।

ଏବଂ ଅନ୍ୟ ମାନଂକର ଶୁଭ ଉଦ୍ଦେଶ୍ୟ ନେଇ ପ୍ରବେଶ କରିଲେ ମଧ୍ୟ କେହି ଶୁଣିବେ ନାହିଁ ତୁମକୁ।

ଏଣୁ, ଅଦୃଶ୍ୟ ଭାବରେ ହିଁ ମନ୍ଦିରକୁ ପ୍ରବେଶ କରିଲେ ଭଲ।

ଶବ୍ଦ ମାଧ୍ୟମରେ କିପରି ପ୍ରାର୍ଥନା କରାଯାଏ, ତାହା ଶିଖାଇ ପାରିବି ନାହିଁ ମୁଁ ତୁମକୁ।

ତୁମର ଓଷ୍ଠ ମାଧ୍ୟମରେ ସ୍ୱୟଂ ଭଗବାନଂକର ବାଣୀ ଉଚ୍ଚାରିତ ନ ହେବା ପର୍ଯ୍ୟନ୍ତ, ସେ ତୁମର ଭାଷା ଶୁଣନ୍ତି ନାହିଁ।

ଏବଂ ତୁମକୁ ମୁଁ, ସମୁଦ୍ର, ଅରଣ୍ୟ ଅବା ପର୍ବତ ମାନଂକର ପ୍ରାର୍ଥନା ଶିଖାଇ ପାରିବି ନାହିଁ।

ମାତ୍ର, ସମୁଦ୍ର, ଅରଣ୍ୟ ଅବା ପର୍ବତ ଠାରୁ ଜନ୍ମ ନେଇ ଥିବା ତୁମେ, ତୁମର ହୃଦୟ ମଧ୍ୟରେ ସେମାନଂକର ପ୍ରାର୍ଥନା କରିବାର ପଦ୍ଧତି ଜାଣି ପାରିବ।

ଏବଂ ରାତ୍ରୀର ନୀରବତା ମଧ୍ୟରେ ସେମାନଂକର ନୀରବ ପ୍ରାର୍ଥନା ତୁମେ ଶୁଣି ପାରିବ,

ହେ ଈଶ୍ୱର, ଆମ ଅନ୍ତରର ପକ୍ଷଯୁକ୍ତ ବ୍ୟକ୍ତିତ୍ୱ! ତୁମର ଇଚ୍ଛା ହିଁ ଆମର ଇଚ୍ଛା।

ଆମ ଅନ୍ତର ସ୍ଥିତ ତୁମର ପ୍ରେରଣା ଦ୍ୱାରା, ଆମର ରାତ୍ରୀ, ଯାହା ତୁମର, ଦିବାଲୋକକୁ ପରିବର୍ତ୍ତିତ ହୁଏ।

ତୁମକୁ ଆମେ କିଛି ମାଗିବାକୁ ଅକ୍ଷମ, କାରଣ, ଆମର ଆବଶ୍ୟକତାର ଜନ୍ମ ପୂର୍ବରୁ ତୁମେ ତାହା ଜାଣି ଯାଅ।

ତୁମେ ହିଁ ଆମର ଆବଶ୍ୟକୀୟ, ଏଣୁ ତୁମ ମଧ୍ୟରୁ ଅଧିକ କିଛି ଦେଇ ପାରିଲେ ତାହା ହିଁ ଆମର ସବୁ କିଛି।

44. ଆନନ୍ଦ

ଆନନ୍ଦ, ଏକ ଗୀତ ସ୍ୱାଧୀନତାର, ମାତ୍ର ନୁହେଁ ତାହା ଗୀତ।
ତୁମର ସ୍ୱପ୍ନର ପ୍ରସ୍ଫୁଟିତା ଏହା, ମାତ୍ର ଫଳ ନୁହେଁ ତାହାର।
ଗଭୀରତାକୁ ଆହ୍ୱାନ କରୁ ଥିବା ଏକ ଉଚ୍ଚତା ଏହାମାତ୍ର
ଏହା ଗଭୀର ନୁହେଁ ଅବା ଉଚ୍ଚ ମଧ୍ୟ ନୁହେଁ।
ପିଂଜରାବଦ୍ଧଟିର ଡେଣା ମୁକ୍ତ ଅବସ୍ଥା,
ମାତ୍ର ମହାକାଶ ବେଷ୍ଟିତ ନୁହେଁ ତାହା।
ପ୍ରକୃତ ଅର୍ଥରେ ଆନନ୍ଦ, ଏକ ସ୍ୱାଧୀନତା ଗୀତ।
ପୂର୍ଣ୍ଣ ହୃଦୟ ସହିତ ଏହା ଗାଇ ଥିଲେ ମୁଁ ଆନନ୍ଦିତ ହୁଅନ୍ତି,
ତଥାପି ସେହି ଗୀତରେ ନିଜକୁ ହଜାଇଦେବାର ମୁଁ ଚାହାନ୍ତି ନାହିଁ।
ତୁମ ମାନଂକର କେତେକ ଯୁବକ ଆନନ୍ଦକୁ ଏପରି ଭାବରେ ଖୋଜନ୍ତି,
ସତେ ଅବା ତାହା ହିଁ ସବୁ କିଛି ଏବଂ ସେହି କାର୍ଯ୍ୟ ପାଇଁ ସେମନେ ଭତ୍ସିତ ମଧ୍ୟ ହୁଅନ୍ତି।
ମୁଁ କିନ୍ତୁ ସେମାନଂକୁ ଭତ୍ସନା କରନ୍ତି ନାହିଁ, ବରଂ ଖୋଜିବାକୁ ଦିଅନ୍ତି,
କାରଣ ସେମାନେ ହୁଏତ ଆନନ୍ଦକୁ ପାଇ ପାରିବେ, ମାତ୍ର ତାହାକୁ ଏକା ନୁହେଁ।
ସେମାନେ ସାତ ଭଉଣୀ, ଏବଂ ସବୁ ଠାରୁ ସାନ, ଆନନ୍ଦ ଠାରୁ ମଧ୍ୟ ଅଧିକ ସୁନ୍ଦରୀ।
ଚେର ପାଇଁ ମାଟି ଖୋଳୁ, ଖୋଳୁ, ଅମୂଲ୍ୟ ସଂପଦ ପାଇଥିବା ବ୍ୟକ୍ତି ବିଷୟରେ ଶୁଣି ନାହଁ କି ତୁମେ?
ତୁମ ମାନଂକ ମଧ୍ୟରେ ଯେଉଁ ମାନେ ବୟସ୍କ, ମାତାଲ ଅବସ୍ଥାରେ
କରିଥିବା ଭୁଲ ପାଇଁ ପଶ୍ଚାତାପରେ ଥିବାର ଆନନ୍ଦ ବିଷୟରେ ଏବେ ମଧ୍ୟ ମନେ ରଖିଛନ୍ତି।
ମାତ୍ର ପଶ୍ଚାତାପ କରିବା ଅର୍ଥ ମନକୁ ଶାସ୍ତି ପ୍ରଦାନ ନୁହେଁ, ବରଂ ମନକୁ ଘୋଡ଼ାଇ ରଖିବା।
ସେମାନେ, ସେମାନଂକର ଆନନ୍ଦକୁ କୃତଜ୍ଞତା ସହିତ ମନେ ରଖିବା ଉଚିତ,
କାରଣ ତାହା ଗ୍ରୀଷ୍ମ ଋତୁର ଫସଲ ଆମଦାନୀ ହୋଇ ରହିବ।
ତଥାପି, ଯଦି ପଶ୍ଚାତାପ କରିବାରେ ତାଂକୁ ଆନନ୍ଦ ମିଳେ, ତେବେ କରନ୍ତୁ ସେମାନେ।
ମାତ୍ର ତୁମ ମାନଂକ ମଧ୍ୟରେ ଅନେକ ଏପରି ଅଛନ୍ତି ଯେଉଁମାନେ,
ଅନ୍ୱେଷଣ କରିବାର ଯୌବନାବସ୍ଥାରେ ନାହାନ୍ତି ଅବା ମନେ ରଖିବାର ବୟସ୍କା ଅବସ୍ଥାରେ ନାହାନ୍ତି।
ଏବଂ ଅନ୍ୱେଷଣ କରିବା କିମ୍ବା ସ୍ମରଣ କରିବା ଭୟରେ ସେମାନେ ଆନନ୍ଦକୁ ସଂପୂର୍ଣ୍ଣ ରୂପେ ପରିତ୍ୟାଗ କରନ୍ତି,
ଯେପରି କି ତାହାକୁ ସେମାନେ ଅପମାନିତ ନ କରନ୍ତୁ।
ମାତ୍ର ତାଂକର ଆନନ୍ଦକୁ ବର୍ଜନ କରିବାରେ ମଧ୍ୟ ଆନନ୍ଦ ଅଛି।

ଏଣୁ ସେମାନେ କଂପିତ ହସ୍ତରେ ମାଟି ଖୋଲିଲେ ମଧ୍ୟ, ସେହ ଅମୂଲ୍ୟ ସଂପଦ ପାଇ ଥାଆନ୍ତି।

ମାତ୍ର କହିଲ ମୋତେ, କିଏ ଏପରି ଅଛି, ଯେ ଆତ୍ମାକୁ ଅପମାନିତ କରିବାକୁ ସାହସ କରିବ?

ନାଇଟିଂଗଲ ପକ୍ଷୀଟି ରାତ୍ରୀର ନୀରବତାର କରି ପାରିବ ଅପମାନ,

ଅବା ଜୁଳୁଜୁଳିଆ ପୋକଟି କରି ପାରିବ, ତାରକା ମାନଂକର ଅପମାନ?

ଏବଂ ତୁମର ପାକଶାଳାର ଅଗ୍ନି ଅବା ଧୂମ୍ର କରି ପାରିବ କି ପବନକୁ ଅପବିତ୍ର?

ତୁମେ କଣ ଭାବୁଛ, ଆତ୍ମା ଗୋଟିଏ ପୋଖରୀ, ଯାହାକୁ ବାଡ଼ି ଖଣ୍ଡିଏ ନେଇ ଗୋଳିଆ କରି ପାରିବ।

ଅନେକ ସମୟରେ, ନିଜ ପାଇଁ ଆନନ୍ଦ ପ୍ରତ୍ୟାଖ୍ୟାନ କରି, ନିଜର ନିଭୃତା ମଧ୍ୟରେ ଲାଳସାକୁ ଗଛିତ କରି ରଖି ଥାଅ।

କିଏ ଜାଣେ, ଯାହା ଆଜି ନ ଥିବା ପରି ଅନୁଭୂତ ହେଉଛି, ହୁଏ ତ, କାଲି ପାଇଁ ତାହା ଅପେକ୍ଷା କରି ରହି ଥିବ।

ଏପରି କି ତୁମର ଶରୀର ମଧ୍ୟ ଜାଣେ ନିଜର ଐତିହ ଓ ତାହାର ଅଧିକାର ଜନିତ ପ୍ରୟୋଜନୀତା।

ଏବଂ ତୁମର ଶରୀର, ତୁମର ଆତ୍ମାର ଏକ ବାଦ୍ୟ ଯନ୍ତ୍ର ସଦୃଶ୍ୟ।

ଏବଂ ତୁମ ଉପରେ ନିର୍ଭର କରେ, ସେଥିରୁ ତୁମେ ମଧୁର ସଂଗୀତ ବାହାର କରୁଛ ଅବା ବେସୁରା ଶବ୍ଦ।

ଏବଂ ବର୍ତ୍ତମାନ ନିଜ ହୃଦୟକୁ ପଚାର, ଆନନ୍ଦ ମଧ୍ୟରେ ଭଲ ଅବା ମନ୍ଦ କେଉଁଟା,

ତୁମର ଶସ୍ୟ କ୍ଷେତ୍ର ଏବଂ ବଗିଚାକୁ ଯାଇ ଦେଖ, ଏବଂ ତୁମେ ଶିଖି ପାରିବ ଯେ ଫୁଲରୁ, ମହୁମାଛିର ମଧୁ ବାହାର କରିବା ଏକ ଉତ୍ତମ ଆନନ୍ଦ।

ଏବଂ, ମହୁମାଛିକୁ ମଧୂ ଦେବାର ମଧ୍ୟ, ଫୁଲ ପାଇଁ ଏକ ଉତ୍ତମ ଆନନ୍ଦ।

କାରଣ, ମହୁମାଛି ପାଇଁ, ଫୁଲଟି, ଜୀବନର ଏକ ଝରଣା ସଦୃଶ୍ୟ।

ଏବଂ ଫୁଲ ପାଇଁ, ମହୁମାଛିଟି ପ୍ରେମର ବାହକ ସଦୃଶ୍ୟ।

ଏବଂ ଉଭୟ, ମହୁମାଛି ଏବଂ ଫୁଲ ପାଇଁ, ଆନନ୍ଦ ଦେବା ଏବଂ ଗ୍ରହଣ କରିବା, ଏକ ପ୍ରୟୋଜନୀତା ଏବଂ ଉଲ୍ଲାସମୟ,

ହେ ମାନବ ସନ୍ତାନ! ତୁମର ଆନନ୍ଦ ମଧ୍ୟରେ, ମହୁମାଛି ଏବଂ ଫୁଲ ପରି ହୋଇ ରହି ଥାଅ।

45. ସୌନ୍ଦର୍ଯ୍ୟ

ସୌନ୍ଦର୍ଯ୍ୟ ନିଜେ ତୁମର ପଥ ଏବଂ ପଥ ପ୍ରଦର୍ଶକ ନ ହେଲେ, କେଉଁଠି ଖୋଜି ପାଇବ ତାହାକୁ?
ତୁମର ଭାଷାର ବୁଣାଳୀ, ସେ ନ ହେଲେ, କିପରି କହି ପାରିବ ତୁମେ ତାହା ବିଷୟରେ?
ଦୁଃଖ ପ୍ରାପ୍ତ ଏବଂ ଆଘାତ ପ୍ରାପ୍ତ ବ୍ୟକ୍ତି ମାନେ କୁହନ୍ତି, ସୌନ୍ଦର୍ଯ୍ୟ, ଅତି ଭଦ୍ର ଓ ଦୟାଳୁ।
ତାହାର ଗୌରବ ପାଇଁ ଅର୍ଦ୍ଧ-ଲଜ୍ଜିତ ମାତାଟି ପରି, ସେ ଆମ ମାନଂକ ସଂଗରେ ଚାଲୁ ଥାଏ।
ଭାବପ୍ରବଣ ବ୍ୟକ୍ତି କୁହେ, ନାଁ, ସୌନ୍ଦର୍ଯ୍ୟ, ଶକ୍ତି ତଥା ଭୟର ପ୍ରତୀକ।
ତୋଫାନ ପରି ସେ, ଆମର ତଳେ ଥିବା ପୃଥିବୀ ଏବଂ ଉପରେ ଥିବା ଆକାଶକୁ ଦୋହଲାଇ ପାରେ।
କ୍ଲାନ୍ତ ବ୍ୟକ୍ତିଟି କୁହେ ,ସୌନ୍ଦର୍ଯ୍ୟ ଅତି କୋମଳ ଭାଷୀ; ଆମର ଆତ୍ମାରେ ସେ କୁହେ।
ତାହାର ଶବ୍ଦ, ଆମର ନୀରବତା ମଧ୍ୟରେ ଛାୟାର ଭୟରେ କମ୍ପିତ ହେଉ ଥିବା ଏକ କ୍ଷୀଣ ଆଲୋକ ସଦୃଶ୍ୟ।
ମାତ୍ର ଅସ୍ଥିର ବ୍ୟକ୍ତି ମାନେ କୁହନ୍ତି, ସେ, ପର୍ବତ ମଧ୍ୟରେ ଗର୍ଜନ କରିବାର ଆମେ ଶୁଣିଛୁ।
ଏବଂ ତାହାର କ୍ରନ୍ଦନ ମଧ୍ୟରୁ ଆସେ, ଘୋଡ଼ାର ଟାପୁ, ଡେଣାର ବାଡ଼େଇବାର ଶବ୍ଦ ତଥା ସିଂହର ଗର୍ଜନ।
ନଗରୀର ଜଗୁଆଳି, ରାତ୍ରୀରେ କୁହେ, ପ୍ରଭାତର ଆଗମନରେ ସୌନ୍ଦର୍ଯ୍ୟ ଉଦିତ ହେବ, ପୂର୍ବ ଦିଗରୁ।
ମଧ୍ୟାହ୍ନ ସମୟେ କ୍ଷେତ ଶ୍ରମିକ ଓ ପଥଚାରୀ ମାନେ କୁହନ୍ତି, ସୂର୍ଯ୍ୟର ଝରକା ମଧ୍ୟରୁ, ପୃଥିବୀ ବକ୍ଷରେ, ତାକୁ ଆଉଜି ବସି ଥିବାର ଦେଖିଛୁଁ।
ତୁଷାର ଯାତ୍ରୀ ମାନେ କହନ୍ତି, ବସନ୍ତ ଋତୁରେ, ସେ ପର୍ବତ ମାନଂକ ଉପରେ ଡେଇଁ ଡେଇଁ ଆସବ।
ଗ୍ରୀଷ୍ମ କାଳେ, ଫସଲ ଆମଦାନୀକାରୀ ମାନେ କୁହନ୍ତି, ଶରତ ଋତୁର ପତ୍ର ମାନଂକ ସହିତ ନୃତ୍ୟ କରିବାର ଏବଂ ତାହାର କେଶରେ ବରଫ ଖଣ୍ଡ ମାନ ଲାଗି ଥିବାର ଆମେ ଦେଖିଛୁ।
ସୌନ୍ଦର୍ଯ୍ୟ ବିଷୟରେ ତୁମେ ଯାହା ସବୁ କୁହ, ପ୍ରକୃତରେ ତୁମେ ତାହା ବିଷୟରେ ନ କହି ବରଂ ନିଜର ଅତୃପ୍ତ ଲାଳସା ବିଷୟରେ କହି ଥାଅ।
ଏବଂ ସୌନ୍ଦର୍ଯ୍ୟ, କୌଣସି ଆବଶ୍ୟକତା ନୁହେଁ, ବରଂ, ପରମାନନ୍ଦର ଉତ୍ସ ମାତ୍ର।
ତୃଷାର୍ତ୍ତ ମୁଖ ଅବା ପ୍ରସାରିତ ହସ୍ତ ନୁହେଁ ଏହା, ବରଂ ଏକ ଉଦ୍ଦୀପତ ହୃଦୟ ଏବଂ ବିମୋହିତ ଆତ୍ମା ସଦୃଶ୍ୟ।
ଦୃଶ୍ୟମାନ ଛବି ନୁହେଁ ଏହା ଅବା ନୁହେଁ ଶବଢ ଯୋଗୀ ସଂଗୀତ।
ବରଂ, ଚକ୍ଷୁ ବନ୍ଦ ଥିଲେ ମଧ୍ୟ ଦୃଶ୍ୟମାନ ଛବି ଏବଂ କର୍ଣ୍ଣ ରୁଦ୍ଧ ଥିଲେ ମଧ୍ୟ ଶ୍ରବଣଯୋଗ୍ୟ ସଂଗୀତ ଅଟେ।

ହେ ମାନବ ସନ୍ତାନ! ଜୀବନ ତାହାର ପବିତ୍ର ମୁଖକୁ ଅନାବୃତ କରିଲେ, ତାହା ହିଁ, ପ୍ରକୃତ ସୌନ୍ଦର୍ଯ୍ୟ।
ମାତ୍ର ତୁମେ ହିଁ ଜୀବନ ଏବଂ ତୁମେ ହିଁ ତାହାର ଅବଗୁଣ୍ଠ ନିଜକୁ ଆଇନାରେ ଦେଖୁ ଥିବା ଅବିନଶ୍ୱରତା ଅଟେ, ସୌନ୍ଦର୍ଯ୍ୟ।
ମାତ୍ର ତୁମେ ହିଁ ଅବିନଶ୍ୱରତା ଏବଂ ତୁମେ ହିଁ ଆଇନା।

46. ଧର୍ମ

ମନୁଷ୍ୟର ସମସ୍ତ କର୍ମ ଏବଂ ତାହାର ଫଳାଫଳ ନୁହେଁ କି ଧର୍ମ?
କର୍ମ ଅବା କର୍ମ ଫଳ ନ ହୋଇ, ପଥର କାଟୁଥିବା ସମୟରେ
ଏବଂ ତନ୍ତ ଚଳାଉ ଥିବା ସମୟ ରେ ମଧ୍ୟ,
ଆତ୍ମା ମଧ୍ୟରେ ଉଚ୍ଛଳିତ ହେଉ ଥିବା ଏକ ଚମତ୍କାରୀତା ଓ ବିସ୍ମୟ ମଧ୍ୟ ନୁହେଁ କି ଧର୍ମ?
କିଏ ତାହାର କାର୍ଯ୍ୟରୁ ବିଶ୍ୱାସକୁ ଅବା ବୃତ୍ତିରୁ
ତାହାର ଆନୁଗତ୍ୟକୁ ଅଲଗା କରି ପାରିବ?
କିଏ ତାହାର ପ୍ରାପ୍ତବ୍ୟ ସମୟ ଘଣ୍ଟା ଗୁଡ଼ିକୁ ନିଜ ସମ୍ମୁଖରେ ରଖି କହି ପାରିବ,
ଏହି ଘଣ୍ଟାଟି ଈଶ୍ୱରଂକ ପାଇଁ, ଏଇଟି ମୋ ନିଜ ପାଇଁ,
ଏଇଟି ମୋର ଆତ୍ମା ପାଇଁ ଏବଂ ଅନ୍ୟ ଘଣ୍ଟାଟି ମୋର ଶରୀର ପାଇଁ।
ତୁମର ସମସ୍ତ ଘଣ୍ଟା ଗୁଡ଼ିକ, ନିଜର ବ୍ୟକ୍ତିତ୍ୱ ଠାରୁ ସ୍ୱୟଂକୁ ଯାଇ,
ମହାକାଶ ମଧ୍ୟରେ ବାଡ଼ଉ ଥିବା ଡେଣା ସଦୃଶ୍ୟ।
ଯେଉଁ ବ୍ୟକ୍ତି ନୈତିକତାକୁ ତାହାର ସର୍ବୋତ୍ତମ ପୋଷାକ ଭାବରେ ପିନ୍ଧେ,
ସେ ବରଂ ଉଲଗ୍ନ ରହିବା ଭଲ।
କାରଣ ସେପରି ବ୍ୟକ୍ତିର ଚର୍ମକୁ ପବନ କିଂବା ସୂର୍ଯ୍ୟ ଭେଦ କରି ପାରିବ ନାହିଁ।
ଯେଉଁ ବ୍ୟକ୍ତି, ତାହାର ଆଚରଣକୁ ନୈତିକ ନିୟମାବଳୀର ସଜ୍ଞା ବୋଲି କୁହେ,
ସେ ତାହାର ଗୀତ-ପକ୍ଷୀଟିକୁ ଏକ ପଂଜୁରୀରେ ବନ୍ଦୀ କରି ରଖିଛି ବୋଲି କୁହା ଯାଏ।
ସର୍ବୋତ୍ତମ ସ୍ୱାଧୀନ ଗୀତ, ପ୍ରତିବନ୍ଧ ବା ତାର ବାଡ଼ ମଧ୍ୟ ଦେଇ ଆସେ ନାହିଁ।
ଯେଉଁ ବ୍ୟକ୍ତି ପାଇଁ, ପୂଜାପାଠ, ଖୋଲା ଯାଉଥିବା ଏବଂ ବନ୍ଦ କରା ଯାଉଥିବା
ଏକ ଝରକା ସଦୃଶ୍ୟ, ସେ ଉଷା କାଳରୁ ଉଷା କାଳକୁ ବିସ୍ତାରିତ,
ତାହାର ଆତ୍ମାର ଗୃହର ଝରକାକୁ ଯାଇ ନାହିଁ କେବେ।
ତୁମର ଦୈନନ୍ଦିନ ଜୀବନ ହିଁ ତୁମର ମନ୍ଦିର ଏବଂ ଧର୍ମ ମଧ୍ୟ।
ଏହା ମଧ୍ୟକୁ ପ୍ରବେଶ କରିବା ସମୟରେ, ତୁମର ସବୁ କିଛି ସଂଗରେ ନେଇ କି ଯାଅ,
ଯେଉଁ ସବୁ ବସ୍ତୁ ତୁମେ ପ୍ରୟୋଜନୀତା ପାଇଁ ଅବା ଆନନ୍ଦ ପାଇଁ ପ୍ରସ୍ତୁତ କରିଛ।
କାରଣ ଦିବା ସ୍ୱପ୍ନରେ, ତୁମର ସଫଳତାର ଉଚ୍ଚକୁ ଯାଇ ପାରିବ ନାହିଁ
ଅବା ବିଫଳତାର ନିମ୍ନ ସ୍ତରକୁ ଆସି ପାରିବ ନାହିଁ।
ଏବଂ ତୁମ ସହିତ ସମସ୍ତ ମନୁଷ୍ୟକୁ ନେଇକି ଯାଅ।
କାରଣ ତାଂକ ପାଇଁ ତୁମର ଶ୍ରଦ୍ଧା ଯୋଗୁଁ,
ତାଂକର ଆକାଂକ୍ଷା ଠାରୁ ଅଧିକ ଉଚ୍ଚକୁ ଉଡ଼ି ପାରିବ ନାହିଁ,
ଅବା ତାଂକର ହତାଶା ଠାରୁ ନିମ୍ନ ପର୍ଯ୍ୟନ୍ତ ନିଜକୁ ବିନୀତ କରି ପାରିବ ନାହିଁ।

ଏବଂ ତୁମେ ଯଦି ଭଗବାନଂକୁ ଜାଣି ପାରିଲ,
ତେବେ, ରହସ୍ୟାବୃତ ପ୍ରଶ୍ନର ସମାଧାନ ହୋଇ ଯିବ।
ବରଂ ତାହାକୁ ନିଜର ପାଖରେ ଖୋଜ,
ଏବଂ ତୁମେ ତାହାକୁ ତୁମର ଛୁଆ ମାନଂକ
ସଂଗରେ ଖେଳିବାର ଦେଖି ପାରିବ।
ଏବଂ ଆକାଶକୁ ଚାହିଁ ଦେଖ, ବିଜୁଳିରେ ହସ୍ତ ବିସ୍ତାରିତ କରି,
ମେଘ ମଧ୍ଯରେ ଚାଲିବାର ଦେଖି ପାରିବ ଏବଂ ବର୍ଷା ମଧ୍ଯରେ,
ପୃଥିବୀକୁ ଅବରୋହଣ କରିବାର ଦେଖି ପାରିବ।
ପୁଷ୍ପ ମାନଂକ ମଧ୍ଯରେ ତାଂକୁ ହସୁ ଥିବାର, ପରେ,
ଉପରକୁ ଉଠି ଯାଇ, ବୃକ୍ଷ ମାନଂକ ମଧ୍ଯରେ
ହାତ ହଲାଉ ଥିବାର, ତାଂକୁ ତୁମେ ଦେଖି ପାରିବ।

47. ବିଦାୟ

ହେ ମାନବ ସନ୍ତାନ ଗଣ!
ପବନ ମୋତେ ଆହ୍ୱାନ କରି କହୁଛି, ତୁମ ଠାରୁ ବିଦାୟ ନେବା ପାଇଁ।
ପବନ ଠାରୁ ଗତିରେ ମଂଥର ହେଲେ ମଧ୍ୟ, ତହା ସଂଗରେ ଯିବାର ଅଛି ମୋତେ।
ଆମେ, ଯାଯାବର ଜାତି, ଅଧିକ ଏକାନ୍ତ ପଥର ଅନ୍ୱେଷଣରେ ଥାଇ, ଆଜି ସୁଧା,
ଦିନଟିଏ ମଧ୍ୟ, ଶେଷ କରିଥିବା ସ୍ଥାନରେ , ପରବର୍ତ୍ତୀ ଦିନଟି ଆରଂଭ କରି ନାହୁଁ,
ଏବଂ ଗୋଟିଏ ସୂର୍ଯ୍ୟାସ୍ତ ଆମକୁ ଯେଉଁ ସ୍ଥାନରେ ଛାଡ଼ି ଥିଲା,
ପରବର୍ତ୍ତୀ ସୂର୍ଯ୍ୟୋଦୟ ଆମ୍ଭ ମାନଂକୁ ସେଠାରେ ଦେଖି ନାହିଁ।
ପୃଥିବୀ ମଧ୍ୟ ଗଭୀର ନିଦ୍ରାଗତ ଥିବା ସମୟରେ, ଆମେ ମାନେ ଭ୍ରମଣ କରୁ ଥାଇଁ।
ଅବନମନୀୟ ବୃକ୍ଷର ବୀଜ ଆମେ ମାନେ,
ଏବଂ ଆମର ହୃଦୟର ପରିପକ୍ୱତାରେ ଆମେ ମାନେ, ପବନ ଦ୍ୱାରା ବିକ୍ଷିପ୍ତ ହେଉଁ ସର୍ବତ୍ର।
ତୁମ ମାନଂକ ସହିତ ମୋର ରହଣି ଥିଲା ଅତି ସ୍ୱଳ୍ପ କାଳ ପାଇଁ,
ଏବଂ ମୁଁ ଯାହା କିଛି କହିଲି, ତାହା ଥିଲା ଆହୁରି ସଂକ୍ଷିପ୍ତ।
ମାତ୍ର, ମୋର ଶବ୍ଦ, ଯଦି ତୁମ ମାନଂକ କର୍ଣ୍ଣ ପାଇଁ ଅଶ୍ରାବ୍ୟ ହୁଏ,
କିଂବା ସ୍ମୃତି ମୋର, ଚାଲି ଯାଏ ତୁମ ମନରୁ, ତେବେ ପୁନର୍ବାର ମୁଁ ଆସିବି।
ଏବଂ ଆହୁରି ଉନ୍ନତ ହୃଦୟ ଓଷ୍ଠ, ସହିତ, ତୁମର ଆତ୍ମାକୁ ଅଧିକ ଉତ୍ସାହିତ ଶବ୍ଦରେ କହିବି।
ହଁ, ଜୁଆର ସହିତ ମୁଁ ଆସିବି।
ମୃତ୍ୟୁ ମୋତେ ବିରାଟ ନୀରବତା ମଧ୍ୟରେ,
ମୃତ୍ୟୁ ମୋତେ ଲୁଚାଇ ରଖିଥିଲେ ମଧ୍ୟ, ମୁଁ ଖୋଜିବି, ତୁମର ବୁଦ୍ଧି ଓ ଭାବନା ଶକ୍ତି।
ଏବଂ ବୃଥା ଯିବ ନାହିଁ, ମୋର ସେହି ଅନ୍ୱେଷଣ।
ମୁଁ ଯାହା କହିଲି, ତାହା ଯଦି ସତ୍ୟ ହୋଇ ଥାଏ,
ତେବେ ସେହି ସତ୍ୟ, ଆହୁରି ପରିଷ୍କାର ଭାଷାରେ,
ତୁମର ଭାବନାର ଅତି ଘନିଷ୍ଠ ଶବ୍ଦରେ ନିଜକୁ ପ୍ରକାଶ କରିବ।
ହେ ମାନବ ସଂତାନ! ଶୂନ୍ୟତା ମଧ୍ୟକୁ ନୁହେଁ, ବରଂ ମୁଁ ଯାଉଛି ପବନ ସହିତ।
ଏବଂ ଆଜିର ଏହି ଦିନ ଯଦି ତୁମର ଆବଶ୍ୟକତା ଏବଂ ମୋର ପ୍ରେମର ସଂପୂର୍ଣ୍ଣତା ନ ହୁଏ,
ତେବେ, ଅନ୍ୟ ଏକ ଦିନ ପାଇଁ ଏହା ଏକ ପ୍ରତିଶ୍ରୁତି ହୋଇ ରହୁ।
ମନୁଷ୍ୟର ଆବଶ୍ୟକତା ହୁଏ ତ ପରିବର୍ତ୍ତିତ ହୋଇ ପାରେ,
ମାତ୍ର, ତାହାର ପ୍ରେମ ରହେ ଅପରିବର୍ତ୍ତନୀୟ, ଏବଂ ସେ କେବେହେଲେ ଆଶା କରେ ନାହିଁ ଯେ,
ପ୍ରେମ, ତାହାର ଆବଶ୍ୟକତାକୁ ପରିପୂର୍ଣ୍ଣ କରୁ।
ଏଣୁ ଜାଣି ରଖ ଯେ, ବୃହତ୍ତର ନୀରବତା ମଧ୍ୟରୁ ମୁଁ ଦିନେ ଫେରି ଆସିବି।

ଉଷା କାଳରେ ବିସ୍ଫୁରିତ କୁହୁଡ଼ି, କିଛିଟା କାକର ପଡ଼ିଆରେ ଛାଡ଼ି ଦେଇ,
ଉପରକୁ ଉଠି ଯାଇ ମେଘ ରୂପ ଧାରଣ କରି,
ପୁନର୍ବାର ବର୍ଷା ରୂପରେ ପୃଥିବୀ ବକ୍ଷକୁ ଫେରି ଆସିବ।
ଏବଂ ମୁଁ ମଧ୍ୟ କୁହୁଡ଼ି ସଦୃଶ୍ୟ ନୁହେଁ ବୋଲି କୁହା ଯାଇ ପାରିବ ନାହିଁ।
ରାତ୍ରୀର ନିସ୍ତବ୍ଧତାରେ ତୁମର ଚଲା ପଥରେ ମୁଁ ଚାଲିଛି,
ଏବଂ ମୋର ଆତ୍ମା ପ୍ରବେଶ କରିଛି, ତୁମ୍ଭର ଗୃହ ମଧ୍ୟକୁ।
ଏବଂ ମୋର ହୃଦୟ ମଧ୍ୟରେ ରହି ଥିଲା,
ତୁମର ହୃଦୟର ସ୍ପନ୍ଦନ ଓ ତୁମର ଶ୍ୱାସ, ଅନୁଭୂତ ହେଉ ଥିଲା
ମୋର ଗଣ୍ଡ ଦେଶରେ ଏବଂ ଏ ସମସ୍ତ ମୁଁ ଜାଣି ଥିଲି।
ଆରେ। ମୁଁ ତ ତୁମର ଆନନ୍ଦ ଏବଂ ଦୁଃଖକୁ ମଧ୍ୟ ଭଲ ଭାବରେ ଜାଣି ଥିଲି,
ଏବଂ ତୁମର ନିଦ୍ରାଗତ ଅବସ୍ଥାରେ ତୁମର ସ୍ୱପ୍ନ ଥିଲା, ମୋର ସ୍ୱପ୍ନ।
ଏବଂ ଅନେକ ସମୟରେ, ପର୍ବତ ମାଳା ମଧ୍ୟରେ ହ୍ରଦ ସଦୃଶ୍ୟ, ମୁଁ ଥିଲି, ତୁମ ମାନଂକ ମଧ୍ୟରେ।
ପର୍ବତ ଶିଖରକୁ ପ୍ରତିବିମ୍ବିତ କରିଛି ମୁଁ, ତୁମ ମଧ୍ୟରେ,
ଏବଂ ତୁମକୁ ଜଣାଇଛି ତାହାର ଅଂକା ବଂକା ଗଡ଼ାଣିଆ,
ଏପରି କି ତାହାକୁ ଅତିକ୍ରମ କରୁଥିବା, ତୁମର ଚିନ୍ତା ଏବଂ ଆକାଂକ୍ଷାକୁ ମଧ୍ୟ ମୁଁ ତୁମକୁ ଦେଖାଇଛି।
ଏବଂ ମୋର ନୀରବତା ମଧ୍ୟକୁ ଝରଣା ରୂପରେ ଆସିଲା ତୁମର ଶିଶୁ ମାନଂକର ହାସ୍ୟ ରୋଳ,
ଏବଂ ନଦୀ ରୂପରେ ଆସିଲା, ତୁମର ଯୁବକ ମାନଂକର ଆଶା ଓ ଆକାଂକ୍ଷା।
ଏବଂ ସେମାନେ ମୋର ଗଭୀରତା ପର୍ଯ୍ୟନ୍ତ ପହଂଚି,
ଏବେ ସୁଦ୍ଧା, ସେହି ଝରଣା ଓ ନଦୀ, ଗୀତ ଗାଇବାର ବନ୍ଦ କର ଦେଇଛନ୍ତି।
ମାତ୍ର, ହାସ୍ୟ ଠାରୁ ମଧୁର ଏବଂ ଆକାଂକ୍ଷା ଠାରୁ ମଧ୍ୟ ବୃହତ୍ତର, ଆସିଲା ମୋ ମଧ୍ୟକୁ।
ତୁମ ମଧ୍ୟରେ ତାହା ଥିଲା, ଅସୀମିତ, ସେହି ଅତି ମାନବ,
ଯାହା ମଧ୍ୟରେ ତୁମେ, ଜୀବକୋଷ ଅବା ମାଂସପେଶୀ ସଦୃଶ୍ୟ।
ତାହାର ମନ୍ତ୍ର ଉଚ୍ଚାରଣ ମଧ୍ୟରେ ତୁମର ଗୀତ ଏକ ଶବ୍ଦବିହୀନ ସ୍ପନ୍ଦନ ମାତ୍ର।
ସେହି ଅତି ମାନବ ମଧ୍ୟରେ ହିଁ ରହିଛି, ବିରାଟ ତୁମର ଅସ୍ତିତ୍ୱ।
ଏବଂ ତାହାକୁ ଦେଖିବାରେ ମୁଁ ଦେଖେଁ ତୁମକୁ ଏବଂ, ଭଲ ପାଏଁ ତୁମକୁ।
କାରଣ, ସେହି ବିରାଟ ଗୋଲକ ମଧ୍ୟରେ କେଉଁ ଦୂରତ୍ୱ ଏପରି ଅଛି, ଯେଉଁ ପର୍ଯ୍ୟନ୍ତ ପହଂଚି ନ ପାରିବ ପ୍ରେମ?
କେଉଁ ଦୂରଦୃଷ୍ଟି, କେଉଁ ଆଶା ଅବା କେଉଁ ଅନୁମାନ, ଅଧିକ ଉଚ୍ଚ ଉଡ଼ି ପାରିବ, ସେହି ଐଶ୍ୱରୀକ ଉଡ଼ାଣ ଠାରୁ।
ସେଓ ଫୁଲ ଦ୍ୱାରା ଆଚ୍ଛାଦିତ, ବିରାଟ ଓକ ବୃକ୍ଷ ପରି, ସେହି ଅତି ମାନବ।
ତାହାର ଶକ୍ତି ଦ୍ୱାରା ତୁମ୍ଭେ ବାନ୍ଧି ହୋଇ ରହିଛ ପୃଥିବୀ ସହିତ,

ତାହାର ସୁଗନ୍ଧ ନେଇ ଯାଏ ତୁମକୁ ମହାକାଶ ମଧ୍ୟକୁ,
ଏବଂ ତାହାର ଅବିନଶ୍ୱରତା ମଦ୍ୟରେ ତୁମେ ମୃତ ପ୍ରାୟ।
ତୁମକୁ କୁହା ଯାଇଛି ଯେ, ଏକ ଶିକୁଳିର ଦୁର୍ବଳତମ କଡ଼ି ଠାରୁ ମଧ୍ୟ ତୁମେ ଅଧିକ ଦୁର୍ବଳ,
ଏହା ମାତ୍ର ଅର୍ଦ୍ଧ-ସତ୍ୟ, ସବୁ ଠାରୁ ବଳିଷ୍ଠ କଡ଼ି ଠାରୁ ମଧ୍ୟ ତୁମେ ଅଧିକ ବଳିଷ୍ଠ।
ତୁମର କ୍ଷୁଦ୍ରତମ କାର୍ଯ୍ୟକୁ ନେଇ, ତୁମର ଅବବୋଧ ପରୀକ୍ଷଣ କରିବା,
ଫେଣର ଦୁର୍ବଳତାକୁ ନେଇ ସମୁଦ୍ରର ଶକ୍ତି ପରୀକ୍ଷଣ ସଦୃଶ୍ୟ ହେବ।
ତୁମର ବିଫଳତାକୁ ନେଇ ତୁମର ସକ୍ଷମତାର ବିଚାର କରିବା ଅର୍ଥ,
ଋତୁ ଗୁଡ଼ିକର ଅସଂଗତାକୁ ଦୋଷ ଦେବା ପରି ହେବ।
ଆରେ!, ତୁମେ ତ ସାଗର ସଦୃଶ୍ୟ।
ଏବଂ, ପୂର୍ଣ୍ଣ ପ୍ରସ୍ତୁତ ଜାହାଜ ଗୁଡ଼ିକ ତୁମର ତଟରେ ଅପେକ୍ଷା ରତ ଥିଲେ ମଧ୍ୟ,
ସମୁଦ୍ର ପରି, ଜୁଆରକୁ ଶୀଘ୍ର ଡାକି ଆଣି ପାରିବ ନାହିଁ ତୁମେ।
ଏବଂ ଋତୁ ମାନଂକ ପରି ମଧ୍ୟ ତୁମେ।
ଏବଂ ଯଦିଓ ତୁମର ଶୀତ ଋତୁରେ, ବସନ୍ତକୁ ଆସିବାକୁ ଦିଅ ନାହିଁ,
ତଥାପି, ତୁମ ମଧ୍ୟରେ ରହିଥିବା ବସନ୍ତ, ତାହାର ନିଦ୍ରାଳୁ ଅବସ୍ଥାରେ ମୁରୁକି ହସୁ ଥାଏ,
ଏବଂ ନିଜକୁ ଅପମାନିତ ବୋଧ କରେ ନାହିଁ।
ମୁଁ ତୁମକୁ ଏ କଥା କହୁଛି ବୋଲି ତୁମ ମାନଂକ ମଧ୍ୟରେ କୁହା କୁହି ହୁଅ ନାହିଁ;
ସେ ଆମ ସମସ୍ତଂକୁ ପ୍ରଶଂସା କରିଲେ, ସେ ଆମର ମାତ୍ର ଉତ୍ତମତାକୁ ହିଁ ଦେଖିଲେ।
ମୁଁ ତୁମକୁ ମାତ୍ର ଏପରି ଶବ୍ଦରେ କହୁଛି ଯେପରି ତୁମେ ନିଜେ ତାହା ବୁଝି ପାରିବ।
ଏବଂ ଶବ୍ଦ ଜ୍ଞାନ, ଶବ୍ଦ ହୀନ ଜ୍ଞାନର ଛାୟା ବ୍ୟତୀତ ଆଉ କିଛି ନୁହେଁ।
ତୁମର ଚିନ୍ତା ଧାରା ଏବଂ ମୋର ଶବ୍ଦ, ବିଗତ କାଲିର ଅଭିଲିଖନ ରଖୁଥିବା, ରୁଦ୍ଧ ସ୍ମୃତିରୁ ନିଃସୃତ ଢେଉ ସଦୃଶ୍ୟ।
ଏହା ଲିପିବଦ୍ଧ କରି ରଖି ଥାଏ, ପୃଥିବୀ ନିଜକୁ ଅବା ଆମକୁ ଜାଣି ନ ଥିବା
ପ୍ରାଚୀନ ଦିନ ଗୁଡ଼ିକୁ ତଥା ବିଶୃଂଖଳିତ ପୃଥିବୀର ରାତ୍ରୀ ଗୁଡ଼ିକୁ।
ବୁଦ୍ଧିମାନ୍ ବ୍ୟକ୍ତି ମାନେ ତୁମ ପାଖକୁ ଆସିଛନ୍ତି,
ସେମାନଂକର ଜ୍ଞାନ ଦେବା ପାଇଁ ତୁମକୁ; ମୁଁ ଆସିଛି ତୁମ ଠାରୁ ଜ୍ଞାନ ଆହରଣ କରିବା ପାଇଁ।
ହେଇଟି ଦେଖ, ମୁଁ ଜ୍ଞାନ ଠାରୁ ମଧ୍ୟ ଅଧିକ ମୂଲ୍ୟବାନ୍ ବସ୍ତୁ ପାଇଛି।
ତୁମ ମଧ୍ୟରେ ଅଧିକରୁ ଅଧିକ ଉଜ୍ଜ୍ୱଳିତ ହେଉ ଥିବା, ତୁମ ଆତ୍ମାର ଅଗ୍ନି ଶିଖା ତାହା।
ତୁମ ମଧ୍ୟରେ ଏହାର ସଂପ୍ରସାରଣ ବିଷୟରେ ଅଜ୍ଞ ଥାଇ, ତୁମେ ମାନେ ଦୁଃଖରେ ବିଳାପ କରୁ ଥାଅ।
ଶରୀର ମଧ୍ୟରେ ଜୀବନ ଖୋଜୁ ଥିବା ଜୀବନ ମାନେ ଭୟ କରନ୍ତି କବରର।
ଏଠାରେ ନାହିଁ କୌଣସି କବର।

ଏହି ପର୍ବତ ଏବଂ ଉପତ୍ୟକା, ଏକ ଝୁଲା ଓ ଶିଳା ପାହାଡ଼ ସଦୃଶ୍ୟ।
ତୁମର ପୂର୍ବ ପୁରୁଷ ମାନଂକୁ ଯେଉଁ ସ୍ଥାନରେ ଅନନ୍ତ ନିଦ୍ରାରେ ଶୋଇବା ପାଇଁ ଛାଡ଼ି ଯାଇଛ,
ସେହି ସ୍ଥାନକୁ ଭଲ ଭାବରେ ଅନୁକ୍ଷଣ କର, ଦେଖି ପାରିବ,
ସେଠାରେ ତୁମେ ନିଜେ ଓ ତୁମର ସଂନ୍ତାନ ସଂନ୍ତତି ମାନେ, ହାତ ଧରା ଧରି ହୋଇ, ନୃତ୍ୟ ରତ।
ଅନେକ ସମୟରେ ତୁମେ ଅଜ୍ଞାତରେ ପାଳନ କରି ଥାଅ, ଆନନ୍ଦ ଉଲ୍ଲାସ।
ଅନ୍ୟ ମାନେ ତୁମ ପାଖକୁ ଆସି ଥିଲେ, ଯେଉଁ ମାନଂକର,
ତୁମ୍ଭର ବିଶ୍ୱାସ ପ୍ରତି ସୁବର୍ଣ୍ଣ ପ୍ରତିଶ୍ରୁତି ପାଇଁ, ସେମାନଂକୁ,
ତୁମ୍ଭେ ମାନେ ଦେଇ ଥିଲ, ଧନ-ସଂପତ୍ତି, କ୍ଷମତା ଏବଂ ଗୌରବ।
ମୁଁ କିନ୍ତୁ ତୁମକୁ ଏକ ପ୍ରତିଶ୍ରୁତି ଠାରୁ ଅଧିକ କିଛି ଦେଇ ନ ଥିଲି,
ତଥାପି, ତୁମ୍ଭେ ମାନେ, ମୋ ପ୍ରତି ହୋଇ ଥିଲ ଅଧିକ ଦୟାଶୀଳ।
ମୃତ୍ୟୁ ଉପରାନ୍ତେ, ମୋର ଗଭୀର ତୃଷା ଦେଇଛ ତୁମେ ମାନେ ମୋତେ।
ଏହା ନିଶ୍ଚିତ ଯେ, ଜଣେ ବ୍ୟକ୍ତିର ସମସ୍ତ ଲକ୍ଷ୍ୟକୁ ତୃଷାର୍ତ୍ତ ଓଷ୍ଠ ଓ ସମସ୍ତ
ଜୀବନକୁ ଏକ ଝରଣାକୁ ପରିବର୍ତ୍ତିତ କରୁଥିବା ଉତ୍ତମ ଉପହାର ଆଉ କିଛି ହୋଇ ନ ପାରେ।
ଏବଂ ଏହି ଠାରେ ରହିଛି ମୋର ସମ୍ମାନ ତଥା ପୁରସ୍କାର, ଯେବେହେଲେ,
ମୁଁ ଏହି ଝରଣା ପାଖକୁ ପାନ କରିବା ପାଇଁ ଆସେ, ସ୍ୱର ଜୀବନ୍ତ ଝରଣା, ତୃଷାର୍ତ୍ତ ଥିବାର ଦେଖେ।
ଏବଂ ମୁଁ ତାହାକୁ ପାନ କରିବା ସମୟରେ ସେ ମୋତେ ପାନ କରେ।
ତୁମ ମାନଂକ ମଧ୍ୟରୁ ଅନେକ ଉପହାର ଗ୍ରହଣ କରି ମୁଁ ଅହଂକାରୀ
ଏବଂ ଅତ୍ୟଧିକ ଲଜ୍ଜ୍ୟାଶୀଳ ବୋଲି ମନେ କର।
ମୋର ପାରିଶ୍ରମିକ ପାଇବାରେ ମୁଁ ଅତ୍ୟନ୍ତ ଗର୍ବାନ୍ୱିତ, ଉପହାର ପାଇବାରେ ନୁହେଁ।
ଅବଶ୍ୟ, ଯେଉଁ ସମୟରେ ତୁମେ ମାନେ, ମୋତେ ତୁମ ପାଖରେ ରହିବାର ଚାହୁଁ ଥିଲ,
ସେହି ସମୟରେ ମୁଁ ପାହାଡ଼ ପର୍ବତରେ ବେରୀ ଫଳ ଖାଇ ବୁଲୁ ଥିଲି।
ଏବଂ, ତୁମେ ମାନେ ଯେତେବେଳେ, ଖୁସି ମନରେ ମୋତେ ଆଶ୍ରୟ ଦେବା ପାଇଁ ପ୍ରସ୍ତୁତ ଥିଲ,
ସେତେବେଳେ, ମୁଁ ମନ୍ଦିର ଅଗଣାରେ ଯାଇ ଶୋଉଥିଲି।
ତଥାପି, ମୋର ଦିବା ଓ ରାତ୍ରୀ ପ୍ରତି ତୁମର ସଚେତନତା, ହିଁ ଖାଦ୍ୟକୁ
ମୋର ମୁଖ ପାଇଁ ସ୍ୱାଦିଷ୍ଟ ଏବଂ ମୋର ନିଦ୍ରାକୁ ସୁନ୍ଦର ସ୍ୱପ୍ନ ଦ୍ୱାରା ବେଷ୍ଟିତ କରି ରଖୁ ନ ଥିଲା କି?
ଏବଂ ତୁମର ଏହି ବଦାନ୍ୟତା ପାଇଁ ମୁଁ ତୁମକୁ ଅନେକ ଆଶୀର୍ବାଦ ଦିଏଁ।
ତୁମେ ଅନେକ କିଛି ଦେଇ ମଧ୍ୟ ଜାଣ ନାହିଁ ଯେ ତୁମେ କିଛି ହେଲେ ଦେଇଛ।
ଅନେକ ସମୟରେ, ଆଇନାରେ କେବଳ ନିଜକୁ ଲକ୍ଷ୍ୟ କରୁ ଥିବା ଦୟା, ହୋଇଯାଏ ପାଷାଣ।
ଏବଂ ନିଜର ସୁନାମ ଥିବା ଉତ୍ତମ କାର୍ଯ୍ୟ, ଅଭିଶାପର ପିତା ହୋଇଯାଏ।
ତୁମ ମାନଂକ ମଧ୍ୟରୁ ଅନେକ, ମୋତେ ସଂପର୍କହୀନ ବୋଲି ଅଭିହିତ କରିଥାଅ,

ଏବଂ ନିଭୃତ୍ୟତାରେ ଆସକ୍ତ ଥାଏଁ ବୋଲି କହି ଥାଅ।
ଏପରି କି ତୁମେ ମାନେ କହିଛ,
ସେ ବୃକ୍ଷ ମାନଂକ ସହିତ ସଂପର୍କ ରଖୁଛି ମାତ୍ର ମନୁଷ୍ୟ ମାନଂକ ସହିତ ନୁହେଁ।
ପର୍ବତ ଶିଖରରେ ଏକାକୀ ବସି, ସେ ଆମର ନଗରୀକୁ ଦେଖୁ ଥାଏ।
ଠିକ୍ କହିଛ, ମୁଁ ପର୍ବତ ଉପରକୁ ଆରୋହଣ କରିଛି ଏବଂ ନିଭୃତ ସ୍ଥାନ ମାନଂକରେ ଚାଲିଛି।
ମାତ୍ର, ଚିନ୍ତା କରି ଦେଖିଲ, ଉଚ୍ଚ ଏବଂ ଦୂରବର୍ତ୍ତୀ ସ୍ଥାନ ବ୍ୟତୀତ ଆଉ କେଉଁ ଠାରୁ
ମୁଁ, ତୁମକୁ ଦେଖି ପାରିବି, ଉତ୍ତମ ରୂପରେ।
ଦୂରବର୍ତ୍ତୀ ନ ହେଲେ, କିପରି ହୋଇ ପାରିବ ଜଣେ ନିକଟବର୍ତ୍ତୀ?
ତୁମ ମାନଂକ ମଧ୍ୟରୁ ଅନେକେ, ଶବ୍ଦରେ ନ ହେଲେ ମଧ୍ୟ କହନ୍ତି।
ହେ ଅପହୁଂଚ ଉଚ୍ଚତାର ପ୍ରେମୀ !
ଈଗଲ ପକ୍ଷୀ ନିର୍ମାଣ କରୁଥିବା ଶିଖରରେ କାହିଁକି ବାସ କରୁଛ ତୁମେ?
ଯାହା ପାଇ ନ ପାରିବ, କାହିଁକି ଖୋଜୁଛ ତାହା?
କେଉଁ ବାତ୍ୟାକୁ ତୁମେ ଧରି ରଖିବ ତୁମର ଜାଲରେ?
ଏବଂ କେଉଁ ବାଷ୍ପ ରୂପୀ ପକ୍ଷୀର ଶୀକାର କରି ପାରିବ ତୁମେ?
ଆସ, ଆମ ମାନଂକ ମଧ୍ୟରେ ଜଣେ ହୋଇ ରହ।
ତଳକୁ ଅବରୋହଣ କରି, କ୍ଷୁଧା ମେଂଟାଅ ଆମର ରୁଟି ଦ୍ୱାରା,
ଏବଂ ତୃଷା ମେଂଟାଅ, ଆମର ସୁରାରେ।
ସେମାନଂକର ଆତ୍ମାର ନିର୍ଜନତାରେ ସେମାନେ କହନ୍ତି ତାହା।
ମାତ୍ର ତାଂକର ନିର୍ଜନତା ଯଦି ଅଧିକ ଗଭୀର ଥାଆନ୍ତା,
ତେବେ, ସେମାନେ ଜାଣି ପାରନ୍ତେ, ଯେ ତୁମ୍ଭ ମାନଂକର ଆନନ୍ଦ
ଏବଂ ଯନ୍ତ୍ରଣାର ଗୋପନୀୟତାର ଅନ୍ୱେଷଣ କରୁ ଥିଲି ମୁଁ।
ଏବଂ, ଆକାଶ ମଧ୍ୟରେ ଚାଲୁ ଥିବା ତୁମର ବୃହତ୍ତର ବ୍ୟକ୍ତିତ୍ୱକୁ ମୁଁ ଶୀକାର କରି ପାରିଥିଲି।
ମାତ୍ର, ମୁଁ ନିଜେ ହୋଇ ଗଲି ଶୀକାର, ତାହାର।
କାରଣ, ମୋର ଧନୁରୁ ଛାଡ଼ି ଥିବା ଅନେକ ତୀର, ଆସି ଆଘାତ କରିଥିଲା ମୋର ବକ୍ଷ।
ଉଡୁ ଥିବା ପକ୍ଷୀ ହୋଇଗଲା ଗଛ ଚଢ଼ା ପକ୍ଷୀ,
କାରଣ, ସୂର୍ଯ୍ୟ ସମ୍ମୁଖରେ ଡେଣା ମେଲାଇବା କ୍ଷଣି,
ପୃଥିବୀ ପୃଷ୍ଠରେ ତାହାର ଛାୟା ପଡ଼େ, ଏକ କଚ୍ଛପ ରୂପରେ।
ଏବଂ ମୁଁ ଧର୍ମ ବିଶ୍ୱାସୀ ହେଲେ ସୁଦ୍ଧା, ହୋଇଗଲି, ସଂଦେହୀ।
କାରଣ, ଅନେକ ସମୟରେ ମୁଁ ମୋର ନିଜର କ୍ଷତରେ
ଦେଉଥିଲି ଅଂଗୁଳି, ଯେପରି କି ତୁମ ଉପରେ ହେବ ଅଧିକ ବିଶ୍ୱାସ
ଏବଂ ତୁମ ବିଷୟରେ ଅଧିକ ଜ୍ଞାନ ଆହରଣ କରି ପାରିବି।

ଏବଂ ଏହି ବିଶ୍ୱାସ ଓ ଏହି ଜ୍ଞାନ ବଳରେ ମୁଁ କହି ପାରିବି;
ତୁମେ ଆବଦ୍ଧ ନୁହଁ ତୁମର ଶରୀର ମଧ୍ୟରେ ଅବା ସୀମିତ ନୁହଁ,
ଗୃହ ଅବା, ଶସ୍ୟ କ୍ଷେତ୍ର ମଧ୍ୟରେ।
ଯାହା ତୁମେ, ତାହା ବାସ କରେ ପର୍ବତର ଉପରେ,
ଏବଂ ଲକ୍ଷ୍ୟହୀନ ଭାବରେ ବୁଲୁ ଥାଏ, ଅକାଶ ମାର୍ଗରେ।
ତାହା ଉଷ୍ଣତା ପାଇଁ ସୂର୍ଯ୍ୟ ମଧ୍ୟକୁ ଗୁରୁଣ୍ଡି ଯାଏ ନାହିଁ
ଅବା ସୁରକ୍ଷା ପାଇଁ ଅନ୍ଧକାର ମଧ୍ୟକୁ ଯାଏ ନାହିଁ।
ବରଂ ତାହା ଏକ ଏପରି ସ୍ୱାଧୀନ ଆତ୍ମା,
ଯାହା ପୃଥିବୀକୁ ବେଷ୍ଟିତ କରି ଆକାଶରେ ବୁଲୁ ଥାଏ।
ଏ ଗୁଡ଼ିକ ଯଦି ଅବୋଧ ଶବ୍ଦ ପରି ମନେ ହୁଏ,
ତେବେ, ତାହାକୁ ପରିଷ୍କାର କରିବାକୁ ଚେଷ୍ଟା କର ନାହିଁ।
ଏବଂ ମୁଁ ଆନନ୍ଦିତ ହୁଅନ୍ତି, ଯଦି ମୋତେ, ଅଧ୍ୟାରମ୍ଭ ରୂପେ ମନେ ରଖି ପାରନ୍ତ।
ସ୍ଫଟିକ ନୁହେଁ ବରଂ କୁହୁଡ଼ିରୁ ଜନ୍ମ ନେଇଛନ୍ତି, ଜୀବନ ଏବଂ ଯାହା ସବୁ ଜୀବନ୍ତ।
ଏବଂ କିଏ ଜାଣେ, କ୍ଷୟ ପ୍ରାୟ କୁହୁଡ଼ି ହୁଏ ତ ହୋଇପାରେ ସେହି ସ୍ଫଟିକ?
ମୋତେ ମନେ ପକାଇଲେ, ଏହି କଥାଟି ମନେ କରୁ ଥିବ।
ତୁମ ମଧ୍ୟରେ ସବୁ ଠାରୁ ଦୁର୍ବଳ ଯାହା ଦେଖାଯାଏ, ତାହା ତୁମର ସବୁ ଠାରୁ ବଳିଷ୍ଠ ଗୁଣ।
ତୁମ୍ଭର ଅସ୍ଥିକୁ ଦୃଢ଼ କରି ନାହିଁ ତୁମର ନିଃଶ୍ୱାସ।
ତୁମ୍ଭର ନଗରୀର ନିର୍ମାଣ ଏବଂ ସେଠାରେ ଯାହାସବୁ କରା ଯାଇଛି,
ଏକ ସ୍ୱପ୍ନ ନୁହେଁ କି ସେ ସବୁ, ଯାହା କି ତୁମ୍ଭେ ମାନେ କେବେହେଲେ ସ୍ମରଣ କର ନାହିଁ।
ଯଦି ତୁମ୍ଭେ ଦେଖି ପାରନ୍ତ ସେହି ନିଃଶ୍ୱାସର ଜୁଆର,
ତେବେ ଅନ୍ୟ ସବୁକୁ ଦେଖିବାର ତ୍ୟାଗ କରନ୍ତ ତୁମ୍ଭେ।
ଏବଂ ଯଦି ତୁମ୍ଭେ ଶୁଣି ପାରନ୍ତ, ସେହି ସ୍ୱପ୍ନର ନିମ୍ନ ସ୍ୱରର କଥାଭାଷା,
ତେବେ ଅନ୍ୟ ସବୁ ଶବ୍ଦ ଶୁଣିବାର ତୁମ୍ଭେ ତ୍ୟାଗ କରନ୍ତ।
ମାତ୍ର, ସେ ସବୁ ତୁମ୍ଭେ ଦେଖି ପାର ନାହିଁ କିମ୍ବା ଶୁଣି ପାର ନାହିଁ, ଏବଂ ତାହା ହିଁ ଉତ୍ତମ।
ଯେଉଁ ଓଢ଼ଣୀ, ତୁମ୍ଭର ଚକ୍ଷୁକୁ ଆବୃତ କରି ରଖିଛି,
ତାହାକୁ ବୁଣି ଥିବା ହସ୍ତ ଦ୍ୱାରା ହିଁ ତାହା ଅନାବୃତ ହେବ।
ଏବଂ ଯେଉଁ କାଦୁଅ ଗୋଳା ତୁମ୍ଭର କର୍ଣ୍ଣକୁ ରୁଦ୍ଧ କରିଛି,
ତାହାକୁ ଗୋଲେଇ କରିଥିବା ହସ୍ତ ହିଁ ତାହାକୁ ଭେଦ କରିବ।
ଏବଂ ତତ୍ ପରେ ତୁମ୍ଭେ ଦେଖି ପାରିବ ଏବଂ ଶୁଣି ମଧ୍ୟ ପାରିବ।
ତଥାପି, ସେହି ଅନ୍ଧତ୍ୱ ପାଇଁ ପରିତାପ କରିବ ନାହିଁ
କିମ୍ବା ବଧିରତ୍ୱ ପାଇଁ ଦୁଃଖ କରିବ ନାହିଁ।

କାରଣ, ସେହି ଦିନ, ସମସ୍ତ ବସ୍ତୁ ମଧ୍ୟରେ
ଥିବା ଲୁକ୍କାୟିତ ଉଦ୍ଦେଶ୍ୟ ତୁମେ ଜାଣି ପାରିବ।
ଏବଂ ତୁମେ ଆଲୋକକୁ ଆଶୀର୍ବାଦ କରିଲା ପରି,
ଅନ୍ଧକାରକୁ ମଧ୍ୟ ସ୍ୱାଗତ କରିବ।
ଏହି ସବୁ କହିବା ପରେ,
ସେ ତାହା ଆଡ଼କୁ ଧ୍ୟାନ ଦେଲେ ଏବଂ ଦେଖିଲେ,
ତାହାର ଜାହାଜର ଚାଳକ, ଜାହାଜର ମଂଗରେ ଦଣ୍ଡାୟମାନ ହୋଇ,
କେତେବେଳେ ଜାହାଜର ପାଲକୁ ଦେଖୁଛି ଏବଂ କେତେବେଳେ, ଦୂରକୁ ଦେଖୁଛି।
ଏବଂ ତା ପରେ ସେ କହିଲେ;
ଧୈର୍ଯ୍ୟ, ଅତି-ଧୈର୍ଯ୍ୟ, ମୋର ଜାହାଜର ଅଧକ୍ଷ,
ପବନ ପ୍ରବଳ ବେଗରେ ବୋହିଲେ, ପାଲ ଗୁଡ଼ିକ ହୁଅନ୍ତି, ଅସ୍ଥିର,
ଏପରି କି ଜାହାଜର ଦିଗ୍ ଦର୍ଶକ ଯନ୍ତ୍ର ମଧ୍ୟ ହରାଇ ବସେ, ଦିଗ;
ତଥାପି ମୋର କାପ୍ତାନ ଅପେକ୍ଷା କରିଥାଏ, ମୋର ନୀରବତା।
ଏବଂ ମୋର ଏହି ନାବିକ ମାନେ, ଯେଉଁ ମାନେ ବିରାଟ ସମୁଦ୍ରର କୋଳାହଳ ଶୁଣିଛନ୍ତି,
ସେମାନେ ମଧ୍ୟ ମୋତେ, ଧୈର୍ଯ୍ୟର ସହିତ ଶୁଣି ଅଛନ୍ତି।
ବର୍ତ୍ତମାନ ସେମାନେ ଆଉ ଅପେକ୍ଷା କରିବେ ନାହିଁ।
ମୁଁ ବର୍ତ୍ତମାନ ପ୍ରସ୍ତୁତ।
ଝରଣା ପହଂଚି ଯାଇଛି, ସାଗରକୁ, ଏବଂ ପୁନର୍ବାର,
ସେହି ଆଦ ମାତା, ବକ୍ଷରେ ଧରି ରଖିଛି, ତାହାର ସନ୍ତାନକୁ।
ବିଦାୟ, ତୁମ୍ଭ ମାନଂକୁ, ହେ ମାନବ ସନ୍ତାନ ଗଣ!
ଆଜିର ଏହ ଦିବସର ଅନ୍ତ ହୋଇଛି।
ଜଳ କଇଁ, ତାହାର ଆସନ୍ତା କାଲି ଉପରେ ବନ୍ଦ ହେଲା ପରି,
ଏହା ସମାପ୍ତ ହେବାରେ ଲାଗିଛି।
ଏଠାରେ ଆମକୁ କଣ ଦିଆ ଯାଇଛି ଯେ, ତାହା ଏଠି ରଖିବୁ,
ଏବଂ ତାହା ଯଦି ଆମ ପାଇଁ ଯଥେଷ୍ଟ ନ ହେଲା,
ଆମ୍ଭେ ମାନେ ପୁନର୍ବାର ଏକତ୍ରୀତ ହୋଇ ଏଠାକୁ ଆସିବୁ,
ଏବଂ ଏକତ୍ରୀତ ହୋଇ ସେହି ଦାତାକୁ ପୁଣି ହାତ ଦେଖାଇବୁ।
ଭୁଲି ଯାଅ ନାହିଁ ଯେ, ମୁଁ ପୁନର୍ବାର ତୁମ ପାଖକୁ ଆସିବି।
ଆଉ କିଛିକ୍ଷଣ ପାଇଁ, ଏବଂ, ମୋର ଆକାଂକ୍ଷାରେ
ଧୂଳି ଓ ଫେଣ ଲାଗି ଯିବ, ଅନ୍ୟ ଏକ ଶରୀର ପାଇଁ।
ଆଉ କିଛି କ୍ଷଣ ପରେ, ପବନରେ ମୁହୂର୍ତ୍ତକ ବିଶ୍ରାମ ପରେ,

ଅନ୍ୟ ଜଣେ ସ୍ତ୍ରୀ, ମୋତେ ତାହାର ଗର୍ଭରେ ଧାରଣ କରିବ।
ତୁମକୁ ଏବଂ ତୁମ ସହିତ ଅତିବାହିତ କରିଥିବା ଯୌବନକୁ ବିଦାୟ।
ଏଇ ବିଗତ କାଲି ଆମର ଦେଖା ହୋଇ ଥିଲା, ସ୍ୱପ୍ନରେ।
ମୋର ଏକାନ୍ତରେ ତୁମ୍ଭେ ଗାଇଛ ଗୀତ,
ଏବଂ ମୁଁ ତୁମ୍ଭର ଆକାଂକ୍ଷାକୁ ନେଇ, ଏକ ଦୂର୍ଗ ନିର୍ମାଣ କରିଛି ଆକାଶରେ।
ମାତ୍ର, ବର୍ତ୍ତମାନ, ଆମ୍ଭର ନିଦ୍ରା ଉଭେଇ ଯାଇଛି,
ଏବଂ ଆମ୍ଭର ସ୍ୱପ୍ନ ଭାଂଗି ଯାଇଛି, ଏବଂ ଉଷା ଆଉ ନାହିଁ।
ମଧ୍ୟାହ୍ନ ରହିଛି ଆମ ଉପରେ, ଏବଂ ଆମ୍ଭର ଅର୍ଦ୍ଧ ଜାଗରଣ,
ରୂପାୟିତ ହୋଇଛି, ଏକ ସଂପୂର୍ଣ୍ଣ ଦିବସକୁ, ଏବଂ ଆମ୍ଭେ ବର୍ତ୍ତମାନ ପୃଥକ୍ ହେବା ନିଶ୍ଚିତ।
ସ୍ମରଣର ଗୋଧୂଳିରେ ସାକ୍ଷାତ ଯଦି ଆମ୍ଭର ହୁଏ,
ତେବେ, ଆମ୍ଭେ ପୁନର୍ବାର ବାର୍ତ୍ତାଳାପ କରିବା,
ଏବଂ ତୁମେ ଆହୁରି ଗଭୀର ଅର୍ଥ ଥିବା ଗୀତ ଗାଇ ଶୁଣାଇବ ମୋତେ।
ଏବଂ ଆମ୍ଭର ହସ୍ତର ପୂର୍ଣ୍ଣମିଳନ ହେଲେ,
ପୁନର୍ବାର ନିର୍ମାଣ କରିବା, ଆକାଶରେ ଏକ ଦୂର୍ଗ।
ତାହା କହି, ନାବିକ ମାନଂକୁ ସେ ସଂକେତ ଦେଇ,
ଜାହାଜର ଲଂଗର ଉଠାଇ, ଜାହଜକୁ ପୂର୍ବ ଦିଗ ଅଭିମୂଖେ ନେଇଗଲା,
ଏବଂ ଏକ ହୃଦୟ ମଧ୍ୟରୁ ଆସୁଥିବା ଏକ ସ୍ୱର,
ଲୋକ ମାନଂକ ଠାରୁ ଆସି, ଆକାଶ ମାର୍ଗକୁ ଉଠି ଯାଇ, ତୁରୀ ବାଦନ ରୂପେ ଶୁଭିଲା।

www.ingramcontent.com/pod-product-compliance
Ingram Content Group UK Ltd.
Pitfield, Milton Keynes, MK11 3LW, UK
UKHW021657190726
13853UKWH00001B/311